KB147205

지역문화재단,
문화민주주의가
답이다

지역문화재단, 문화민주주의가 답이다

초판 1쇄 발행 · 2020년 2월 20일
초판 2쇄 인쇄 · 2021년 5월 15일

지은이 · 이동형
펴낸이 · 한봉숙
펴낸곳 · 푸른사상사

주간 · 맹문재 | 편집 · 지순이 | 교정 · 김수란
등록 · 1999년 7월 8일 제2-2876호
주소 · 경기도 파주시 회동길 337-16 푸른사상사
대표전화 · 031) 955-9111(2) | 팩시밀리 · 031) 955-9114
이메일 · prun21c@hanmail.net
홈페이지 · http://www.prun21c.com

ISBN 979-11-308-1562-6   93300
값 22,000원

사회문화총서

지역문화재단,
문화민주주의가
답이다

이동형

The Local
Cultural
Foundation and
Cultural
Democracy

푸른사상
PRUNSASANG

20세기까지는 한 분야를 깊이 파서 전공자가 되면 그걸로 평생 업(業)을 이루고 살았다. 21세기에 들어와서는 한 분야만 외길을 걸은 전문가보다 접경 영역의 경험을 가진 다중 경험자, 멀티플레이어가 주목을 받고 있다. 장르의 융합이 그런 바탕에서 시작되고 컬래버레이션이 각광받는 것이 대표적 사례다.

클래식음악, 뮤지컬, 대중음악, 국악 등 다양한 장르의 공연과 어린이 그림동화, 고전미술, 현대미술, 조각, 설치미술, 미디어아트 등 여러 장르의 전시를 다루고, 생활예술 동아리까지 다루는 지역문화재단의 대표는 실로 다양한 경험이 필요한 자리다. 공연 전문가나 전시 전문가가 아닌 공연과 전시를 두루 경험한 예술경영자가 적격이다. 그러나 현실에서 그런 경험자는 많지 않다. 우리나라 지역문화재단의 대표는 문화행정 경험자 또는 공연장 등 문화예술시설에서 공연 기획, 제작 또는 전시 기획, 제작 경험자들이 대부분이다.

지역문화재단은 주어진 예산을 지역 내 문화예술단체에게 배분해야 하고, 지역 내 문화 예술적 특성을 살린 문화정책도 개발해야 하고, 지속가능경영을 위한 수익사업도 해야 한다.

이처럼 복합적인 구조 속에 다양한 경험과 능력을 요구하는 탓에 지역문화재단은 경영 효율성과 운영의 활성화란 당면 과제를 쉽사리 풀지 못하고 있다.

국민의 세금으로 운영되는 지역문화재단의 주인은 누구일까? 지역문화재단은 설립 취지대로 잘 운영되고 있는가? 과연 지역문화재단은 주어진 과제를 잘 수행하고 있는가?

필자가 경향신문 문화사업국장을 맡아 공연과 전시를 만들며 현장 경험을 할 때 이런 문제에 주목하게 되었다. 지역문화재단은 지역주민들의 문화놀이터, 지역의 문화예술 허브가 되어야 하는데 실상은 그렇지 못한 인상을 받았기 때문이다.

2008년 경향신문 문화사업국장으로 처음 만든 공연이 '안숙선&장사익 송년 특별콘서트'였다. 최고의 티켓 파워를 가진 두 분을 한자리에 모셨으니 매진은 따논 당상이라고 했다. 그런데 12월 초 공연을 앞두고 9월 리먼 브라더스 사태가 터졌다. 연말 대목을 기대했던 공연·전시계가 한순간에 얼어붙었다. 언론사에서 주최한 공연임에도 불구하고 후원 하나 얻지 못했다. 이 척박한 상황 속에서 티켓 오픈 한 달 만에 세종문화회관 대극장 3200석을 매진시켰다.

공연계에서 "어떻게 그럴 수 있었냐?"는 질문이 이어졌다. 어떤 이는 "언론사에서 후원을 받고 진행하니 잘 될 수밖에……"라고 했다. 그러나 그 당시 경향신문보다 훨씬 규모가 큰 모 방송사와 메이저 언론사로 평가받는 미디어 2개사가 협력하여 해외 유명 오케스트라를 초청해 공연을 올렸지만 엄청난 적자를 내고 말았다. 그런데 경향신문에서 흑자 낸 것을 언론사 효과라고 할 수 있을까?

당시 내가 보고 느낀 기초 지방자치단체의 문화예술시설과 지역문화재단의 실상은 '어떻게 하면 관객을 모을 수 있을까?' '공연과 전시가 무료인데도 관객이 없다'는 고민에서 벗어나지 못했다. 기초 지방자치단체의 문화예술시설과 지역문화재단의 이 같은 고민은 현재까지도 계속되고 있다.

지역주민의 무관심과 외면, 무기력한 지자체의 문화예술시설과 지역문화재단의 운영에도 불구하고 지역 문화예술시설과 지역문화재단은 갈수록 늘어났다.

이러한 현상의 배경에는 한국 문화예술정책이 자리하고 있다. 놀랍게도 한국의 문화예술정책은 정권의 교체와 관계없이 꾸준히 국민의 문화예술향유권 확장을 지향해왔다. 그 뿌리는 1972년 8월 제정된 「문화예술진흥법」에 두고 있다. 이 기반하에 문화예술향유권을 구체화한 정책이 이어졌다. 1980년대 이후 '1지자체당 1개 문예회관' 설립을 목표로 문화예술시설 건립이 본격적으로 추진된 것도 그 결과다.

지역문화재단의 설립은 2010년 이후 급격히 늘어나는 추세를 보이고 있다. 전국적으로는 243개 지방자치단체 중 광역문화재단은 16곳, 기초문화재단은 71곳에 이른다.

이러한 지역문화재단과 문화예술시설의 양적 팽창은 크게 네 가지 문제점을 야기했다. 첫째, 광역자치단체와 기초자치단체 모두 문화재단 설립과 문화예술시설을 짓는 데 치중하다 보니 문화예술정책이 공급자 중심으로 추진되어왔다.

둘째, 광역자치단체와 기초자치단체, 또는 산하 지역문화재단에서 운영하는 문화예술시설은 규모의 차이만 있을 뿐 공연장 중심으로 지어졌다는 것이다.

셋째, 문화복지, 문화다양성 등 문화예술정책에 대한 폭넓은 이해 없이 문화예술시설을 건립하다 보니 광역자치단체의 문화예술시설과 기초자치단체의 문화예술시설의 운영에 있어 차별화가 이뤄지지 않았다는 것이다.

넷째, 기초자치단체 산하 지역문화재단과 문화예술시설들의 운영에 있어 큰 편차를 보이고 있다는 점이다.

이 책은 이러한 문제가 정부의 문화예술정책이 양적 팽창에 치중해온 데다가 성과 위주에 중심을 둔 데 있다고 지적한다.

지방자치단체의 지역문화재단 설립은 지역문화예술을 지원하는 데 있다. 이와 함께 지자체 단체장의 입장에서는 정치적 입지를 강화할 목적도 없다고 할 수 없다. 그러므로 지역문화재단의 바람직한 운영 방향은 이를 설립하고 운영을 감독하는 지방자치단체의 역량에 달려 있다.

기초자치단체 지역문화재단의 운영에 있어 큰 편차를 보이는 것에 대한 대안을 모색하는 것은 현재 지역문화재단들이 안고 있는 과제에 대한 해법을 제시하는 것으로 이 책의 출판이 의미 있다고 판단된다.

지역문화재단의 운영 활성화는 지난 10년간 '외부인'으로서 내 관심사였다. 안에서는 나무를 볼 수 있지만 밖에서는 숲을 볼 수 있다는 말처럼 바깥에서 바라본 필자 나름의 문화예술지원정책과 지역문화재단에 대한 애정과 절실함이 대안을 찾는 연구로 이어졌다. 연구의 결과는 2018년 고려대학교 대학원 박사학위 논문 「지역문화재단의 문화민주주의 정책과 특성화 전략 연구」로 묶어졌다. 이 책은 박사학위 논문을 토대로 하였다.

이 책은 지역문화재단의 급속한 증가 추세의 근거를 문화예술정책에 두고 있으며 지역문화재단의 활성화 방안을 문화민주주의 정책에서 찾고자 했다. 문화민주주의의 핵심 키워드는 참여와 공유, 네트워크다.

필자의 연구는 '참여' '공유' '네트워크'란 문화민주주의 의제를 바탕으로 표본 추출한 전국 20개 기초자치단체 지역문화재단의 설립 취지와 미션, 비전, 그리고 주요 목적사업과 주민 참여 프로그램을 분석, 문화민주주의 요소의 정도를 분류했다는 데 의의가 있다.

구체적으로 제1장 "지역문화재단의 주인은 누구일까?"에서는 문화예술정책과 문화향유권자로서의 시민과 지역문화재단의 관계성을 모색하고자 했다. 나아가 문화예술에 대한 공적 지원의 근거와 지역문화재단 설립의 공공성에 대해 살펴보았다.

제2장 "시민 참여 물꼬 튼 문화민주주의"에서는 문화의 민주화 정책은 어떻게 시작되었으며 문화민주주의 정책은 어떻게 나타나게 되었는지, 이 두 정책의 특징과 차이를 살펴보고자 했다. 그리고 문화민주주의 정책의 특징에서 참여와 공유, 네트워크를 핵심 키워드로 뽑아내고 이를 의제로 지역문화재단의 프로그램을 살펴볼 기준을 정했다.

제3장 "지역문화재단의 문화민주주의 프로그램 분석"에서는 표본 추출한 20개 지역문화재단 누리집의 프로그램을 참여와 공유, 네트워크란 의제를 적용하여 문화민주주의 요소를 분석하였다. 특히 제3장은 2018년 자료를 토대로 모두 업그레이드했다.

제4장 "문화민주주의에 입각한 정책 특성화 방안"에서는 참여와 공유, 네트워크를 의제로 구체화할 수 있는 대안을 제시했다. 뉴거버넌스 시대 지역문화재단의 문화예술교육은 민관협치를 기반으로 활성화해

야 하며, 생활예술문화 체험프로그램 확대 방안을 제시했다. 또한 세대, 계층, 지역별 정보 공유와 공간 공유 방안을 모색했으며 참여 네트워크와 관리 네트워크를 복합형으로 활성화하는 방안을 제시했다.

지역문화재단은 앞으로도 계속 늘어날 것이다. 지역 균형발전과 지역주민의 문화향유권 확대라는 명분은 거스를 수 없는 대세이기 때문이다. 특히 새로 설립되는 지역문화재단의 정책 방향을 수립하는 데 이 책이 일말의 기여를 할 수 있게 되길 기대한다.

끝으로 이 책이 세상에 빛을 볼 수 있도록 먼저 관심을 보여주신 푸른사상사에 진심으로 감사의 마음을 전한다. 지난 3년 새벽마다 컴퓨터 앞에 앉아 있는 나를 걱정하며 응원해준 아내 박미향과 다현이, 재현이에게도 고맙다는 말을 전한다.

2020년 2월
이 동 형

■■ **책머리에**   5

제1장
지역문화재단의 주인은 누구일까?

1. 문화예술정책이 시민들의 삶을 바꾼다?   17
   1) 내 삶과 직결된 문화예술정책   17
   2) 문화예술정책이란 무엇인가?   19

2. 문화예술에 대한 공적 지원은 누구를 위한 것인가?   22
   1) 공적 지원의 개념과 근거   22
   2) 공적 지원에 대한 찬반론   28

3. 문화예술지원정책과 지역문화재단 설립의 공공성   33
   1) 문화예술지원정책과 지역문화정책   33
   2) 지역문화재단의 설립 현황과 추세   39
   3) 지역문화재단 설립 급증세가 시사하는 것   55

제2장
시민 참여 물꼬 튼 문화민주주의

1. '문화의 민주화' 정책과 '문화민주주의' 정책   61
   1) '문화의 민주화' 정책은 어떻게 시작되었나?   61
   2) '문화민주주의' 정책은 어떻게 시작되었나?   63
   3) '문화의 민주화' 정책과 '문화민주주의' 정책의 차이   70

2. 국내외 문화민주주의 정책의 흐름   74
   1) 세계 주요 국가의 문화민주주의 정책의 역사   74
   2) 한국의 문화민주주의 정책의 역사   90

3. 문화민주주의의 의제   101
   1) 참여(Public Participation)   102
   2) 공유(Public Ownership)   104
   3) 네트워크(Network)   107

제3장
지역문화재단의 문화민주주의 프로그램 분석

1. 지역문화재단의 표본 추출과 분석 요소 111
 1) 지역문화재단 표본 추출의 기준 111
 2) 지역문화재단 표본의 분석 요소 112

2. 지역문화재단 설립 취지와 미션·비전, 조직 분석 115
 1) 설립 취지와 미션·비전에 나타난 문화민주주의 요소 115
 2) 주요 사업 및 조직에 나타난 문화민주주의 요소 124
 3) 미션·비전, 인원, 예산, 사업, 홍보 부문 종합 분석 149

3. 지역문화재단의 문화민주주의 프로그램 분석 151
 1) 문화민주주의 프로그램 분석 목적 151
 2) 문화민주주의 프로그램 분석 기준 152
 3) 대분류와 중분류의 문화민주주의 프로그램 157
 4) 소분류의 문화민주주의 프로그램 170

4. 문화민주주의 의제로 분석한 지역문화재단 프로그램 190
 1) 참여 의제로 분석한 프로그램 190
 2) 공유 의제로 분석한 프로그램 197
 3) 네트워크 의제로 분석한 프로그램 204

5. 문화민주주의 프로그램과 지역문화재단의 활성화 210
 1) 문화민주주의 요소 '강' '중' '약'이 주는 시사점 210
 2) 문화민주주의 요소가 강하면 운영 활성화? 212

제4장
문화민주주의에 입각한 정책 특성화 방안

1. 참여, 공유, 네트워크로 결합한
   문화예술놀이터가 되어야   215

2. 참여 : 거버넌스에서 뉴거버넌스로   220
   1) 민관협치에 따른 문화예술교육 활성화   224
   2) 뉴거버넌스에 따른 생활예술문화 체험 확대   230
   3) 뉴거버넌스에 따른 다자간 협업   231

3. 공유 : 정보·공간 중심에서 유비쿼터스 체제로   234
   1) 세대·계층·지역별 정보 공유의 다양한 사례   236
   2) 세대·계층·지역별 공간 공유의 다양한 사례   240

4. 네트워크 : 단순·개별형에서 복합형으로   247
   1) 참여 네트워크의 다양한 사례   249
   2) 관리 네트워크의 다양한 사례   252

▪▪ **참고문헌** 255
▪▪ **찾아보기** 267

제1장

지역문화재단의 주인은 누구일까?

1. 문화예술정책이 시민들의 삶을 바꾼다?

1) 내 삶과 직결된 문화예술정책

'매달 마지막주 수요일은 영화 티켓 할인!' '매달 문화의 날엔 연극 티켓 구매 원 플러스 원 행사!' '매달 문화가 있는 날 미술관 입장료 50% 할인' '매달 마지막주 수요일엔 경복궁 등 4대 궁 입장료 무료'.

국민[1]들에게 문화예술 향유의 기회를 제공하는 이런 행사도 궁극적으로 문화예술정책에서 비롯된다. 그러므로 문화예술단체 운영에 관계하거나 문화재단 운영에 관계하는 사람들에게는 문화예술정책에 대한 이해가 필수적이다. 특히 소규모 문화예술단체를 운영하는 분들을 만나보면 어디서 어떤 지원을 받아야 할지, 어떻게 해야 지원을 받을 수 있는지에 대한 이해가 부족하다는 걸 많이 느끼게 된다. 그렇지만

---

1 이 책에서 국민은 문화예술 향유자를 의미한다. 문화예술 향유의 대상자로서 국민은 대상 범위에 따라 국가 정책의 대상일 땐 국민, 지자체 정책의 대상일 땐 시민, 지역주민, 구민 등으로 기술할 것이다.

소규모 문화예술단체를 운영하는 대표들은 "단체 운영하기도 급급한데 내가 그걸 어떻게 다 알겠느냐"고 하소연한다. 이 역시 문화예술정책, 특히 문화예술지원정책에 대한 이해 부족 탓에 비롯된 고충이다.

지역주민들에게 문화적 혜택을 주고자 하는 지방자치단체 산하 문화재단 및 문화예술시설 관계자들도 마찬가지다. "(주어진 예산에 따라) 최대한 준비를 했는데 주민들의 호응도가 기대치에 못 미친다" "심지어 공연과 전시가 무료라고 해도 자리를 다 채우지 못한다" 이런 고충을 털어놓는다.

이와 같은 두 부류의 사례가 가진 문제도 궁극적으로 문화예술정책에 대한 이해가 부족하기 때문에 '현실적 난제'로 계속 존재하고 있다.

문화예술정책은 기본적으로 '문화적 삶의 문제'를 다루고 있다. 왜 '문화적 삶의 문제'인가? 문화예술정책에서 비롯된 문화예술향유권은 문화적 삶을 풍요롭게 하는 기회의 문제이고, '어떤 공연과 전시가 있고, 내가 그 공연과 전시를 볼 수 있는 어떤 혜택이 있는가'는 문화기본권, 문화접근권의 문제다. 당연히 인권적인 문제이고, 문화적 삶의 질에 관한 문제이다. 뒤에 학술적 체계에 대해 기술하겠지만 연구자가 아니라면 깊이 있는 접근보다 기본적인 이해가 더 중요하다. 전체적인 그림과 핵심 맥락을 파악하는 것이 우선이다.

개인의 경우 문화권, 문화접근권, 문화예술향유권에 대해 관심을 가지면 지자체와 산하 문화재단 및 문화예술시설에서 제공하는 공연·전시 혜택 등 문화적 삶의 기회가 많아진다.

문화예술단체의 경우 지자체의 문화예술정책을 우선적으로 이해해야 '언제, 어떻게, 어디로 지원신청을 하고 혜택을 받을 것인지'에 대한 기회가 많아진다.

지자체 문화예술정책 담당자의 경우도 마찬가지다. 문화예술정책에 대한 철학과 체계가 없으면 '하던 대로' 하게 되고 '앞에서 한 대로' 하게 되고 결국은 지역주민들과 동떨어진 정책을 내놓고 '잘 안 된다'는 고민만 하게 된다.

지자체가 어떤 문화예술정책을 펼치느냐에 따라 지역주민들의 문화적 삶의 질이 달라진다. 궁극적으로 지자체 장들이 어떤 문화예술정책을 채택하고, 그 정책을 어떻게 시행하느냐에 따라 많은 차이를 보이는 것이 현실이다. 실제 사례를 살펴보면 지방이라고 해서 문화적 혜택이 적거나, 문화적 삶의 질이 낮은 것만은 아니다. 앞으로 이 문제에 대해 조금씩 깊이 들어가보고자 한다.

2) 문화예술정책이란 무엇인가?

문화예술정책은 문화예술 활동 지원에 대한 정부의 제도와 법률 제정 등 정책과정과 이론적 연구 등을 다루는 것을 말한다. 앞에서 문화예술정책은 국민들의 삶의 질을 바꾼다고 했다. 그와 관련된 문화예술정책은 문화예술지원정책이다. 문화예술지원정책이 나무의 줄기라면 문화예술정책은 그 나무의 뿌리라고 할 수 있다. 우리 눈에 보이는 줄기에 대해 집중적으로 논하기 전에 눈에 보이지는 않지만 보다 중요한 뿌리에 대해 짚고 넘어가자는 차원에서 학자들은 문화정책, 문화예술정책을 어떻게 정의하고 있는지 살펴보자.

크리스 바커(Chris Barker)는『문화연구사전(*The SAGE Dictionary of Cultural Studies*)』(2005)에서 문화정책을 문화에 대한 규제(regulation)와 관리

(management)로 정의하고, 특히 문화적 산물(cultural products)의 형식과 내용을 생산에 관여하는 기관들의 행정과 밀접하게 관련되어 있다고 했다.

고토 카즈코(後藤和子)는 『문화정책학』(2005)에서 "문화정책(cultural policy)이란 문화를 대상으로 하는 공공정책"이라고 했다. 고토 카즈코가 말하는 문화란 클래식음악이나 공연, 전시 등 전문 영역의 예술뿐 아니라 일상생활을 통한 문화 활동까지 포함하고 있다. 그는 또 문화정책은 국민의 기본적 인권에 관한 문제이며 경제적 잣대로 가늠하기 어려운 부분을 먼저 이해해야 한다고 강조한다. 이를 법적 개념으로 보면 문화권, 즉 문화에 관한 기본권에 관한 부분이다.

니콜라스 간햄(Nicholas Garnham)은 『문화의 개념(*Concepts of Culture*)』(1987)에서 문화정책을 "정부가 공공재원을 활용하여 예술을 지원하는데 우선순위를 설정하는 것"이라고 정의하고, 정부가 예술 활동을 지원하고 규제하는 모든 활동을 문화정책의 범위에 포함시키고 있다.

위의 정의를 정리하자면 문화정책은 관련 기관 행정과 관계되어 있으며 기본적으로 문화예술 지원, 공익 실현을 위한 공공정책으로 요약된다.

이와 같은 문화정책 연구에 대해 아드리엔 스컬린(Adrienne Scullion)과 베아트리즈 가르시아(Beatriz Garcia)는 경제학, 정책학, 행정학, 경영학 등 학제적 접근 방법을 강조하기도 한다.

문화정책 연구는 문화예술기관이나 단체의 운영상 효율성을 연구하는 데 있어 경영학적 시각을 더한 문화경영학, 예술과 예술시장에 대한 문화의 가치와 함께 경제학적 가치, 문화산업적 가치로 접근하는 문화경제학, 문화변동, 문화와 이데올로기의 관계에 대해 사회학적인 방법론을 통해 파악하는 문화사회학, 문화예술에 대한 행정학적 접근을 하는 문화행정학 등으로 세분화되어 서로 각 분야에 영향을 주고받으며 문화정책의 골격을 이루고 있다.

필자는 문화정책 중에서도 문화예술지원정책, 그중에서도 특히 공적 지원 부분에 주목하고 다각적으로 살펴보고자 한다.

2. 문화예술에 대한 공적 지원은 누구를 위한 것인가?

1) 공적 지원의 개념과 근거

문화예술지원정책의 명분과 목표는 국민의 문화예술향유권 확대에 있다. 이 과정에 문화의 공공성, 문화권, 문화복지 등이 논의되는데 이런 명분에서 문화예술지원정책은 공적 지원의 영역에 포함된다.

정부의 정책과 지원은 모두 근거와 명분을 갖고 있으며 이를 바탕으로 시행된다. 그러므로 공적 지원의 개념과 근거를 파악하는 것은 앞으로 지방자치단체의 문화예술정책을 이해하는 데 밑거름이 된다.

문화예술 공적 지원에 대한 논제를 처음으로 제기한 학자는 윌리엄 보몰(William J. Baumol)과 윌리엄 보웬(William G. Bowen)이다. 이들은 1966년 『공연예술의 경제적 딜레마(*The Performing Arts - The Economic Dilemma*)』를 통해 공적 지원의 이론적 근거를 제시했다.

이론적 근거의 요지는 크게 네 가지로 정리할 수 있다. ① 공연예술이 국가에 부여하는 명성, ② 문화 활동의 확산이 주변 비즈니스에 미치는 긍정적 효과, ③ 미래 세대를 위한 활동, ④ 지역사회에 대한 교육적 공헌이다.

보몰과 보웬은 "공연예술단체는 공연을 진행하는 동안 적자를 면할 수 없는데 그것이 경영을 잘못해서가 아니라 공연의 특성상 발생한 것이기 때문에 공적 지원의 검토 대상이 될 수 있다"고 주장했다. 보몰과 보웬이 이 같은 결론을 도출한 것은 영국과 미국의 오랜 전통을 가진 극장의 회계장부 100년 치 이상을 조사한 결과에 바탕을 두고 있다. 보몰과 보웬은 이들 극장의 적자액이 매년 증가한다는 사실을 알아냈다. 그리고 적자가 계속되는 것은 공연예술의 특성이라고 진단했다. 이들은 제조업은 지속적인 생산 활동을 하다 보면 기술 혁신을 통해 생산성이 향상되고 단가를 낮출 수 있지만, 공연예술단체의 경우 공연을 반복한다고 해서 제작비가 줄어드는 것은 아니란 점을 지적했다. 물론 공연예술단체가 적자가 필연적이라고 해서 공공지원의 명분을 얻기는 어렵다. 이에 대해 보몰과 보웬은 공연예술을 비롯한 예술과 문화는 지역사회에 사회적 편익을 주는 효과가 있기 때문에 지원의 명분이 있다고 주장했다.

문화예술에 대한 공적 지원의 근거에 대해 브루노 프레이(Bruno Frey)와 베르너 폼메레네(Werner Pommerehne)는 『예술의 여신 뮤즈와 시장 : 예술경제학 탐구(Muses and Markets: Explorations in the Economics of the Arts)』(1989)에서 다섯 가지의 사회적 가치를 제시했다. 첫째, 당장 소비하지는 않지만 예술이 공급됨으로써 얻게 될 선택가치(option value). 둘째, 역사적 건축물처럼 한번 파괴되면 복원 불가능한 것과 같은 존재가치(existence value)로서의 편익. 셋째, 유증가치(bequest value)로 다음 세대의 선호를 배려하여 지속적으로 노력하지 않으면 단절되는 편익. 넷째, 명성가치(prestige value)로 문화적 정체성을 유지하는 데 공헌하며 국민의 자부심을 느끼게 하는 가치. 다섯째, 교육가치(education value)로 문화적 평가능력을 고양시킨 결과 사회 구성원들이 얻게 되는 편익이 그것이다.

프레이와 폼메레네는 문화예술의 창작으로서의 가치, 전통적 문화유산으로서의 가치는 사회적 편익이기 때문에 정부와 지자체에서 지원하는 것이 마땅하다는 주장을 하고 있다.

제임스 하일브런(James Heilbrun)과 찰스 그레이(Chars M. Gray)도『예술과 문화의 경제학(The Economics of Arts and Culture: An American Perspective)』(1993)에서 여섯 가지 긍정적 효과를 주장했다. 첫째, 미래세대를 위한 유증. 둘째, 국가적 명예. 셋째, 지역경제에 기여하는 편익. 넷째, 일반 교양교육에 기여하는 공헌. 다섯째, 예술활동 참가를 통한 사회진보. 여섯째, 예술적 혁신의 촉발에 따른 편익 등이다.

하일브런과 그레이 역시 사회적 편익을 문화예술에 대한 공적 기원의 근거로 제시하고 있다.

임학순은『창의적 문화사회와 문화정책』(2003)에서 이를 종합하여 문화예술의 공공효과, 문화형평성, 시장실패의 효율성으로 정리했다. 첫째, 문화예술의 공공효과로 국가정체성 확립, 사회 응집력 강화, 국가위상 제고, 경제적 가치 창출, 사회발전 효과 등이 제시되었다. 이에 대한 기본적인 시각은 문화재화(cultural goods)가 공공재(public goods)이자 사회적 가치재(merit goods)라는 것이다. 둘째, 문화형평성 문제도 공공지원 근거로 제시되어왔다. 이러한 시각은 정부 지원으로 국민들의 문화예술 활동을 제약하는 요인들(소득수준, 교육수준 등)을 완화함으로써 국민들의 문화예술에 대한 접근성을 높여야 한다는 입장을 갖고 있다. 셋째, 시장실패의 효율성은 공공재화인 문화예술 서비스를 공급하는 데 있어 시장실패가 일어나기 때문에 정부 지원이 필요하다는 입장이다.

그러나 이러한 입장은 자원의 불완전한 배분을 정부 개입의 근거로 제시한다는 점에서 '효율성 논쟁(efficiency arguments)'을 제기하기도 한다.

(1) 문화의 공공성

문화의 공공성은 문화의 사회적 책임에 관한 논제이다. 문화의 공공성은 문화의 공공적 가치를 의미한다. 김창수는 "문화의 공공적 가치는 사적 소유가 아니라 공유와 향유의 대상일 때 발휘되는 것"이라고 했다. 그러므로 문화의 공공성은 접근, 참여, 소통과 긴밀한 관계에 있으며 공유로서의 문화적 권리이다.

문화예술은 경제적 시각으로 보면 시장에서의 경쟁력이 떨어져 실패 가능성이 크지만 공익적 차원에서 지속가능성이 보호되어야 할 가치이다. 그러므로 문화의 공공성은 문화예술에 대한 지원을 논할 때 지원 명분과 근거로 논의되는 첫 번째 가치이다.

문화예술에 대한 지원 명분으로는 '문화예술 자체가 공공성을 갖고 있으므로 공적 지원이 필요하다'는 주장과 '예술은 공적 지원을 받기 때문에 공공성을 가져야 한다'는 주장이 존재한다. 또한 '문화예술의 분배가 평등하게 이루어지기 위해 정부가 지원해야 한다'는 복지론적 입장도 있다.[2] 이런 주장들 모두 문화의 공공성은 기본적으로 공적 지원을 전제로 하고 있다는 입장을 반영하고 있다.

문화의 공공성에 대해 본격적으로 논의되기 시작한 것은 제2차 세계

---

2   이혜경, 「공공 예술지원과 예술의 공공성 : 영국의 경험」, 『문화정책논총』 13, 2001, 257~258쪽.

대전 이후부터다. 당시 유럽 국가들이 국가 기반 재건 차원에서 문화예술 분야에 대한 지원 근거를 공공성에서 찾았다.

근래 들어서는 1990년대 이후 신자유주의의 폐해에 대한 비판이 확산되면서 공공성이 다시 논의의 중심으로 떠오르고 있다. 신자유주의가 팽배했던 당시에는 공공 부문이나 정부의 지원이 축소되어야 한다는 주장이 강하게 대두되었다. 그러나 이런 주장으로 인해 공공성이 훼손될 위기에 처했다는 비판의 목소리도 잇달았다.[3]

(2) 문화권과 문화복지

문화예술정책에서 거론하는 문화권은 인간의 기본권으로서의 권리를 포괄적으로 담고 있다. 그러므로 여기에는 문화향유권과 문화활동 권리, 문화에 대한 접근권 등이 기본적으로 포함된다.

인간의 기본권으로서의 문화권은 1948년 제정된 UN 인권선언에서 찾아볼 수 있다. UN 인권선언 제27조 제1항은 "모든 사람은 공동사회의 문화생활에 자유롭게 참여할 수 있는 권리를 지닌다"고 선언하고 있다. 문화권이 기본권임을 명확하게 밝히고 있다.

문화권의 개념은 제2차 세계대전 후 유네스코를 중심으로 논의되어 왔다. 유네스코는 세계인권선언[4]과 국제인권규약의 이념을 바탕으로

---

3 김정수, 『문화행정론 : 이론적 기반과 정책적 과제』, 집문당, 2010, 65쪽.
4 세계인권선언에서 문화권에 관한 사항은 제27조 '문화 생활에 관한 권리'에 담겨 있다. 제27조 1항과 2항은 다음과 같다. 1. 모든 사람은 자유로이 사회 문화 생활에 참가하고, 예술을 감상하고, 과학의 진보와 그 혜택을 받을 권리를 가진다. 2. 모든 사람은 그가 창작한 문화적 또는 미술적 작품에서 생기는 정신적, 물질적 이

1970년대 이후 각국의 문화정책에 대해 연구하며 '문화적 기본권'을 강조해왔다.

1968년 열린 유네스코 '인권으로서의 문화권'에 관한 전문가회의에서 '인권으로서의 문화권에 관한 성명'이 처음으로 발표되었다. 유네스코는 이 성명을 통해 문화권을 인권적 차원에서 접근하며 인간의 기본 권리로서의 '문화권(cultural rights)' 개념을 구축해야 한다고 주장했다.

고바야시 마리(小林眞理)는 "문화권이란 문화를 향유할 권리, 문화를 창조할 권리, 문화 활동에 참여할 권리로 구성되는 복합적 권리"라며 특히 참여를 강조했다.

인권 보호를 목적으로 설립된 '유럽평의회(Council of Europe)'도 각국의 문화정책을 연구해왔다. 유럽평의회는 문화권과 관련된 논의는 다음 다섯 가지 문제로 집약된다고 했다. 첫째, 정체성에 대한 권리. 둘째, 언어에 대한 권리. 셋째, 문화생활에 참가할 권리. 넷째, 문화유산에 대한 권리. 다섯째, 교육에 대한 권리가 그것이다.[5]

문화권에 대해 지속적인 연구를 해온 앨리슨 바덴(Allison Brugg Bawden)은 소득, 교육 수준 등과 관련 없이 문화에 대한 '공평한 접근(equitable access)'은 인간으로서의 '당연한 권리(civil right)'에 속한다고 했다.[6]

문화권은 문화복지로 구체화된다. 정갑영은 『문화복지정책의 의미

익을 보호받을 권리를 가진다.

5 Council of Europe, *The European Task Force on Culture and Development*, Margins, 1997, p.165. 고토 카즈코(後藤和子) 편저, 『문화정책학 : 법 경제 매니저먼트』, 임상오 역, 시유시, 2005, 120~121쪽 재인용.

6 Allison Brugg Bawden, *Access and the Cultural Infrastructure*, Center for Arts and Culture, 2002, p.11.

와 형성과정』(2006)에서 "문화권은 국민의 문화적 삶의 실현을 위하여 국가와 사회가 개입하는 것을 의미한다"며 "결국 국민의 삶의 질 향상을 위해 필요한 것"이라고 했다.

문화권의 실현으로써 문화복지는 문화감수성(cultural sensibility) 함양을 목표로 한다. 그러므로 문화복지정책은 개인의 문화감수성을 키움으로써 자신의 삶을 풍요롭게 하고 창의성이 풍부한 사회를 만드는 데 기여한다.

더 나아가 문화복지는 문화적으로 소외된 계층이 문화적 욕구를 충족할 수 있는 기회를 제공해야 하며 이를 위해서는 문화예술시설의 확충과 함께 문화예술 교육의 기회가 확대되어야 한다. 여기서 중요한 것은 지역주민들 개개인을 수동적인 향유자로 인식하는 것이 아니라 개개인이 문화욕구를 표현하고 문화예술 활동에 참여하는 존재로 이해하는 것이다.

문화복지의 성공 여부는 정부와 지자체의 적극적인 정책 홍보와 지역주민 네트워크 활성화에 달려 있지만 지역주민들이 얼마나 적극적으로 관심 갖고 참여하느냐에 따라 결정된다.

2) 공적 지원에 대한 찬반론

문화예술에 대한 정부의 지원은 필요한 것인가? 공적 지원의 정당성은 무엇인가? 이런 물음은 2차 세계대전 이후 대부분 국가에서 가졌던 문화예술정책 분야의 화두였다. 정부의 문화예술에 대한 지원은 문화예술이 가진 공공성, 사회적 편익 등 공익적 목적을 지니고 있음에도 불구하고 학계와 관계 전문가들 사이에 찬반론은 정책 시행 초기부터 있어왔다.

구광모는『문화정책과 예술진흥』(2003)에서 그 근거를 여섯 가지로 제시하고 있다. 먼저 현대 대부분의 자본주의 국가들이 헌법에 국민복지를 증진시켜야 함을 명시한 것을 첫 번째로 들고 있다. 그 다음으로는 정부 지원이 문화 예술인들을 부패하게 하거나 통제할 것이라고 염려할 필요가 없다는 것이다. 셋째, 모든 인간은 성별이나 계층이나 소득에 관계없이 모두 예술에 관심을 갖고 있으며 문화예술은 전 세계 보편적인 재화라는 것이다. 넷째, 문화예술기관, 도서관 등은 자체 수입과 지출 사이에 엄청난 괴리가 있음에 공감하고 또한 이들 기관들은 존재가치가 있다는 것도 널리 인정되기 때문에 지원 가능하다는 것이다. 다섯째, 정부는 다음 세대를 위한 문화유산의 보존과 문화 향유를 위한 관리인이 되어야 하기 때문이다. 여섯째, 문화예술이 국가통합과 국가 목표 추구의 상징이 된다는 점이다.

구광모는 정부의 문화예술지원을 국민복지란 넓은 범위 안에 포함하고 있으며 기본권 개념으로 보고 있다. 그리고 전 세계 보편적 재화라는 측면에서 공공성을 강조하고 있다.

정철현은『문화연구와 문화정책』(2005)에서 문화예술에 대한 정부 지원의 정당성을 네 가지로 설명하고 있다. 첫째, 문화예술 작품은 공공재(public goods)이기 때문이다. 둘째, 문화예술 작품은 실적재(merit goods)이기 때문이다. 교육과 같이 문화예술 작품 또한 실적재로서 공공의 복지에 기여하므로 정부가 지원해야 한다는 것이다. 셋째, 문화예술 작품은 외부 효과가 있기 때문이다. 외부 효과란 민족정신과 애국심을 고양시키는 것 등을 의미한다. 넷째, 문화예술 작품은 개인의 것이 아니라 사회 전체의 것이기 때문이다. 공연 티켓이 너무 비쌀 경우 가난한 사람들은 문화 감상의 기회를 박탈당할 수 있는데 이럴 경우 정부가 보조금을 지원해야 한다는 것이다.

반면 문화예술 공적 지원에 대한 반대 의견은 2차 세계대전 이전 특히 많았으며 현재까지도 지속적으로 제기되고 있다.

문화예술에 대한 공적 지원을 반대하는 학자로는 철학자 어니스트 하그(Ernest Haag)와 정치과학자 에드워드 밴필드(Edward C. Banfield)가 대표적이다. 하그와 밴필드는 예술에 대한 지원을 공공지출로 부담하는 것은 정당화할 수 없다고 주장했다. 하그는 그 근거로 납세자들에게 정당화할 이유가 존재하지 않으며 예술 지원은 모든 계층으로 하여금 중상층을 보조하도록 강요하는 것과 마찬가지라는 것이다. 심지어 예술에 대한 지원은 예술의 창조적 활동에 도움을 주기보다 오히려 해를 끼치는 결과를 초래한다고 주장했다.[7]

이 같은 주장은 문화예술에 대한 공적 지원 자체를 인정하지 않는 데서 출발한다. 문화예술에 대한 지원을 군이 정부가 할 필요가 있느냐는 것이다.

하일브런과 그레이는 하그의 주장에 대해 전반적으로 비판하고 특히 예술 활동에 대한 보조금 재원 마련을 위해 부과되는 세금이 개인의 지출 의사에 영향을 미치는지 여부가 불분명하다고 지적했다.[8]

---

7 James Heilburn & Charles M. Gray, *The Economics of Arts and Culture*, Cambridge University Press, 1993[제임스 헤일브런 외, 『문화예술경제학』 이흥재 역, 살림, 2000, 186~187쪽].

8 위의 책, 188~189쪽. 소득재분배 효과는 부유한 사람들에게서 많은 세금을 거두어 이를 상대적으로 가난한 사람들에게 주는 것이라고 하면 중간층에 속하는 사

밴필드는『민주적인 예술의 여신 뮤즈(The Democratic Muse)』(1984)를 통해 예술에 대한 공적 지원을 반대하는 주장을 펼치며 완전경쟁 시장의 기능을 강조했다. 그는 소비자의 소비행태를 예로 들어 만약 정보가 유용하다고 생각하는 소비자는 기꺼이 돈을 낼 것이라며 공적 지원을 반대했다.

이에 대해 하일브런과 그레이는 밴필드 역시 하그처럼 오류를 범하고 있다고 반박했다. 하일브런과 그레이는 밴필드가 대부분의 소비자들이 예술과의 친화를 통해 효용을 얻고 있다는 사실을 간과하고 있다고 주장했다. 그런 한편 소비자들 대부분은 예술 향유 경험을 위해 돈을 지불하려 하지 않는다는 점 또한 간과하고 있다고 비판했다.

정부와 공공기관의 지원을 반대하는 이유를 종합하면 다음 여섯 가지로 정리된다. 첫째, 문화예술에 대한 정부 지원은 기업활동의 자유, 사유재산권 등 자본주의 이념에 어긋난다. 둘째, 정부의 공적 지원은 문화예술인의 정부 의존도를 높이고 한편으로는 정부 통제가 가능하게 하여 문화예술의 자주성을 침해할 우려가 있다. 셋째, 정부의 공적 지원은 국가 수입(세금)을 고소득, 고학력층에게 더 제공하는 결과를 초래한다. 넷째, 정부의 공적 지원은 국민들의 문화예술 향유를 특정 방향으로 유도하려는 간섭이 내재되어 있다. 다섯째, 문화예술단체들이 문화예술 소비자들을 만족시키지 못하고 시장경제 원리에 따라 수입과 지출의 균형을 맞출 수 없다면 경제적 정당성을 획득하지 못한 것이다. 여섯째, 정부의 공적 지원은 정치도구화 수단으로 이용될 수 있

람의 분배에 대한 효과는 손익분기점 상에 있기 때문이다.

다.[9]

예술에 대한 공적 지원 반대의견의 대부분은 공적 지원의 정당성 이전에 형평성과 정부의 통제, 부정적 이용에 대한 우려 차원에서 비롯된 것이다.

---

9 구광모, 『문화정책과 예술진흥』, 중앙대학교 출판부, 2003, 41~42쪽.

3. 문화예술지원정책과 지역문화재단 설립의 공공성

1) 문화예술지원정책과 지역문화정책

(1) 문화예술진흥법과 지역문화정책

'문화예술진흥법'(1972년 제정)은 우리나라 문화예술 지원에 관한 법 중 가장 기본이자 가장 근간이 되는 법이다. 문화예술진흥법과 지역문화정책의 관계성을 살펴보고자 함은 문화예술진흥법이 문화예술 육성과 지원을 위한 지방자치단체의 역할과 책무를 명시하고 있기 때문이다.

문화예술진흥법은 정부의 문화예술지원정책을 반영하며 최근에 이르기까지 개정을 거듭해왔다. 문화예술진흥법 중 지방자치단체의 문화예술 진흥에 관한 조항은 제3조(시책과 권장) 제1항으로 "국가와 지방자치단체는 문화예술 진흥에 관한 시책을 강구하고 국민의 문화예술 활동을 권장·보호·육성하며, 이에 필요한 재원을 적극 마련하여야 한다"고 구체적으로 적시되어 있다.

국가와 지방자치단체의 문화시설[10] 설치에 관한 조항은 제5조(문화예술 공간의 설치 권장)와 제7조(전문예술법인·단체의 지정·육성)에서 언급되고 있다. 제5조 제1항을 보면 "국가와 지방자치단체는 문화예술 활동을 진흥시키고 국민의 문화 향수 기회를 확대하기 위하여 문화시설을 설치하고 그 문화시설이 이용되도록 시책을 강구하여야 한다"고 기술하고 있다. 또 제7조 제1항은 "국가와 지방자치단체(시·도에 한정한다. 이하 이 조에서 같다)는 문화예술 진흥을 위하여 전문예술법인 또는 전문예술단체(이하 "전문예술법인·단체"라 한다)를 지정하여 지원·육성할 수 있다"고 명기하고 있다.

지방자치단체가 문화시설을 설치하고 전문예술법인과 단체에 대한 지원을 하는 것은 2011년 5월 25일 전문 개정 이후 담긴 것이다. 이런 법적 근거로 이후 지방의 문화시설과 전문예술법인과 단체에 대한 지원이 크게 활성화되었다.

국가와 지방자치단체의 문화예술에 대한 지원 근거는 제3장 문화예술복지의 증진 중 제12조(문화강좌 설치)와 제13조(학교 등의 문화예술 진흥), 제15조의 2(장애인 문화예술 활동의 지원) 그리고 제15조의 3(문화소외계층의 문화예술복지 증진 시책 강구)에 명시되어 있다.

지방자치단체의 문화시설에서 운영하는 문화강좌, 문화예술아카데미 등도 따져보면 문화예술진흥법 제12조(문화강좌 설치)에 근거하여 시

---

10 여기서 문화시설이라 함은 '공연법' 제2조 제4호에 따른 공연장 등 공연시설, '박물관 및 미술관 진흥법' 제2조 제1호 및 제2호에 따른 박물관 및 미술관 등 전시시설, '도서관법' 제2조 제1호에 따른 도서관 등 도서시설, 문화예술회관 등 공연시설과 다른 문화시설이 복합된 종합시설 등을 말한다.

행하는 것이다. 마찬가지로 지자체가 장애인 문화예술 활동을 지원하는 것도 제15조의 2(장애인 문화예술 활동의 지원)에 따른 것이다.

이처럼 지자체가 문화예술에 대한 지원을 하는 것도 크게는 문화예술진흥법에 따른 것이고, 작게는 이를 바탕으로 수립한 지역문화정책에 따른 것이다.

(2) 문화기본법과 지역문화정책

'문화기본법'(2013년 제정)은 "문화에 관한 국민의 권리와 국가 및 지방자치단체의 책임을 정하고 문화정책의 방향과 그 추진에 필요한 기본적인 사항을 규정함으로써 문화가 삶의 질을 향상시키는 것"을 목적으로 한다. 이 법에서 정의하는 '문화'란 문화예술, 생활양식, 공동체적 삶의 방식, 가치 체계, 전통 및 신념 등을 포함하는 사회나 사회 구성원의 고유한 정신적 · 물질적 · 지적 · 감성적 특성의 총체를 말한다.

문화기본법과 지역문화정책의 관계성을 살펴보고자 함은 문화기본법이 문화에 대한 국민의 권리와 문화정책의 방향에 대해 보다 구체적으로 명시하고 있으며 특히 문화정책의 기본이념에 대해 밝히고 있기 때문이다.

문화기본법은 문화의 가치가 교육, 환경, 인권, 복지, 정치, 경제, 여가 등 우리 사회 영역 전반에 확산될 수 있도록 국가와 지방자치단체가 그 역할을 다하며, 개인이 문화 표현과 활동에서 차별받지 아니하도록 하고, 문화의 다양성, 자율성과 창조성의 원리가 조화롭게 실현되도록 하는 것을 기본 이념으로 한다.

특히 제4조(국민의 권리)에서 모든 국민은 성별, 종교, 인종, 세대, 지역, 사회적 신분, 경제적 지위나 신체적 조건 등에 관계없이 차별받지 아니하고 문화 활동에 참여하며 문화를 향유할 권리(이하 "문화권"이라 한다)를 가진다고 강조하고 있다. 또 제5조(국가와 지방자치단체의 책무)에서 문화소외계층의 문화 향유 기회를 확대하고 문화 활동 장려를 위한 시책을 강구할 것을 명시하고 있다.

제7조(문화정책 수립 · 시행상의 기본원칙)에서는 문화의 다양성과 자율성 존중, 문화의 창조성이 확산되도록 할 것과 문화 활동 참여와 문화 교육의 기회가 확대되고 차별 없는 문화복지가 증진되도록 할 것을 명시하고 있다.

이처럼 문화기본법은 국가와 지방자치단체의 역할과 책무에 대해 구체적으로 명시하고 있으며 문화에 대한 권리, 즉 문화권을 가장 명확히 규정하고 있다는 데 의미가 있다.

(3) 지역문화진흥법과 지역문화정책

'지역문화진흥법'(2014년 제정)은 지역의 문화예술단체와 문화예술진흥에 대해 보다 구체적으로 언급하고 있어 지역의 문화예술단체 관계자들은 보다 면밀히 살펴볼 필요가 있다. 지역문화진흥법이 제정되기 전에는 문화예술진흥법에 근거하여 지역문화에 대한 지원이 이루어져 왔다.

한 예로 문화예술진흥법 제3조(시책과 권장) 제1항에서 "국가와 지방자치단체는 문화예술 진흥에 관한 시책을 강구하고 국민의 문화예술 활동을 권장 · 보호 · 육성하며, 이에 필요한 재원을 적극 마련하여야 한다"고 명시한 것을, 지역문화진흥법을 도입한 이후에는 지역문화진흥법 제4조에서 "국가와 지방자치단체는 지역문화 진흥을 위한 정책을 수립하고 그에 필요한 지원을 하여야 한다"고 책무를 명시, 지역문화 진흥을 강조하고 있다.

이처럼 지역문화진흥법 제정은 지역문화에 대한 정책적 지원을 보다 명확히 하기 위한 근거를 마련한 것에 의미가 있다.

그 이전 지역문화에 대한 정책을 살펴보면 지역문화예술에 대한 지원은 1984년 지방문화중흥 5개년계획이 수립되면서 본격화되었다. 이 계획에 따라 지역의 문화인프라 확충이 시작되었다. 지방의 문화인프라 확충은 지역 문화예술회관 건립으로 구체화되었다. 1 지자체당 1문예회관을 목표로 지역의 문화예술회관의 건립은 지속적으로 늘어나 2019년 현재에도 계속되고 있다. 건립에 따른 국가의 지원은 1984년부터 1996년까지는 문예진흥기금이 활용되었고, 1997년부터는 국고로, 2005년부터는 국가균형발전특별회계로 편성되어 지원되고 있다.

지역의 균형발전을 위한 지역문화정책은 1995년 지방자치제도의 부활로 제도적, 체계적, 지속적으로 추진되었다.

문화예술진흥법과 별도로 지역문화진흥법이 제정된 것은 지역 간의 문화격차 해소에 역점을 두고자 했기 때문이다. 지역문화진흥법은 제1조(목적)에도 "지역 간의 문화격차를 해소하고 지역별로 특색 있는 고유의 문화를 발전시킴으로써 지역주민의 삶의 질을 향상시키고 문화국가를 실현하는 것을 목적으로 한다"고 명확히 밝히고 있다.

또한 생활문화의 활성화를 통해 시민 문화 향유 기회 확대를 목표로 하고 이를 위해 국가나 지방자치단체의 주민문화예술단이나 동호회 활동의 지원을 구체화하고 있다.

이 부분은 지역문화진흥법 제7조(생활문화 지원) 제1항과 제2항에 잘 나타나 있다. 제1항에서는 "국가와 지방자치단체는 생활문화를 활성화하기 위하여 주민 문화예술단체 또는 동호회의 활동을 지원할 수 있다"고 밝히고 있다. 제2항에서는 "국가 또는 지방자치단체가 설치하여 운영하는 문화시설의 운영자는 시설 운영에 지장이 없는 범위에서 주민 문화예술단체 또는 동호회 활동을 위한 공간을 제공할 수 있다"고 명시하고 있다. 지역문화진흥법에서 말하는 '생활문화'란 지역주민이 문화적 욕구 충족을 위해 자발적이거나 일상적으로 참여하여 행하는 유형 · 무형의 문화적 활동을 말한다.

지역문화진흥법은 지역문화 정체성 강화와 문화의 다양성 확보에 목표를 두고 있다. 또한 문화진흥을 위한 지역 단위의 자문단 사업을 운영해 지역문화정책 결정에 민간 참여 확대를 추구하고 있다.

지역문화의 개념에 대해선 제2조(정의)에 구체적으로 명시되어 있다. 여기서 "지역문화란 지방자치법에 따른 지방자치단체 행정구역 또는 공통의 역사적 · 문화적 정체성을 이루고 있는 지역을 기반으로 하는 문화유산, 문화예술, 생활문화, 문화산업 및 이와 관련된 유형 · 무형의 문화적 활동을 말한다"고 밝히고 있다.

지역문화진흥법은 국가와 지방자치단체가 지역 간의 문화격차 해소와 지역문화 다양성의 균형 있는 조화와 지역주민의 삶의 질 향상을 추구하는 것을 기본원칙으로 담고 있다. 또한 생활문화가 활성화될 수 있는 여건을 조성하고 지역문화의 고유한 원형의 우선적 보존을 원칙으로 한다.

그러므로 현재 지역문화정책에 가장 밀접한 법적 근거는 지역문화진흥법에 있다고 할 수 있다.

2) 지역문화재단의 설립 현황과 추세

　지방자치단체의 지역문화재단 설립에 관한 법적 근거는 지역문화진흥법 제5장 지역문화재단의 설립 등에 구체적으로 명시되어 있다. 제19조(지역문화재단 및 지역문화예술위원회 설립 등)에서 "지방자치단체의 장은 지역문화재단 및 지역문화예술위원회를 설립·운영할 수 있다"고 명시하고 있다. 그리고 제20조(지역문화재단 및 지역문화예술위원회에 대한 지원)에서 "지방자치단체는 지역문화재단 및 지역문화예술위원회의 운영 및 사업에 필요한 경비를 지원할 수 있다"고 하여 지역문화재단 설립과 운영 예산 지원의 근거를 두고 있다.

　지역문화진흥법 제정 이전엔 문화예술진흥법에 따라 지역문화재단 설립이 이뤄져왔다. 그러나 뒤에 지역문화재단 설립 추이에서 자세히 언급하겠지만 2014년 이후 지역문화재단이 급격히 늘어난 것은 지역문화진흥법 제정이 큰 영향을 끼쳤음을 시사한다.

　지역문화재단은 지방자치단체 규모에 따라 광역자치단체에서 설립한 지역문화재단과 기초자치단체에서 설립한 지역문화재단으로 나뉜다. 지역문화재단은 광역문화재단과 기초문화재단을 포함하여 통칭하는 것으로 사용하지만 이 책에서 광역문화재단과 구별 없이 사용할 경우에는 기초문화재단을 의미하는 것으로 규정한다.

(1) 기초자치단체 지역문화재단 설립 현황

　기초자치단체 지역문화재단 설립 현황을 살펴보고자 함은 전국 광역시·도별 기초자치단체별로 문화재단이 얼마나 설립되어 있는지, 재단 설립 수는 얼마나 차이가 나는지, 수도권과 그 외 지역의 재단 설립 수는 얼마나 차이가 나는지, 어느 시점에 재단이 집중적으로 설립되었는지 등을 파악하기 위함이다.

「2018 전국 문화기반시설 총람」에 따르면 전국 지방자치단체의 기초자치단체 지역문화재단은 서울 14곳을 비롯, 71곳에 이른다.

전국 기초자치단체의 지역문화재단 설립 현황을 광역시도별로 살펴보면 강원도에서는 18개 시·군 중 강릉시의 강릉문화재단이 전국 최초로 1998년 10월 설립된 것을 비롯, 정선군, 춘천시, 인제군, 원주시, 평창군, 영월군, 홍천군, 횡성군(설립순) 9곳이 문화재단을 설립했다.

경기도에서 31개 시·군 중 처음 문화재단이 설립된 곳은 부천시(부천문화재단 2001년 9월 설립)다. 이어서 고양시, 성남시, 하남시, 의정부시, 화성시, 안양시, 용인시, 수원시, 오산시, 안산시, 군포시, 김포시, 광명시, 여주시(설립순) 15곳이 문화재단을 설립했다.

경상남도는 18개 시·군 중 거제시가 2003년 10월 거제시문화예술재단을 설립한 것을 시작으로 김해시, 창원시, 사천시, 밀양시, 거창군(설립순) 6곳이, 경상북도에서는 23개 시·군 중 경주시가 2011년 2월 경주문화재단을 설립한 것을 비롯, 청송군, 청도군, 영주시, 포항시(설립순) 5곳만이 문화재단을 설립했다.

대구광역시는 8개 군·구 중 중구 도심재생문화재단이 2008년 8월 설립된 것을 비롯, 수성구, 달성군, 동구, 달서구, 북구 6곳이 문화재단을 설립했다. 이에 비해 부산광역시는 16개 군·구 중 금정구가 2016년 6월 설립한 금정문화재단이 유일한 문화재단이다.

서울특별시 경우 25개 구 중 14곳이 문화재단을 설립했다. 2010년 이전엔 중구문화재단(2004년 8월), 구로문화재단(2007년 8월), 마포문화재단(2007년 9월), 강남문화재단(2008년 10월) 4개 재단만 존재했다. 2010년 이후 성북문화재단(2012년 7월), 영등포문화재단(2012년 12월), 종로문화재단(2013년 9월), 서초문화재단(2015년 5월), 성동문화재단(2015년 6월), 광진문화재단(2015년 11월) 6개 재단, 2016년 이후 강북문화재단(2017년 3월), 도봉문화재단(2017년 3월), 은평문화재단(2017년 6월), 금천문화재단(2017년 6월) 4개 재단이 잇달아 설립되었다.

울산광역시는 5개 군·구 중 남구가 2012년 3월 설립한 고래문화재단이 유일하다.

인천광역시에는 10개 군·구 중 2006년 12월 부평구가 설립한 부평구문화재단, 2017년 10월 서구가 설립한 서구문화재단 등 2곳이 있다.

전라남도는 22개 시·군 중 목포시가 2006년 6월 설립한 목포문화재단을 비롯, 영암군, 담양군, 강진군(설립순) 4곳이 문화재단을 설립했다. 전라북도는 14개 시·군 중 전주시가 2005년 12월 설립한 전주문화재단을 비롯, 익산시, 완주군(설립순) 3곳이 문화재단을 설립했다.

충청남도는 15개 시·군 중 아산시가 2008년 10월 설립한 아산문화재단을 비롯, 천안시, 당진시(설립순) 3곳이 문화재단을 설립했다. 충청북도에는 11개 시·군 중 청주시가 2001년 2월 설립한 청주시문화산업진흥재단과 충주시의 충주중원문화재단 2곳이 있다.

대전광역시와 세종특별자치시, 제주도에는 기초자치단체 지역문화재단이 한 곳도 설립되지 않았다.

이를 정리하면 전국 226개 시·군·구 중 71곳이 지역문화재단을 설립하였으며 대구광역시가 75%로 설립률이 가장 높았다. 이어 서울특별시가 56%로 절반이 넘었으며, 강원도와 경기도가 각각 50%, 48%로 절반에 가까운 비율을 나타냈다.

서울특별시와 경기도를 제외한 대부분 지자체들은 문화재단 설립률
이 20% 안팎으로 기초자치단체 지역문화재단 설립이 서울과 경기권에
치중되어 있음을 알 수 있다.

　　그러나 같은 수도권인 인천은 10개 구·군 중 2곳만 설립되어 큰 편
차를 보였다. 특히 부산, 울산은 기초자치단체 지역문화재단이 단 1곳
으로 경남(6곳), 대구(5곳), 전남(4곳)에 비해 문화재단 설립이 저조했다.
이런 통계를 보면 서울과 수도권 외 지역의 지역문화재단 설립은 문화
예술의 균형발전을 위해 지속적으로 요구된다고 하겠다.

　　전국 기초자치단체 지역문화재단 71곳의 설립 추이를 살펴보면
2005년 1월 지역문화재단 설립 규정을 반영한 문화예술진흥법이 개정
된 이전과 이후 뚜렷한 차이를 보인다. 즉 2005년 1월 이전에 설립된
재단은 전국 71곳 중 7곳에 불과하다. 나머지 64개가 2005년 1월 이후

[그림 1] 전국 기초자치단체 지역문화재단 설립 추이

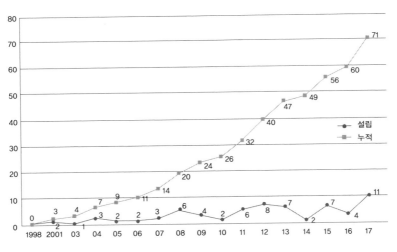

* 출처 : 「2018 전국문화기반시설 총람」(문화체육관광부) 자료 재구성.

설립되었다. 이 중 2010~2013년 22곳이 늘어났으며 2014년 지역문화
진흥법이 제정된 후 24곳이 늘어난 것을 알 수 있다.

이 같은 자료는 지역문화재단 설립 규정을 반영한 문화예술진흥법과
지역문화진흥법이 기초자치단체 지역문화재단 설립에 직접적인 영향
을 미치고 있음을 시사하고 있다.

(2) 기초자치단체 지역문화재단의 역할

기초자치단체 지역문화재단의 주요 역할은 지역문화예술 진흥에 바
람직한 정책을 개발하고 이를 토대로 지역 문화예술단체 및 개인들의
문화예술 활동을 지원하는 것이다. 구체적으로 지역문화예술의 주체
로서 문화예술시설 운영과 문화예술 분야의 콘텐츠 개발, 지역문화예
술 진흥 등의 역할을 한다. 그러므로 기초자치단체의 지역문화재단은
해당 지역의 문화예술 분야의 발전과 지역 고유의 정체성 확립에 있어
서 실로 중요한 위치에 있다고 할 수 있다.

실제 기초자치단체 지역문화재단의 누리집을 토대로 주요 사업을 영
역별로 살펴보면 ▲문화예술 활동 지원 ▲문화예술교육 지원 ▲문화
공간의 운영관리 및 수익사업 ▲지역축제 운영 등으로 구성되어 있다.

이 중 문화예술 활동 지원과 문화예술교육 지원은 관내 문화예술단
체 또는 개인을 대상으로 하는 지원사업이 대부분이다. 문화공간의 운
영관리 및 수익사업은 문화예술시설 즉 공연장과 전시장을 운영하는
것인데 자체 기획공연이나 전시를 하는 경우와 시설 대관을 하는 것이
주류를 이룬다.

지역문화재단 주요 사업과 조직 현황을 살펴보면 보다 구체적으로

지역문화재단의 역할과 조직의 규모를 파악할 수 있다.

「2018 전국 문화기반시설 총람」에 소개되어 있는 지역문화재단의 주요 사업은 ▲문화예술의 전승과 창작 지원 및 보급 ▲지역문화예술진흥 및 육성 ▲문화예술회관 운영 및 관리 ▲문화정책 수립, 문화지표 개발 ▲지역문화예술단체 지원 ▲문화예술의 국내외 교류 사업 ▲지역문화축제 및 문화콘텐츠 개발 등이다. 표현은 조금씩 다른 부분도 있지만 위 사업이 주된 범주에 속한다.

「2018 전국 문화기반시설 총람」에 나타난 조직 현황을 살펴보면 같은 기초자치단체의 지역문화재단인데 조직 규모의 편차가 큰 것을 알 수 있다.

[표 1] 전국 기초자치단체 지역문화재단 조직

지역	재단명	조직 현황
강원(9곳)	강릉문화재단	1이사회 1국 5팀
	영월문화재단	1사무소 2팀
	원주문화재단	1기획실 5팀
	인제군문화재단	1사무소 5팀
	정선아리랑문화재단	5팀
	춘천시문화재단	1사무국 4팀 1예술단
	평창문화예술재단	2팀
	홍천문화재단	2위원회 1실 2부 6팀
	횡성문화재단	1사무처 1실 2팀
경기(15곳)	고양문화재단	2실 2본부 9팀
	광명문화재단	1처 6팀
	군포문화재단	1실 4본부 19팀

경기(15곳)	김포문화재단	1국 7팀
	부천문화재단	2본부 8팀 2위탁사업기관
	성남문화재단	1단 1실 10부
	수원문화재단	2국 7부 21팀
	안산문화재단	2본부장 6부 1사무국
	안양문화예술재단	2본부 1실 9부
	여주세종문화재단	3팀
	오산문화재단	4팀
	용인문화재단	3본부 10팀
	의정부예술의전당	1이사회 2본부 5부 1실 2극장
	하남문화재단	6팀
	화성시문화재단	2국 2관 21팀
경남(6곳)	거제시문화예술재단	3부
	거창문화재단	1지원단 2사업단
	김해문화재단	1사무처 2사 1관 17팀
	밀양문화재단	3팀
	사천문화재단	2팀
	창원문화재단	2본부 11팀
경북(5곳)	경주문화재단	1이사회 5팀
	영주문화관광재단	1국 2팀
	청송문화관광재단	1사무국 3팀 1사업단
	청도우리정신문화재단	1사무국 3팀
	포항문화재단	1사무국 5팀 1TF팀
대구(6곳)	달서문화재단	2실 3팀)
	달성문화재단	1실 1관 3팀
	대구광역시동구문화재단	1실 2관 8팀

대구(6곳)	대구광역시행복북구문화재단	3본부
	수성문화재단	1실 4관 10팀
	도심재생문화재단	1이사장 1사무국 2팀
부산(1곳)	금정문화재단	1사무처 4팀 3센터
서울(14곳)	강남문화재단	1본부 5팀
	강북문화재단	1사무국 2팀
	광진문화재단	3팀
	구로문화재단	1본부 3극장 4팀
	금천문화재단	3팀
	도봉문화재단	1이사회 3팀 1본부
	마포문화재단	2본부 8팀
	서초문화재단	1국 4팀 2관 4분관
	성동문화재단	1본부 5팀
	성북문화재단	2본부 1단
	영등포문화재단	3팀
	은평문화재단	3팀 1소
	종로문화재단	3팀
	중구문화재단	1본부 6부
울산(1곳)	고래문화재단	1사무국 2팀
인천(2곳)	부평구문화재단	3본부 16팀 위탁기관 2개
	서구문화재단	1사무국 4팀
전남(4곳)	강진군문화관광재단	1사무국 3팀 2연구소
	담양군문화재단	4팀
	목포문화재단	1사무국 2팀 2도서관
	영암문화재단	1팀

전북(3곳)	완주문화재단	1국 2단 4팀
	익산문화재단	1국 3팀
	전주문화재단	1국 1관 6팀
충남(3곳)	당진문화재단	1사무처 4팀
	아산문화재단	1사무국 2팀
	천안문화재단	1국 7팀 1전당
충북(2곳)	청주시문화산업진흥재단	1실 7팀)
	충주중원문화재단	1처 2팀

* 광주광역시, 대전광역시, 세종특별자치시, 제주특별자치도에는 기초문화재단이 아직 설립
되어 있지 않다.

기초자치단체 지역문화재단의 문화예술지원 사업은 한국문화예술위원회를 통한 국고 지원사업, 광역자치단체 지역문화재단의 지원사업과 함께 추진하는 것과 자체 예산으로 추진하는 것 등이 있다.

광역자치단체가 설립한 지역문화재단이 자체 예산으로 지역의 문화예술진흥을 위한 여러 가지 사업을 공모, 지원을 하고 있는 것에 비해 기초자치단체가 설립한 지역문화재단은 지원 예산 규모도 크지 않아 지원사업 역할은 큰 비중을 차지하지 못하는 것이 현실이다. 국고 지원을 받거나 광역자치단체 지역문화재단과 공동사업을 하는 것도 이러한 예산상의 취약한 구조 때문이다.

최근 지역분권시대를 맞이하여 기초자치단체 지역문화재단의 역할이 문화예술시설 관리 및 운영을 넘어 지역주민들의 생활예술문화 활동 지원으로 확대되고 있다. 아마추어 예술동아리 지원, 지역주민의 문화예술 활동 공간 지원 등이 그 예라고 할 수 있다.

기초자치단체 지역문화재단은 지방자치단체의 문화예술행정 전달

체계의 중간 지점에서 지역의 문화예술 생태계 및 주민들의 일상생활과 직접적인 소통의 역할을 한다는데 큰 의미가 있다. 이런 관점에서 본다면 지역문화재단의 역할에서 가장 중요한 부분은 주민들의 문화적 권리를 확장하는 프로그램을 만들고 시행하는 것이다.

기초자치단체 지역문화재단의 역할과 규모를 가늠할 수 있는 지표는 인원 현황 및 예산·사업 현황이다. 지역문화재단의 예산과 사업과 조직 규모는 해당 기초자치단체의 규모에 따라 차이가 있기 마련이다. 비슷한 규모의 기초자치단체 지역문화재단의 예산과 규모를 비교해 보면 해당 지자체가 어느 정도 지역문화재단에 비중을 두고 있는지 가늠할 수 있다. 또한 기초자치단체장이 어느 정도 지역문화예술 진흥에 비중을 두고 있는지 파악할 수 있다. 「2018 전국 문화기반시설 총람」에 따른 기초자치단체 지역문화재단 인원 및 예산·사업 현황은 다음과 같다.(예산 단위는 억원)

[표 2] 전국 기초자치단체 지역문화재단 인원 및 예산·사업 현황

지역	재단명	인원(명)	예산(억 원)	사업 현황
강원(9곳)	강릉문화재단	24	41	71
	영월문화재단	6	23	5
	원주문화재단	34	88	46
	인제군문화재단	26	57.2	34
	정선아리랑문화재단	18	54	23
	춘천시문화재단	41	144	21
	평창문화예술재단	7	5	4
	홍천문화재단	7	5	4
	횡성문화재단	8	39	8

경기(15곳)	고양문화재단	108	205	연간 다건
	광명문화재단	43	60.6	40
	군포문화재단	130	223	22
	김포문화재단	46	86	42
	부천문화재단	86	78	75
	성남문화재단	127	285.2	57
	수원문화재단	162	264.9	90
	안산문화재단	67	138	24
	안양문화예술재단	85	165	29
	여주세종문화재단	21	57	20
	오산문화재단	30	61	10
	용인문화재단	99	22	62
	의정부예술의전당	49	74	21
	하남문화재단	37	46	46
	화성시문화재단	297	366.1	65
경남(6곳)	거제시문화예술재단	18	48	11
	거창문화재단	11	22	5
	김해문화재단	291	336	36
	밀양문화재단	20	51	11
	사천문화재단	6	14.94	3
	창원문화재단	96	204	78
경북(5곳)	경주문화재단	22	83	12
	영주문화관광재단	8	19.6	12
	청송문화관광재단	19	32.06	13
	청도우리정신문화재단	10	12	6
	포항문화재단	51	100	24

대구(6곳)	달서문화재단	22	61	47
	달성문화재단	19	37	16
	대구광역시동구문화재단	46	91	24
	대구광역시행복북구문화재단	69	5.2	19
	수성문화재단	121	134	77
	도심재생문화재단	14	26.4	15
부산(1곳)	금정문화재단	13	20.48	35
서울(14곳)	강남문화재단	115	206	28
	강북문화재단	7	8	4
	광진문화재단	17	20	13
	구로문화재단	44	25	49
	금천문화재단	84	43.41	62
	도봉문화재단	94	54	7
	마포문화재단	73	89	15
	서초문화재단	115	59.6	14
	성동문화재단	185	113	42
	성북문화재단	241	128	72
	영등포문화재단	52	62.2	17
	은평문화재단	32	37.03	27
	종로문화재단	52	48	38
	중구문화재단	50	83	20
울산(1곳)	고래문화재단	6	27	18
인천(2곳)	부평구문화재단	134	133.1	41
	서구문화재단	28	2.2	12
전남(4곳)	강진군문화관광재단	4	4	1
	담양군문화재단	8	12.19	3

전남(4곳)	목포문화재단	4	17	10
	영암문화재단	7	7	2
전북(3곳)	완주문화재단	12	11	22
	익산문화재단	22	26	21
	전주문화재단	57	65	36
충남(3곳)	당진문화재단	37	45	47
	아산문화재단	8	32	11
	천안문화재단	40	84	16
충북(2곳)	청주시문화산업진흥재단	78	155	40
	충주중원문화재단	14	26	6

(3) 광역자치단체 지역문화재단 설립 현황

「2018 전국 문화기반시설 총람」에 따르면 전국 광역 시·도별 지역
문화재단은 경상북도를 제외한 광역 시·도 16곳에 모두 설립되었다.
경상북도는 경북문화재연구원을 확대 개편해 2019년 7월 11일 경북문
화재단을 설립했으며 2020년 1월 본격적으로 업무를 시작해 현재는 17
개 광역 시·도 모두 설립되었다.

전국 광역 시·도별 지역문화재단 설립 현황을 살펴보면 가장 먼저
설립된 곳은 경기도 경기문화재단(1997년 7월 설립)이다. 이어 강원도에
1999년 12월 강원문화재단이 설립되었으며 제주문화예술재단이 2001
년 1월에 설립되었다. 그 후 2004년 3월 서울문화재단이, 2004년 12월
인천문화재단이 설립되었다.

이어서 부산문화재단(2009년 1월), 대구문화재단(2009년 4월), 전남문화
관광재단(2009년 5월), 대전문화재단(2009년 9월), 광주문화재단(2010년 12

월), 충북문화재단(2011년 12월)이 설립되었다. 2009년 6월 설립된 경남문화재단은 2013년 경남문화예술진흥원과 경남영상위원회와 통합하여 2013년 7월 경남문화예술진흥원으로 출범했다. 그 뒤를 이어 충남문화재단(2013년 12월), 전북문화관광재단(2015년 12월), 세종시문화재단(2016년 11월), 울산문화재단(2016년 12월)이 설립되면서 전국 16개 광역시도에 들어서게 되었다.

광역자치단체 지역문화재단의 설립 추세를 보면 2009년에서 2010년 사이 5곳이 잇달아 설립되면서 본격적인 광역자치단체 지역문화재단 시대를 열었다고 볼 수 있다.

광역자치단체 지역문화재단의 규모를 가늠할 수 있는 조직 현황은 다음과 같다.

[표 3] 광역자치단체 지역문화재단 조직 현황

재단명	조직
서울문화재단	2실 4본부 1지원단 1극장 16팀
부산문화재단	1실 2본부 9팀
대구광역시문화재단	3본부 10팀 1소 1국
인천문화재단	1처 3본부 9팀 2관 1센터
광주문화재단	2실 1단 2관 13팀
대전문화재단	2실 9팀
울산문화재단	1처 4팀
세종시문화재단	1처 5팀 1기획단
경기문화재단	1검사역 1정책실 2본부 7소속기관
강원문화재단	1처 1소 1위원회 3실 1단 1국 17팀
충북문화재단	1처 4팀

충남문화재단	2부 5팀
전라남도문화관광재단	6팀 1소
전라북도문화관광재단	1처 1부 1단 6팀
경남남도문화예술진흥원	1국 6부
제주문화예술재단	3본부 7팀 1TF단

광역문화재단의 규모를 가늠할 수 있는 인원 현황 및 예산·사업 현황은 다음과 같다.

[표 4] 광역자치단체 지역문화재단 인원 현황 및 예산·사업 현황

재단명	인원(명)	예산(억 원)	사업 현황
서울문화재단	200	1,112	40
부산문화재단	62	333	42
대구광역시문화재단	60	262	32
인천문화재단	79	246	45
광주문화재단	138	128	67
대전문화재단	57	166	81
울산문화재단	20	117	21
세종시문화재단	22	68.3	17
경기문화재단	372	564	74
강원문화재단	71	214.6	31
충북문화재단	34	158	25
충남문화재단	27	153.7	24
전라남도문화관광재단	53	217	48
전라북도문화관광재단	51	245	38
경남남도문화예술진흥원	49	172	37
제주문화예술재단	69	137.88	33

(4) 광역자치단체 지역문화재단의 역할

광역자치단체 지역문화재단의 역할은 재단의 업무 영역과 주요 사업을 통해 가늠해볼 수 있다.

광역자치단체 지역문화재단들의 역할 중 공통적인 사례는 ▲지역문화진흥 ▲문화정책 수립 ▲문화예술활동 지원 ▲문화예술교육 ▲문화복지서비스 등을 들 수 있다.

문화정책 수립은 지역의 특성과 환경을 고려한 정책 연구 및 정책 수립을 의미하며 문화예술활동 지원은 상주 예술단체 지원을 비롯하여 관내 예술단체 및 예술가의 활동 지원 등으로 구체화된다. 문화예술교육은 학교 및 지역사회 주민들을 위한 교육활동 및 교육공간 지원, 예술강사 지원 등을 들 수 있다. 문화복지서비스는 문화복지 차원에서 문화이용권, 문화바우처 제도를 시행하는 것이다.

공통적으로 시행하고 있는 업무 중 하나로 지역을 기반으로 한 축제가 있다. 그리고 문화공간, 창작공간, 문화예술공간 등 명칭은 조금씩 다르지만 전문 예술가들의 예술활동 지원을 위한 공간 운영도 대부분 광역문화재단들이 하고 있는 역할 중 하나다. 또 일부에서는 직·간접적으로 공연과 전시를 할 수 있는 문화예술시설을 운영하기도 한다.

최근에는 생활문화예술 활성화 추세를 반영하여 시민문화예술동아리 지원과 전문 예술가와 아마추어 예술가들의 교류와 강습을 위한 생활예술공간을 운영하는 곳도 많다.

이외 지역의 전통문화 계승을 위한 지원사업과 지역특화 문화콘텐츠 개발을 위한 사업, 도시재생프로젝트 추진, 기금 조성 등도 광역문화재단의 주요 역할이다.

3) 지역문화재단 설립 급증세가 시사하는 것

지역문화재단의 현황에서 살펴본 바와 같이 지역문화재단은 광역자치단체 지역문화재단(이하 광역문화재단이라 한다)과 기초자치단체 지역문화재단(이하 기초문화재단이라 한다)으로 구분됨을 알 수 있다. 그러나 광역문화재단과 기초문화재단의 역할에서 확연한 차이는 보이지 않는다.

광역문화재단의 경우 서울문화재단과 같이 산하 공연ㆍ전시를 위한 문화예술시설을 두지 않고 문화예술지원정책과 프로그램만 운영하는 경우가 있는가 하면 경기문화재단처럼 박물관, 미술관, 아트센터를 직접 운영하는 사례도 있다. 인천문화재단과 광주문화재단과 같이 아트플랫폼을 운영하거나 전남문화관광재단, 충남문화재단 등과 같이 문화예술시설을 산하기관으로 운영하거나 위탁 관리하는 경우도 있다.

이런 구조는 기초문화재단도 마찬가지다. 공연장 등 문화예술시설을 중점 관리하는 곳이 있는 반면 문화예술지원정책과 주민 참여 프로그램 등에 주력하는 곳도 있다. 이런 현황은 광역문화재단과 기초문화재단의 역할에서 뚜렷한 차별화가 이뤄지지 않고 있음을 시사한다.

설립 현황의 경우 광역문화재단과 기초문화재단은 크게 차이가 난다. 먼저 광역문화재단의 경우 「2018 전국 문화기반시설 총람」 기준으로 경상북도를 제외한 나머지 전체 광역 시ㆍ도에서 문화재단을 설립한 상태다. 경기도와 강원도를 제외한 나머지 재단은 모두 2000년 이후 설립된 것으로 1995년 지방자치제도 부활 이후 문화예술정책을 수행할 기관으로는 비교적 늦게 설립되었음을 알 수 있다.

기초자치단체 경우 전국 226개 시ㆍ군ㆍ구 중 71곳만이 지역문화재단을 설립하였으며 그것도 서울과 수도권에 편중되어 있어 지역의 균형발전을 위한 균등 확산이 절실한 과제임을 알 수 있다.

광역문화재단과 기초문화재단 공통적인 문제점은 재단별 인원과 예산, 사업 규모에서 편차가 무척 심하다는 것이다.

같은 광역문화재단이라도 해도 서울을 제외하고도 울산의 경우 예산이 117억 원인 데 비해 부산은 333억 원으로 3배 가까이 차이가 난다.

광역문화재단이면서도 기초문화재단보다 예산이 적은 곳도 있다. 광주, 충남과 충북, 대전, 경남 등의 경우 서울과 수도권 일부 기초문화재단보다 예산이 훨씬 적다.

이것은 단지 예산 규모의 문제만은 아니다. 예산과 사업 규모는 자치단체장의 의지와 자치단체의 문화정책의 비중이 반영되는 것이다. 즉 예산과 사업 규모가 작다는 것은 그만큼 지자체장의 문화예술에 대한 관심과 의지가 상대적으로 적은 것이라고 평가할 수 있다.

같은 광역문화재단에서도 근무 인원의 편차는 더욱 심해 울산문화재단 20명, 충남문화재단 27명인 데 비해 경기문화재단 372명, 서울문화재단 200명으로 10배 이상 큰 차이를 보인다. 수도권을 벗어난 지역과 비교해도 강원문화재단은 71명으로 3배 이상 차이를 보인다. 인원의 규모 역시 수도권을 벗어난 충남, 충북, 전남, 전북 등 광역문화재단이 서울과 수도권 일부 기초문화재단보다 적어 지역의 균형발전이 시급함을 시사하고 있다.

기초문화재단의 경우 이런 편차는 더욱 심하게 나타나고 있다. 근무 인원의 경우 화성시문화재단 297명, 김해문화재단 291명, 성북문화재단 241명인 데 비해 울산의 고래문화재단 6명, 서울 강북문화재단 7명, 부산 금정문화재단 13명, 서울 광진문화재단 17명으로 엄청나게 큰 편차를 보이고 있다.

물론 각 문화재단의 정원에는 공연, 전시, 문화예술교육 부문 외 도서관, 생활스포츠센터 담당 인원이 포함되어 있는 경우도 있어 목적사업의 범위에 따라 차이가 나기도 한다.

기초문화재단의 경우 예산에 있어서도 편차가 심하기는 마찬가지다. 같은 경기도 관내 화성시문화재단은 366.1억 원인 데 비해 용인문화재단은 22억 원에 불과하다. 강원도 평창군의 평창문화예술재단은 5억 원에 불과해 화성시문화재단에 비해 무려 70배나 큰 차이를 보인다. 같은 서울에서도 강남문화재단이 206억 원인 데 비해 강북문화재단은 8억 원에 불과하며 광진문화재단은 20억 원으로 10배나 차이가 난다.

이런 인원과 예산의 편차는 곧 운영 사업의 규모에서도 그대로 반영되어 나타난다. 계량적으로 측정 가능한 사업 개수를 기준으로 수원문화재단의 경우 90개 사업을 추진하고 있는 반면 강진군문화관광재단, 영암문화재단 등 10개 이하인 곳이 무려 15곳이나 된다.

주요 사업의 내용에 있어서도 광역문화재단과 기초문화재단의 차별화는 크지 않은 것도 문제점으로 지적되고 있다. 광역문화재단의 경우 대부분 지역문화예술 진흥, 문화예술교육, 문화예술활동 지원이 주를 이루고 있다.

기초문화재단 역시 주요 사업은 문화예술활동 지원, 문화예술교육, 지역문화예술 진흥, 산하 문화예술시설 운영 및 관리 등이 주를 이루고 있다.

광역문화재단이나 기초문화재단 모두 주요 사업에 대해 지역문화예술지원, 문화예술창작활동 지원, 문화유산 보존 및 활용, 문화시설 운영 및 관리 등 조례 등에 적시된 목표를 내걸고 있어 차별화가 이뤄지지 않고 있음을 알 수 있다. 광역문화재단의 경우 지역을 토대로 한 문화예술정책개발에 중점을 두고, 기초문화재단의 경우 지역의 특화된 목적사업, 지역주민과 연계된 참여프로그램에 중점을 두는 것이 차별화를 구현하는 첫걸음이다.

제2장

시민 참여 물꼬 튼 문화민주주의

1. '문화의 민주화' 정책과 '문화민주주의' 정책

'문화의 민주화(democratization of culture)' 정책과 '문화민주주의(cultural de-mocracy)' 정책은 문화예술지원정책에서 뻗어 나온 가지라고 할 수 있다.

문화예술지원정책, 특히 서구 국가체계를 갖춘 이후 각 나라의 문화예술지원정책은 18세기 왕과 귀족들이 예술후원자(Patron)로서 예술가들을 후원한 것이 시초라고 할 수 있다. 하지만 국가 차원의 문화정책이 본격적으로 추진된 것은 1900년대부터라고 할 수 있다.

이 책에서 다루고자 하는 국가 차원의 문화예술지원정책의 연구 범위는 제2차 세계대전 전후부터 2000년대 초반까지로 한정한다.

여기서는 각 국가의 문화예술지원정책 중 '문화의 민주화' 정책과 '문화민주주의' 정책의 배경과 흐름을 살펴보고자 한다.

1) '문화의 민주화' 정책은 어떻게 시작되었나?

대부분 국가의 문화예술지원정책은 "모든 사람들은 문화와 예술을 접하고 누릴 권리가 있다"는 것을 바탕으로 하고 있다. 그러므로 국가는 국민의 문화예술 향유 권리가 모든 국민에게 골고루, 균등하게, 널리 확산되는 방안에 주력한다. 그런데 시대와 정책 시행방침에 따라 조금씩 차이를 보일 수 있다. 또한 이 권리는 균등하게 나눠지는 것이 아니라 계층별로 누리는 데 차이가 있는 것이 현실이다.

문화예술지원정책이 본격화되는 제2차 세계대전 후 위와 같은 원칙과 괴리는 현실적 문제로 등장한다.

제2차 세계대전 이후 유럽 국가들은 폐허가 된 도시와 농촌에서 재건 사업이 필요했다. 이와 맞물려 국민들의 문화 향유를 위한 기회를 제공하는 차원에서 문화예술시설 건립을 대대적으로 추진했다. 문화예술시설을 건립하는 것은 모든 국민들에게 동일한 문화예술 향유 기회를 제공하고자 하는 취지에서 비롯되었다. 정부가 문화예술시설을 건립하는 것은 중앙집권적 시스템에서 하향적 방식으로 이루어지는 것이 특징이다.

이와 같이 국가가 모든 국민들에게 균등한 문화예술 향유 기회를 제공하는 것이 '문화의 민주화(democratization of culture)' 정책의 목표이자 핵심 개념이다. 또한 '문화의 민주화' 개념은 '모든 사람에게 고급문화를(the best for the most)' 제공해야 한다는 걸 원칙으로 삼고 있다.

고급 문화예술 활동들이 수도와 대도시에 집중되었던 현상을 개선하기 위한 조치로 지방에 문화예술시설을 설립하는 것도 '문화의 민주화' 정책 일환이다. 그리고 가능한 한 많은 사람들이 고급 예술을 누릴 수 있도록 입장료를 할인해주거나, 마케팅 전략을 세분화하여 잠재고객에게 알리는 등 다양한 정책을 추진하는 것도 '문화의 민주화'에 해당한다. 또 시민들의 문화 향유를 위해 문화예술단체와 예술가들을 지원하여 보다 원활한 문화예술 활동이 이루어지도록 하는 것도 '문화의 민주화' 정책에 속한다. 이 외에 문화예술단체의 지방순회 활동, 우수 공연 및 전시 프로그램의 지방순회도 '문화의 민주화' 정책에 따른 프로그램이다.[1]

그러나 '문화의 민주화' 정책은 구호와 홍보에 치우치기 쉽다는 문제점을 안고 있다. 또한 보다 많은 사람들이 문화예술 향유를 할 수 있도록 입장료 할인 등의 정책을 펼치고 있지만 실제적인, 뚜렷한 효과를 거두지 못하는 것도 문제점으로 지적되고 있다. 즉 입장료 할인 등 문화예술시설의 문턱을 낮추는 것만으로는 시민들을 문화예술시설로 유입하는 동인이 되지 못한다는 것이다. 이것은 관(官) 중심 사고에서 비롯된 정책으로 이용자 입장을 제대로 반영하지 못한 것으로 평가된다. 이에 대한 대안적 정책으로 '문화민주주의'가 주목을 받았다.

2) '문화민주주의' 정책은 어떻게 시작되었나?

'문화민주주의(cultural democracy)' 정책은 '문화의 민주화' 정책이 갖는 한계를 극복하기 위한 대안으로 등장했다.

유럽에서 '문화민주주의'에 대한 본격적이고 구체적인 논의의 발단은 1972년 프랑스 문화부의 연구조사부장 오귀스탱 지라르(Augustin Girard)의 연구보고서『문화발전 : 경험과 정책(*Cultural Development: Experiences*

---

1 서순복, 「문화의 민주화와 문화민주주의의 정책적 함의」, 『한국지방자치연구』 8(3), 2007. 29쪽.

and Policies)』에서 비롯된다고 보고 있다.[2]

지라르는 위 연구보고서에서 '문화민주주의' 정책의 목적은 소수의 특정 하위문화가 다른 하위문화와 서로 이해하고 소통하는 데 있다고 주장했다.[3] 여기서 하위문화(particular subcultures)라고 하는 것은 공연, 전시 등 고급문화, 주류문화에 대비하여 대중들의 일상문화, 생활문화에서 비롯되는 문화예술 활동을 의미한다. 지라르가 강조하고자 한 바는 소수의 시민들 또는 소외계층의 시민들이 다른 사회계층과 문화적 교류를 통해 서로 이해하고 소통을 할 수 있게 정부가 지원해야 한다는 것이다.

'문화민주주의'의 이념적 배경은 문화다원주의[4]에 있다. '문화민주주의'는 어느 국가나 다양한 문화들, 하위문화까지 그들 자신만의 문화체계를 가지고 있다는 시각을 갖고 있다.[5]

독일의 '문화민주주의' 정책 논의는 힐마 호프만(Hilmar Hoffmann)과 디터 크라머(Dieter Kramer)의 『모든 사람을 위한 문화(*Kultur für alle*)』(2013)에서 비롯되었다. 호프만은 독일학자로는 처음으로 '문화민주주의' 개념을 제시했다.[6] 호프만은 '문화의 민주화'와 '문화민주주의' 두 가지 이

---

2 최미세, 「문화민주주의에 대한 논의와 현황 ─ 미국, 유럽, 독일을 중심으로」, 『독일어문학』 72, 2016, 315~316쪽.

3 Augustin Girard, *Cultural development: experiences and policies*, 2nd edition, UNESCO. Paris 1983, p.70.

4 사회 내의 각 문화권에 속하는 사람들이 예술적으로 자신을 표현할 수 있는 실질적인 기회가 부여되어야 문화예술 다원주의가 실현된다고 할 수 있다.

5 구광모, 『문화정책과 예술진흥』, 중앙대학교 출판부, 2003, 76쪽. 문화다원주의의 배경에는 모든 사람들이 공유하는 유일한 문화란 없다는 인식이 깔려 있다.

6 최미세, 앞의 논문, 2016, 317쪽.

념 모두 문화예술 향유 확대에 기반을 둔 문화예술정책으로 문화예술 혜택을 가능한 한 양적으로 넓히고 모든 계층에게 골고루 혜택이 돌아가도록 해야 한다고 주장한다.[7]

오늘날 유럽의 문화정책은 문화의 다원성과 지방분권주의, 일상생활에서의 문화의 중요성을 강조하고 있다. 이런 기조에서 '문화민주주의'는 문화다양성을 기반으로 시민들이 문화예술 창작과 소비에 주체적으로 참여하는 것을 지향한다.[8]

미국의 '문화의 민주화'와 '문화민주주의'에 대한 논의는 예술경영이 처음 논의되던 1960년대부터 시작되었다. 1960년대 일어난 '문화 붐(cultural boom) 현상'과 관련하여 고급예술 중심의 공연예술에 대한 접근성을 확장하려는 노력은 바로 '문화의 민주화'에 대한 논의를 촉발시켰다. 그리고 록펠러재단에서 발간한 보고서 『공연예술 : 문제점과 전망(The Performing Arts: Problems and Prospects)』(1965)은 문화예술에 대한 공적 지원의 정당성을 본격적으로 제기했다. 보고서는 예술이란 특권을 가진 소수계층이 아닌 다수를 위한 것이고, 대중의 복지와 행복을 위한 것이어야 한다고 주장하고 있다.[9]

미국 매사추세츠대학교 저스틴 루이스(Justin Lewis)도 논문 「문화정책

---

7 Himar Hoffmann & Dieter Kramer, *Kultur für alle, Kulturpolitik im sozialen und demokratischen Rechtsstaat*, 2013, pp.1~3. 최미세, 앞의 논문, 2016, 327쪽 재인용.

8 Jorn Langsted, "Strategies in Cultural Policy", in : Jorn Langsted(ed), *Strategies, Studies in Modem Cultural Policy*, Aarhus University Press, 1990, p.162. 최미세, 앞의 논문, 2016, 325쪽 재인용.

9 *The Performing Arts : Problems and Prospects,* Rockefeller Panel Report, New York, 1965, 최미세, 앞의 논문, 2016, 320쪽 재인용.

수립(*Designing a Cultural Policy*)」(1994)에서 "'문화민주주의' 정책은 정부의 문화예술에 대한 공적 지원이란 방향성은 '문화의 민주화' 정책과 같지만 목표로 하는 대상이 다르다"고 했다. 즉 '문화의 민주화' 정책은 엘리트 문화의 확장과 공연장 중심의 고급 문화 예술을 지향하지만 '문화민주주의' 정책은 문화 소외계층 또는 소수 문화계층이 자신들의 문화예술을 나타내는 것을 지원하는 것이라고 했다.

루이스는 또 '문화민주주의' 정책은 대중매체에 대한 관심과 지원도 뒤따라야 한다고 주장하며 '문화민주주의' 정책 방향성을 제시했다. 루이스는 대중들에게 고급 예술을 감상할 수 있도록 공연장에서의 문화 향유 기회를 제공하지만 결과적으로는 목표만큼 성과를 거두지 못하는 것이 현실이라며 고급예술에 대한 지원보다 방송, 영화 등 대중문화 분야에 지원을 집중해야 한다고 강조했다.[10]

루이스는 이에 대한 근거로 1993년 미국에서 실시한 일반사회조사(general social surveys)의 통계자료를 제시했다. 이 통계자료에 의하면 미국인 10명 중 7명이 영화를 보러 간 데 비해 무용이나 발레 공연을 보러 간 사람은 10명 중 2명에 불과했다. 클래식 음악 공연, 오페라 공연을 보러 간 사람은 6명 중 1명도 채 안 되었다. 루이스는 정부가 클래식 음악 공연 같은 고급 예술을 일반 시민들이 즐길 수 있도록 지원해 왔음에도 일반 시민들은 여전히 이에 부응하지 않는 것을 지적하고 있

---

10 Justin Lewis, "Designing a Cultural Policy in Gigi Bradford", Michael Gary & Gienn Wallach(eds.), *The Politics of Culture*, New York: The New Press, 2000. 김경욱, 「문화민주주의와 문화정책에 대한 새로운 시각」, 『문화경제연구』 6(2), 2003, 39~40쪽 재인용.

다. 이와 함께 루이스는 고급 예술이 예술적 가치가 높기 때문에 지원할 가치가 있다는 주장에 대해 클래식 음악이 대중음악보다 복잡하다고 해서 더 창조적이고 세련되었다는 것을 의미하지는 않는다고 반박했다.

　루이스는 시민들을 공연장과 음악당으로 유도하려고 했지만 결과적으로 실패한 '문화의 민주화' 정책을 탈피해서 모든 사람이 즐기는 방송, 패션, 디자인 분야 등을 지원하는, 즉 '문화민주주의' 정책으로 전환을 강조했다.

　'문화민주주의'는 문화 향유를 위한 기반 제공에 그치지 않고 문화예술활동의 참여를 지향한다. 그러므로 '문화민주주의'의 핵심 개념은 '문화예술 소비자에서 문화예술 생산자로의 참여'이다.[11] 구체적 정책으로는 다원적 주체들에 의해 생산된 다양한 문화들의 상호교류 활동 지원, 대중들의 아마추어로서 문화예술 활동 지원 등으로 나타난다. 즉 '문화민주주의' 정책에서 대중은 '문화예술 향유의 대상에서 문화예술 향유의 주체'로 인식된다.

　'문화민주주의'는 정치적, 성적, 민족적, 사회적 형평성(social equality)을 우선적으로 고려한다. 또한 다양성을 추구하는 문화정책을 요구하는데 이는 정책결정 과정의 비집중화를 지향한다. 이것은 중앙정부에서 지방정부로의 문화정책 권한 이행, 즉 문화의 지방자치를 뜻한다.[12]

　김경욱은 이를 네 가지 정책 의제로 정리하고 있다. 첫째, 문화예술

11　콘텐츠산업과 문화정책연구소,『문화예술교육과 문화정책』, 북코리아, 2012, 8~10쪽.
12　김경욱, 앞의 논문, 36쪽.

향유 기회의 확대와 문화소외계층의 문화접근성 향상. 둘째, '문화 다양성(cultural diversity)'의 보장, 특히 다인종 국가의 경우 자국 내 여러 인종들의 문화적 차이에 대한 수용이 강조되고 있다. 셋째, 개인의 문화적 능력(cultural competence) 향상을 위한 예술교육의 강화. 넷째, 공동체의 활발한 문화적 활동. 이 네 가지 의제는 곧 '문화민주주의' 실천방안으로 강조되고 있다.

'문화민주주의' 연구를 다루는 WWCD(Webster's World of Cultural Democracy) 누리집에서 소개하고 있는 '문화민주주의'란 문화 다양성을 보호하고 증진하며, 우리 사회와 전 세계의 모든 사람들의 문화에 대한 권리를 부여하는 것이며, 지역사회 문화생활에 적극적으로 참여하도록 장려하는 것이다. 또 사람들이 문화생활의 질에 영향을 미치는 정책 결정에 참여할 수 있게 하며 문화 자원 및 지원에 대한 공정하고 평등한 접근을 보장하는 것이다.[13]

오늘날 우리 사회에서 '문화민주주의'에 대한 담론이 주목받고 있는 것은 문화예술은 단지 문화예술 향유의 대상이 아니라 사회복지의 개념을 포함하고 있기 때문이다.

우리나라에서도 '문화민주주의' 정책은 시민의 문화권리 확보 차원으로 확대되고 있다. 문화예술단체 중심의 지원을 일반 시민, 아마추어 예술동호회 지원으로 확대하고 있는 것이 그 구체적인 사례다.

최근 문화정책의 주요 목표로 언급되고 있는 일상 속에서의 문화, 생활예술은 이와 같은 문화적 권리를 강조하고 있다. 문화적 권리는 정부 정책 시행 차원에서는 문화복지로 구체화된다.

---

13 What Is "Cultural Democracy?"(http://www.wwcd.org/cddef.html), 참고.

그러나 문화적 권리를 확대하는 것은 단순한 문화복지 차원의 문제만은 아니다. 심광현은『문화사회와 문화정치』(2003)에서 '문화민주주의' 구현은 시민들의 권리이자 책임이라고 주장하고 있다. '문화민주주의'의 기본 이념이 '밑으로부터의 문화적 민주주의'라면 '문화민주주의'는 시민들의 자발적 운동 없이는 실현될 수 없다는 것이다. 심광현은 이와 같은 문화적 권리 주장, '문화민주주의'의 실현은 경제중심적인 사회에서 문화와 사회활동에 중요성이 부여되는 사회, 즉 '노동사회'로부터 '문화사회'로의 이행을 의미한다고 했다.

그것은 지역사회에도 그대로 적용된다. 지역사회의 특수성에 바탕을 둔 지역문화 활성화는 '문화민주주의' 실현을 위한 원동력이며 밑으로부터의 민주주의 활성화의 촉매제이다. 이런 관점에서 종합적인 지역문화발전 계획을 입안할 경우 관(官) 주도적인 일방통행식 방식이 아니라 지역주민들과 지역전문가들의 적극적인 참여가 가능하게 개방적이어야 한다. 더 나아가 지역문화시설 운영과 프로그램 개발에도 지역주민들이 적극적 참여를 할 수 있도록 제도화해야 한다.

'문화민주주의' 정책은 현 시대에 맞는 공적 가치에 기반을 두어야 한다. 그것은 인간 소외를 극복할 대안으로서 문화의 공적 가치의 중요성을 의미한다.[14] '문화민주주의'가 이 시대 정책 이념으로 요구되는 명분과 이유도 여기에 있다.

---

14 장세길, 「문화민주주의를 넘어 – 전라북도 사례로 살펴본 새로운 문화전략 모색」,
   『지역사회연구』23(2), 2015, 51~52쪽.

3) '문화의 민주화' 정책과 '문화민주주의' 정책의 차이

'문화의 민주화'와 '문화민주주의'는 두 이론 모두 '모두를 위한 문화'라는 민주주의적 원리에 이론적 근거를 두고 있다.[15] 양자 모두 큰 틀에서는 민주주의적 평등권, 개성을 자유롭게 전개시킬 권리, 예술 활동과 관련 모든 계층의 주민들이 일방적으로 규제받지 않고 소통에 참여할 수 있는 권리 등을 다루고 있다. 그러나 '문화의 민주화'와 '문화민주주의'는 지향하는 바가 확연히 다르다. '문화의 민주화'는 클래식 콘서트, 전시 등 '고급문화'를 대중들이 폭넓게 접촉할 수 있도록 하는 것을 지향한다. 그러므로 '문화에 대한 대중의 접근성(accessibility) 강화'가 핵심 개념이다. 구체적 정책으로는 공연장, 미술관 등 문화기반시설의 설치 및 운영, 문화예술단체에 대한 지원, 공연·전시 프로그램의 입장권 할인, 소외 계층을 위한 '문화바우처' 제공 등으로 나타난다.

'문화의 민주화'가 가능한 한 많은 사람들에게 고급예술에 대한 접근을 수월하게 하기 위해 티켓 가격의 할인 등 전략을 사용한 데 비해 '문화민주주의'는 각 개인의 다양한 취향을 행사할 기회를 보장하는 것을 중점 전략으로 삼았다. '문화의 민주화' 정책이 고급 예술의 저변 확대를 위한 마케팅의 다양화에 중점을 둔 반면 '문화민주주의'는 문화다양성을 기반으로 대중들이 문화예술의 창작과 소비에 주체적으로 참여하는 것에 중점을 둔다.

유럽의 대표적 문화학자 덴마크의 요른 랑스테드(Jorn Langsted)는 "문화의 민주화가 '모든 사람을 위한 문화(culture for everybody)'라고 한다면

---

15 김문환, 『문화민주주의』, 조선일보사, 1988, 83쪽.

문화민주주의는 '모든 사람에 의한 문화(culture by everybody)'"라고 주장하
면서 문화 소비자, 문화 향유자의 주체적 측면을 강조한다. 랑스테드
는 그동안 '문화의 민주화' 정책에 따라 문화예술시설을 세우고 저렴한
입장료로 관객을 유치하려 했다면, 이제는 지역주민이 문화예술 활동
을 향유하도록 하는 환경을 만드는 데 중점을 둬야 한다고 주장한다.[16]

'문화의 민주화'와 '문화민주주의'에 대한 개념의 차이와 특징에 대해
서는 요른 랑스테드가 「Double Strategies in a Modern Cultural Policy」에
서 차이점을 표 5와 같이 정리했다.

[표 5] '문화의 민주화'와 '문화민주주의'의 차이[17]

문화의 민주화	문화민주주의
문화의 단일성(mono culture)	문화의 다양성(plurality of cultures)
기관(제도) 중심(institutions)	비공식, 비전문가 조직(informal group)
기회의 기성화(ready made opportunity)	역동적 활성화(animation)
틀(구조) 중심(create framework)	활동 중심(creative activities)
전문가 중심(professional)	아마추어 중심(amateur)
미학적 질(aesthetic quality)	사회적 동등성(social equality)
보존(preservation)	변화(change)
전통(tradition)	개발과 역동성(development, dynamics)
향상(promotion)	개별 활동(personal activity)
생산물(products)	과정(processes)

16 Jorn Langsted, 앞의 책. pp.16~18. 최미세, 앞의 논문, 2016, 323~324쪽.
17 John Langsted, 앞의 책, p.58.

'문화의 민주화' 정책과 '문화민주주의' 정책

또한, 전상진은 「나눔문화를 통한 세대 통합, 세대 통합을 위한 문화정책의 가능성과 한계」에서 '문화의 민주화'와 '문화민주주의' 개념을 아래와 같이 풀이했다.[18]

문화의 민주화

- 단일문화 전통을 수호하고 보존하는 엘리트 중심
- 전문화된 엘리트의 목적은 문화의 질[전통문화, 고급문화]
- 문화정책은 엘리트, 즉 주류문화, 고급문화 전통문화 생산자들의 지원 중심
- 엘리트 중심적인 문화정책은 다수의 소지자를 문화생산영역에서는 제외하는, 즉 소비자, 향유자, 비전문가를 배제하는 배타적 속성
- 결국, Culture for everybody[모든 사람을 위한 문화를 표방하나, 그것은 단지 단일문화, 미학의 질, 생산자의 독점성과 배타성을 기초로]

문화민주주의

- 다수의 비전문가 중심, 문화향유자에게 생산의 장벽을 낮추는 것, 일상적인 문화활동을 문화창출로 간주하는 개방성 중심
- 문화의 질보다는 다양한 문화의 비위계적인 관계 설정이 중심
- 대안문화, 다양한 실험문화, 이질적인 문화에 대한 개방
- 문화시민의 자발적인 참여와 생산 중심, 소수의 생산자 중심이 아

---

18 『공정한 사회를 위한 문화정책의 방향』 세미나 자료집, 한국문화관광연구원, 2010, 131쪽.

니라 다수의 문화향유자와 잠재적 생산자 중심, 따라서 배타적이지 않은 개방적인 특성, 아마추어 중심

- 결국, Culture by everybody[소수의 전문가가 다수의 비전문가들을 위해 무엇인가를 하는 것이 아니라 다수의 문화향유자가 생산자가 되는, 즉 문화활동의 생비자[19]를 기초로]

---

19 생비자. 영어 표기로는 prosumer를 쓴다. prosumer는 제품 개발에 적극 참여하고 의사를 표현하는 소비자를 뜻하지만 여기서는 소비하면서 생산하는 대중을 뜻한다.

2. 국내외 문화민주주의 정책의 흐름

이 장에서는 독일, 프랑스, 영국 등 유럽 주요 국가와 미국, 그리고 한국의 국가 문화예술지원정책에 있어서 문화민주주의 정책이 어떤 시점에서 어떻게 반영되었는지를 알아보고자 한다.

1) 세계 주요 국가의 문화민주주의 정책의 역사

(1) 문화민주주의를 중심으로 한 독일의 문화정책

독일은 16개의 주로 구성된 연방국가로 지방자치제도가 발달한 나라이다. 전통적으로 연방정부는 문화정책에 깊게 관여하지 않으며 주로 주정부와 기초자치단체 차원에서 문화정책이 이루어지고 있다. 1990년 통일 이후 독일은 지방분권이란 역사적 전통에 따라 연방정부는 제한된 권한만 가지고 지방 정부가 문화정책을 수행하는 체제가 정착되었다. 즉 지방 정부와 각 해당 도시들이 문화정책의 최종적인 결

정권자였다.[20]

지방정부는 정책의 결정권자로서 문화예술에 대한 지원을 하지만 문화예술 활동에 대한 간섭은 하지 않는 것이 주된 입장이다. 그리고 문화의 정체성, 문화유산, 문화의 다양성 등과 관련된 정책은 연방정부가 적극적으로 개입하여 지원하고 있다.[21]

이러한 독일의 문화정책 근간은 '문화 연방주의'에 기초하고 있다. 독일의 '문화 연방주의'는 중앙정부에 일원화되어 있지 않고 지방정부 중심을 표방한다.

1998년 슈뢰더 수상이 집권하기 전까지 연방정부 내 문화부라는 부서는 존재하지 않았다. 슈뢰더 정부 때 문화 관련 장관이 존재하게 된 것은 유럽연합에서 독일의 문화정책을 대변할 필요성 때문이었다. 이때에도 문화정책에 대한 결정권은 지방정부에 있었다. 말하자면 지방자치단체가 문화에 대한 우선적인 결정권을 갖고 지역을 초월하는 과제나 기초자치단체의 능력을 넘어서는 과제에 대해선 주정부가 개입하는 시스템이다.[22]

베르너 하인리히스(Werner Heinrichs)는 그의 저서 『컬처 매니지먼트 (*Culture Management*)』(2003)에서 독일의 문화정책에 대해 시대에 따라 정치·경제·사회적 상황에 따라 우선권을 다르게 두었다고 전제하고 첫 번째 단계로 1950년대와 1960년대 초의 문화정책의 특징을 '슈투

---

20 안정오, 「독일의 문화정책 – 베를린의 문화정책을 중심으로」, 『한국학연구』 37, 2011, 64쪽.

21 위의 논문, 65쪽.

22 김화임, 『독일의 문화정책과 문화경영』, 성균관대학교 출판부, 2016, 26~27쪽.

트가르트 원칙'이라고 규정했다. 이 원칙은 1952년 독일 도시협의회에 의해 결의된 '자치단체의 문화작업을 위한 지도 원칙'에 잘 담겨 있다. 이 원칙에는 독일의 각 도시가 물질적 궁핍에도 불구하고 시민들의 문화 향유를 위한 의무가 있음을 적시하고 있다. 하인리히스는 당시의 '슈투트가르트 원칙'은 문화유산을 보존하는 일이 문화정책의 중심 목표임을 강조하고 있다고 했다.

독일에서는 1950년대~1960년대 지방정부를 중심으로 문화시설을 확대한 이 단계가 '문화의 민주화' 시대라고 할 수 있다. 1970년대 초 이후 학교와 교육을 둘러싼 몇 년간의 논쟁 끝에 시민들은 '문화 시민권' 소송을 제기하기 시작했다. 문화는 소수의 행복이 아니라 모두를 위한 권리 즉 '모든 사람을 위한 문화'가 요구되었다.

1980년대 중반 독일의 문화정책은 또 한번 변화를 보이는데 당시는 문화를 사회적, 정치적 맥락보다 경제적 맥락에서 보게 되었다. 이후 1990년대에는 '문화보호'와 '문화작업' 시기 이후 '문화예술경영'이 문화정책의 주개념으로 자리 잡게 된다. 이는 '문화의 민주화'와 '문화민주주의' 시대를 거쳐 경영효율성, 즉 경제적 여건을 우선적으로 생각하는 정책의 변화라고 할 수 있다.

김화임은 『독일의 문화정책과 문화경영』(2016)에서 제2차 세계대전 이후 독일의 문화정책은 시기적으로 3단계 변화를 거치는 것으로 보았다. 제2차 세계대전 이후 68혁명 때까지인 첫 번째 단계는 '문화보호 시대'였다. 이 시기 문화정책의 주된 대상은 기존 부르주아들이었고 이들의 문화를 보호하고 존속하는 데 주력하였다. 당시 문화정책은 휴머니즘을 부활시키고 고전주의에 치중하여 전쟁 중에 파괴된 박물관, 미술관, 콘서트홀 재건에 후원금이 몰렸다.

두 번째 단계는 68혁명부터 1969년 사회민주당 집권 시기로 수상 빌리 브란트가 주장한 '더 많은 민주주의'를 문화정책으로 채택하고 실현하고자 했던 시기였다. '더 많은 민주주의'란 "문화는 더 이상 소수의 특권이 아니라 누구든지 누릴 수 있어야 한다"는 취지를 담고 있었다. 문화정책적으로는 '모든 사람을 위한 문화(kultur für alle)'를 내건 '문화작업의 시대'였다. 이 시기 문화정책은 소외계층에 대한 배려로 구체화되었다. 고급문화를 향유할 기회가 없었던 청소년, 노인, 외국인, 장애인, 실업자 등에게 문화 향유의 기회가 주어졌다. 이 시기의 정책을 살펴보면 독일에서는 1970년대 이미 문화민주주의가 확산되기 시작한 것을 알 수 있다.

세 번째 단계는 1990년대의 문화정책을 말하는데 이 시기를 '문화경영의 시대'라고 했다. 이 시기에 중요한 것은 예술과 문화를 경영적으로 유지하는 것이며 예술과 문화를 구현하고 향유하는 인프라의 안정적 구축이었다. 즉 말하자면 문화예술 운영에 있어서 효율성과 생산성을 따지기 시작했다. 여기에는 국립극장, 시립극장의 운영도 해당되었다. '문화경영의 시대'에 들어와서는 정부 지원이 크게 줄어들고 상업적인 문화예술이 확대되었다. 문화예술 운영에 있어서 효율성과 생산성을 따지기 시작한 것은 오히려 문화민주주의의 후퇴라고 볼 수 있다. 생활방식으로서의 문화, 즉 문화의 생활화를 강조하는 것이 문화민주주의의 핵심 요소인데 1990년대 독일은 문화경영을 강조하여 문화민주주의가 주춤한 시대라고 할 수 있다.

독일의 문화정책을 결정하는 기관은 중앙정부와 지방정부에 동시에 존재한다. 중앙정부는 단지 조정하고 지원하는 역할만 한다. 정책 결정은 지방정부에서 하는데 여기에 민간단체와 종교단체들이 참여하는 것이 특징이다. 문화정책을 담당하는 연방정부 기관은 연방 문화부(Kultusministerium)다. 독일의 문화부는 16개 주정부와 연방정부 문화부 등 총 17개가 있다. 17개 문화부는 연 2회 정기적 회의를 갖고 연방정부 차원에서 문화정책을 심의한다. 연방정부에는 문화부장관(Kulturstaatsminister)과 문화위원회(Kulturausschuss)가 있다. 수상비서실에 문화와 매체를 위한 위원(Beauftragter für Kultur und Medien)이 있으며 연방의회에 문화와 매체를 위한 위원회(Ausschuss für Kultur und Medien)가 있다. 문화와 매체를 위한 위원회는 광범위하고 중요한 문화정책을 결정하는 분과이다.[23]

오늘날 독일의 문화정책은 '문화의 민주화'와 '문화민주주의' 두 이념을 토대로 대형 문화예술기관을 중심으로는 고급 문화예술의 대중화에 대한 정책을, 또 한편으로는 문화 수용자의 예술활동 참여의 확대라는 두 가지 방식으로 추진되고 있다. 즉 '모든 사람을 위한 문화'와 '모든 사람에 의한 문화'가 서로 상호보완적인 개념으로 정책에 반영되고 있다.

(2) 문화민주주의를 중심으로 한 프랑스의 문화정책

프랑스는 유럽 국가들 중에서 상대적으로 문화정책에 있어서 중앙정부의 역할이 큰 나라 중 하나다.

프랑스에서 문화정책이 본격적으로 시행된 것은 제2차 세계대전 후인 1958년 제5공화국이 들어서고 1959년 문화부가 설립된 때부터라고

---

23 안정오, 앞의 논문, 66~68쪽.

할 수 있다. 초대 문화부장관이었던 앙드레 말로는 '민주화' '확산' '창작' 세 개의 키워드를 문화정책 이념에 담아 '근대화 5개년계획'(1961~1965)에 반영하도록 했다. 이는 문화유산 보호와 발전, 문화예술에 대한 지원 강화, 문화민주화와 분권화 등으로 구체화되었다.[24] 프랑스 역시 전후 초기에는 '문화의 민주화' 정책을 추진한 것이다.

앙드레 말로 문화정책의 핵심은 '문화의 민주화'였다. '문화의 민주화'란 모든 사람들이 누구나 똑같이 문화자산, 문화예술을 접할 수 있는 것을 추구하는 것을 의미한다. 말로가 전국 각지에 '문화의 집(maison de la culture)' 건설을 추진한 것도 이런 취지를 현실화하기 위한 것이었다.[25]

'문화의 집'은 일부 엘리트 계층과 파리에만 집중되어 있던 문화예술을 전국으로 확산시켜 파리와 지방의 문화적 격차를 해소하고, 문화를 통하여 국민의식을 전환하는 데 목적을 두었다. 말로가 표방했던 '문화의 집'은 연극, 음악, 영화, 문학 등 여러 분야의 예술문화 활동을 하는 종합회관으로서 국가와 지방자치단체 및 예술가들 사이에 협력을 논의하는 기회를 제공했다는 점에서 의의가 있으나 실질적으로는 그런 효과를 거두지 못하고 부분적인 성공에 그쳤다는 비판도 있다.[26]

1959년에서 1981년까지 제5공화정의 문화정책은 크게 세 기간으로 구분된다. 제1기는 1959년~1969년 말로의 문화정책의 기틀이 마련된

---

24 임학순, 『창의적 문화사회와 문화정책』, 도서출판 진한도서, 2003, 427~429쪽.

25 배준구, 「프랑스의 지방분권 이후 문화정책」, 『프랑스문화연구』 20, 2010, 177쪽.

26 Philippe Urfalimo, *L'Invention de la Politique culturelle*, Paris, La Documentation Française, 1996, p.125 ; Jean Caune, *La culture en action*, De Vilar à Lang: le sens perdu, Grenoble, Presses Universitaire de Grenoble, 1999, p.127. 배준구, 앞의 논문, 178쪽 재인용.

시기로 이때 고급문화의 제도적 확산에 대한 강조가 두드러졌다. 제2기는 1969년~1974년 자크 뒤아멜(Jacques Duhamel) 문화부장관이 사회문화적 형태를 통해 '문화의 민주화'를 추진한 시기이다. 이 당시는 예술에 대한 접근권의 확대보다 지역사회에 기반 한 문화 프로젝트가 강조되었다. 제3기는 1974년~1981년 지스카르 데스탱(Giscard D'Estaing) 대통령 집권기로 문화부의 쇠퇴 시기라고 평가된다.[27]

미테랑정부(1981~1995)의 문화정책은 대규모 문화시설 건축에 집중된 것이 특징이다. 오르세 미술관(1986년 개관), 과학산업박물관(1986년 개관), 루브르 대공사(1989년 1차 공사, 1993년 2차 공사), 바스티유 오페라(1989년 개관) 등 문화예술시설에 대대적인 투자가 이루어졌다.

1995년 시라크 집권 이후 현재까지 문화정책의 중심은 문화예술교육 쪽으로 이동되었다는 것이 특징이다. 2000년 12월 14일 문화부와 교육부가 맺은 '모든 사람을 위한 예술문화교육' 협약은 국가와 지방정부의 지원을 받는 모든 문화예술기관에 대해 교육서비스 제공을 의무화를 담고 있다.

문화예술교육 강화는 문화민주주의 정책의 주요 의제이며 이후 언급할 지방분권 역시 문화민주주의 정책의 하나다.

프랑스는 지방분권을 추진하면서 문화 분야에 중앙의 권한과 재원을 지방자치단체로 이양하였다.

1971년 문화부장관으로 취임한 자크 뒤아멜은 '문화발전이념(development culturel)'을 통해 '문화의 민주화' 정책의 한계를 극복하고자 했다. 그는 문화가 여전히 소수 특권계층의 전유물임을 직시하고 교육과 생

---

27 송도영 외, 『프랑스의 문화산업체계』, 지식마당, 2003, 256~260쪽.

활수준의 차이로부터 비롯된 불평등을 겪고 있는 계층에게 우선적으로 문화적 혜택이 제공될 때 문화발전이 이루어진다고 주장했다. 뒤아멜은 '최대한 많은 수의 사람에게'가 아니라 '국민 모두에게 최소한의 문화'를 제공해야 한다고 주장했다. 그의 문화정책은 예술작품의 향유 기회를 제공하는 것에 그치지 않고 일상생활 자체에 문화가 스며드는 것을 목표로 해야 한다는 것이었다.

말로의 문화정책이 중앙집권적 경향이 강했다면 뒤아멜의 문화정책은 지역공동체의 역할이 커졌다는 것이 특징이다. 이때 지역공동체 특히 도시들이 진정한 문화정책을 갖추게 되었다. 국가는 지역공동체의 역할을 인정하고 지역공동체와 계약에 의한 협력관계를 갖게 되었다.[28]

1980년대 이후의 프랑스 문화정책은 일상생활로 시야를 확대하는 특징을 보인다. 미테랑정부의 자크 랑(Jack Lang) 문화부 장관 재임기간 (1981~1986, 1988~1993) 중 문화정책은 지원영역을 확대하는 것과 일상생활 속에서의 문화적 표현에 무게를 두었다. 록 음악, 만화, 사진 등도 정부 지원 대상에 포함되는 것으로 나타났다. 이 당시는 학교에서의 예술교육이 강화되었다. 또 분권화를 위해 문화활동에 있어서 지역적 다양화를 위한 문화부와 지방정부 간 협정을 체결하였다.

자크 랑 문화정책의 핵심은 문화의 대중화와 현대화였다. 그는 지방분산화에 주력하였는데 이는 문화의 대중화를 실현하기 위한 제도적 장치였다. 다양한 문화 활동으로 문화를 대중화하고 생동감 넘치는 문화의 현장을 만들고자 한 문화의 대중화는 지역문화를 존중하고 창작에 의한 개인의 자유를 중요시하는 것을 담고 있어 '문화의 민주화'보

---

28 진인혜, 「프랑스 문화정책의 역사」, 『한국프랑스학논집』 59, 2007, 311~312쪽.

다 '문화민주주의'에 가까웠다.

1990년대 들어 국가와 지방자치단체는 도시계약제도를 도입하여 문화정책 분권화를 현실화했다. 1993년 도입된 도시계약 방식은 중앙정부와 지방도시의 협력 제도였던 지역사회발전 프로그램의 후신으로 등장하였으며 이를 바탕으로 지방자치단체는 정부와 협의하여 5~7년 독립적인 장기 발전계획을 수립할 수 있었다.[29]

자크 랑의 뒤를 이은 자크 투봉(Jacques Toubon) 장관은 1993년 GATT의 우루과이 라운드 때 시작된 '문화적 예외에 대한 논쟁'의 기초 이념을 제시해 주목을 끌었다. 그는 '문화적 예외'는 반미가 아니라 유럽 문화의 생존과 다원주의를 목적으로 한다고 주장했다. 그의 문화정책의 핵심은 문화적 다원주의와 창작의 자유를 옹호하는 것이었다. 그 뒤 문화부장관을 맡은 카트린 트로트만(Catherine Trautmann)은 '문화적 예외'는 법률적인 수단이고 '문화의 다양성'은 우리의 목적이라며 문화의 다양성이라는 개념을 문화정책으로 추가했다. '문화의 다양성'은 '문화적 예외'에 이어 새로운 원칙이 되고 오늘날 프랑스의 주요한 문화정책으로 자리매김하고 있다.[30]

---

29 La Documentation française, 2010. "L'evolution de la politique de la politique de la ville." http://www.ladocumenyationfrancaise.fr/dossiers/politique-ville/evolution-politique-ville. shtml(최종검색일: 2017.01.25.) 오창룡, 「프랑스 문화정책의 분권화와 시장화 ― 리옹의 창조도시정책 사례를 중심으로」, 『문화와 정치』 4(1), 2017, 135쪽 재인용. 오창룡은 이러한 분권화 개혁은 이념적으로 기존의 문화 민주화 또는 문화 민주주의 정책의 확장으로 볼 수 있는 특징을 가졌다고 했다.

30 진인혜, 앞의 논문, 317~318쪽. Regourd Serge, *L'exception culturelle*, Paris, PUF, 2002, De L'exception à la diversité culturelle, *Problèmes politiques et sociaux*, 2004.09, No 904. 김선미 · 최준식, 「프랑스 문화정책 준거의 발전과 문화의 민주화」, 『인문

1995년 이후의 문화정책은 자크 시라크(Jacques Chirac) 대통령의 '사회 분열 해소' 의지를 반영한 것이 주를 이루었다. 자크 시라크 대통령은 학교에서의 예술교육의 중요성을 주장하며 "모두에게 문화민주주의는 갈망이다. 이것은 민주주의와 기회의 평등, 같은 문화를 갖고 있는 조국에 소속되도록 하는 임무"라고 선언했다.[31]

프랑스의 문화정책은 전후 초기 문화부 장관 앙드레 말로가 주도한 '문화의 민주화' 추진에서 68혁명 이후 1970년대 들어 고급문화에 대한 접근보다 사회의 창의력에 주목했다. 1980년대 이후 문화민주주의의 특징을 보이는데 지역문화 존중과 일상생활 속에서 문화에 중심을 둔 것이 바로 그것이다.

(3) 문화민주주의를 중심으로 한 영국의 문화정책

영국은 서로 다른 역사와 문화적 배경을 가진 잉글랜드(England), 웨일스(Wales), 스코틀랜드(Scotland), 북아일랜드(Northern Island) 등 4개의 지역 정부로 구성된 연방국가이다. 각 지역 정부는 독립적인 행정, 법률 체계를 가지고 자체적인 문화정책을 추진하고 있다.

영국은 프랑스나 독일에 비해 예술에 대한 공공지원의 전통이 강한 편이 아니었다. 영국은 민주주의가 일찍부터 발전함에 따라 문화와 예술에 대한 왕족의 후원이 약화되었고, 영국 특유의 자유방임주의 전통

학연구』 21, 2012, 153쪽 재인용.

31 Chirac Jaques, "Une même pratique culturelle", *Le Monde de lEducation*, 1996.12, No 243, pp.52~53. 김선미 · 최준식, 앞의 논문, 152쪽 재인용.

을 촉진했다.[32]

영국 역시 문화예술지원정책이 본격적으로 추진된 것은 제2차 세계 대전 전후였다. 영국은 자국의 문화예술을 보호하기 위해 1941년부터 음악예술진흥위원회(Council for the Encouragement of Music and the Arts : CEMA)에 보조금을 지원하기 시작했다. 이후 1946년 설립된 대영예술위원회(The Arts Council of Great Britaun : ACGB)를 통해 문화예술에 대한 정부의 지원이 체계적으로 추진되었다.

영국 문화정책의 한 축은 '팔길이 원칙(Arm's Length Principle)'이었다. 팔길이 원칙은 영국예술위원회(Art Council of England)가 설립된 이래 지금까지 가장 중요한 지원 원칙으로 이어져왔다. '팔길이 원칙'은 예술위원회가 예술지원 사업을 추진하는 데 있어서 정부와 정치적 영향으로부터 일정한 거리를 유지해야 한다는 것을 의미한다.

영국예술위원회의 지원은 경제학자 존 케인스(John M. Keynes)의 지휘 아래 진행되었다. 케인스는 문화예술에 공공기금을 지원하되 정부의 간섭을 최소화하는 입장을 견지했다. 그 후 '팔길이 원칙'이란 말은 1976년 옥스퍼드대학 학장 레드클리프 모드(Lord Redcliffe Maud)가 대중화한 것인데 당시 국가경제가 어려워지면서 지원금을 주던 정부의 간섭이 심해지자 영국예술위원회의 독립적 지위를 옹호하기 위한 것이었다. '팔길이 원칙'은 "지원은 하되 간섭은 하지 않는다"로 널리 알려져 있지만 레드클리프의 원칙에는 "예술에 대한 지출에 정치가 간섭하지 않아야 한다"는 점과 "운영의 혜택을 입은 예술행정가와 위원회는

---

32 양건열 외, 『주요 국가 문화예술지원 프로그램 연구』, 한국문화관광정책연구원, 2003, 4~5쪽.

운영에 책임을 져야 한다"는 점 모두를 포함하고 있다.[33]

그러나 '팔길이 원칙'은 실제 추진 과정에서는 제대로 이루어지지 않았다는 비판이 잇달아 제기되었다. 정부의 간섭이 많았다는 것이다. 레이먼드 윌리엄스(Raymond Williams)는 '팔길이 원칙'에도 불구하고 영국예술위원회가 정부의 간섭을 벗어나지 못하는 이유를 "팔길이 원칙이 관습에 지나지 않은 데 있기 때문이다"라고 지적했다.[34]

영국에서 '문화의 민주화' 정책은 1960년대와 1970년대 처음으로 제기되었다. 이는 젊은 세대들의 반문화운동에서 영향을 받아 확산되었다. 주된 개념은 '공적 지원의 대상이 된 문화는 우리의 문화가 아니다. 시민이 참가할 수 있는 문화여야 한다.'는 것이었다.

1970년대 들어 다수의 국민이 문화적 향유를 누리지 못했다는 반성과 함께 '문화민주주의'에 대한 논의가 제기되면서 다양한 정책들이 추진되기 시작했다. 먼저 문화예술 향유를 국민의 기본적인 권리로 인식하고 국민들의 문화예술 향유를 위한 문화시설을 확충하기 시작했다. 그리고 지역 간 문화예술 격차 해소에 관심을 갖고 지역 순회공연제도를 도입했다. 1970년대 예술센터는 '지역사회' '실험' '참여' 등의 가치를 표방하였으며 특히 문화민주주의 이념을 바탕으로 문화 소외 계층에 대한 관심을 그 이전보다 확대해나갔다.[35]

1980년대 들어 영국은 문화정책의 큰 변화를 맞게 된다. 첫째, 문화

---

33 김정희, 『문명화, 문화주의, 기업문화 : 영국정부와 예술 정책』, 서울대학교 출판문화원, 2010, 131~132쪽.
34 Raymond Williams, "The Arts Council", *Political Quarterly*, Spring 1979, p.159
35 John Lane, *Arts centres: Every Town Should Have One*, London: Paul Elek Ltd, 1978, 임학순, 앞의 책, 231쪽 재인용.

예술에 대한 지원을 다양화하는 것을 추진하였는데 이는 공적 자금의 지원 외 민간기업의 예술단체 지원이 포함되었다. 둘째, 예술마케팅제도를 도입하기 시작했다. 영국예술위원회에 마케팅 부분이 생기면서 예술감상 활동에 관한 통계조사가 실시되기 시작했다.[36]

1980년대 공공기금이 줄어들면서 예술지원에 대한 정부의 영향력은 더 직접적으로 나타났는데 영국 문화매체체육부(Department for Culture, Media and Sport: DCMS)는 '새로운 문화체제(A New Cultural Framework)'(1998)를 통해 보다 강력한 정부 주도 문화정책의 틀을 발표하였다.[37]

영국은 1984년부터 공식적인 정부 지원 외에도 민간기업들이 예술활동을 지원하는 '민관공동예술지원제도(Pairing Scheme for the Arts)'를 도입하여 기업예술지원협회(Association for Business Sponsorship of the Arts)의 운영을 지원하고 있다. 이 제도는 일종의 기업 메세나로서 기업과 정부가 협력체계를 구축하여 예술을 지원하는 형식이다.[38]

1979년 대처(Thatcher) 정부가 들어서면서 문화정책은 신자유주의 이념에 바탕을 두고 추진되어 문화민주주의 정책은 퇴색한 것으로 평가된다. 그러나 대중문화(popular culture)를 중요한 정책 영역으로 고려한 것은 문화민주주의 정책에 가까운 것이라고 할 수 있다. 1993년 제정된 국립복권법(National Lottery)에 근거하여 예술을 복권보조금으로 지원

---

36 고토 카즈코(後藤 和子) 편저, 『문화정책학: 법 경제 매니지먼트』, 임상오 역, 시유시, 2005, 70~71쪽.

37 박상언, 「지역문화재단 리더십의 구성요인과 모형 연구」, 고려대학교 대학원 박사학위 논문, 2016, 41쪽.

38 박혜자, 『문화정책과 행정』, 대영문화사, 2011, 214~215쪽.

하는 '공익' 영역의 하나로 규정하고 1995년부터 지원하였다.[39]

영국의 문화예술지원정책은 '팔길이 원칙'을 바탕으로 예술위원회와 같은 공공조직을 활용한 모델을 구축하였는데 이는 미국, 호주, 캐나다, 한국 등 여러 나라의 문화예술지원정책에 영향을 미쳤다.

(4) 문화민주주의를 중심으로 한 미국의 문화정책

미국의 경우 연방정부에 문화부가 존재하지 않는다. 물론 그렇다고 문화정책이 없는 것은 아니다. 다만 연방정부는 문화예술 활동에 대해 최소한의 개입만 하겠다는 입장이었다.

미국에서는 1930년대 경제 대공황을 기점으로 '문화민주주의'가 문화정책의 화두로 등장했다. 1930년대 뉴딜 예술프로그램은 최초의 공식 문화정책으로 탈중심적인 문화 개발, 문화 다양성 중시, 폭넓은 대중 지향이라는 점에서 그 이전 정책과 차별성을 보였다. 하지만 불황이 장기화되고 제2차 세계대전이 일어나면서 문화정책은 다시 큰 변화를 겪는다. 문화에 대한 지원은 다시 민간 부문이 주도하게 되었다. 이때 대중을 위한 문화 지원보다는 전문화된 예술에 대한 지원에 무게를 두는 방향으로 나아갔다. 이러한 기조가 지금까지 미국 문화정책으로 유지되고 있다.[40]

1950년대 들어 조세혜택 등 문화예술에 대한 후원 체계가 형성되면서 1950년대 후반 비영리기관인 포드 재단(Ford Foundation)이 설립되고

---

39 임학순, 앞의 책, 379쪽.
40 양건열 외, 앞의 책, 15~16쪽.

이후 비영리 형태의 예술기관이 많아지면서 민간 주도의 예술지원은 미국의 문화정책으로 정착되었다.

미국의 경우 이미 1960년대부터 공연예술이 소수계층의 문화가 아닌 다수의 문화로 인식되기 위해선 정부의 공적 지원이 불가피하다는 주장이 제기되면서 예술진흥정책이 공적 지원의 개념을 포함하고 있었다. 이 같은 지원정책은 1980년대 '예술적 가치'에 대한 다양한 담론이 형성되면서 '문화전쟁(culture war)'이라고 불릴 만큼 뜨거운 논쟁으로 이어졌다. '문화전쟁'의 논쟁은 예술을 보는 일반인과 전문가 사이의 차이점에서 시작되어 결국 '창작자' 중심의 정책이 '향수자' 중심으로 전환되는 계기가 되었다.[41]

오늘날 미국 문화정책의 토대는 케네디정부(1961~1963)에서 마련되었다고 할 수 있다. 케네디정부는 '연방예술자문위원회(Federal Advisory Council on the Arts)'를 설립하여 예술지원에 대해 민간 부문과 정부 활동을 조정하는 기반을 마련했다. 이후 1965년 국립예술기금(The National Endowments for the Arts: NEA)과 국립인문기금(The National Endowments for the Humanities: NEH)을 설립하면서 연방정부 차원의 문화예술지원체계가 마련되었다.[42]

미국의 문화예술 지원시스템은 국립예술위원회(National Council on the Arts)가 국립예술기금(National Endowment for the Arts: NEA)을 감독하고 보조금에 대한 배정을 심의하는 구조다.

---

41 김세준, 「예술교육정책을 위한 미국연방예술기금 운영에 대한 연구」, 『미술교육논총』 19(3), 2005, 58쪽.

42 임학순, 앞의 책, 419~421쪽.

NEA는 문화정책의 담당, 지원, 의회로부터 예산배정을 받는 행정부 권외의 독립기관으로 공공기금의 지원에 대한 업무를 담당한다. 지원의 형태는 예술단체를 지원하는 것과 예술자원의 확산 촉진을 지원하는 것으로 크게 두 가지로 나뉜다. 이와 함께 50개 주마다 주예술기관(State Arts Agencies: SAA)이 있고, 예술단체에 예산을 배분한다. SAAs 아래에는 지방예술기관(Local Arts Agency: LAA)이 있다. SAAs는 지역에 따라 지역 예술단체(RAOs)를 구성한다. 따라서 문화예술에 대한 지원은 NEA → RAOs → SAAs → LAAs 단계로 이루어진다.

NEA가 1970년대에는 SAAs를 설립하고 지원하는 데 주력했다면 1980년대에는 LAAs의 설립과 지원에 주력했다. 미국의 LAA는 모두 4,000개에 달하며 그중 25%는 공공기관 형태로, 75%는 민간 비영리단체 형태로 구성되어 있다.[43]

미국의 예술 지원에서 가장 큰 특징은 민간 지원이 공공 지원보다 압도적으로 많다는 것이다. 비영리·영리 예술단체를 합하면 정부 지원은 크게 미미한 수준이다. 한 예로 공연 예술 분야에서 연방, 주, 지방 등 정부의 지원은 예산의 6%에 불과했다. 36%는 기부금이었고 공연 수입과 기타 수입이 55%였다.[44]

미국의 문화예술에 대한 지원은 민간 부문에서 담당하는 비율이 정부 지원보다 훨씬 높으며 그만큼 지원방식도 다양한 것이 특징이다.

---

43 양건열 외, 앞의 책, 167쪽.
44 위의 책, 31~32쪽.

2) 한국의 문화민주주의 정책의 역사

한국 정부의 문화예술지원정책의 기본 체제는 무엇이고 시대에 따라 어떻게 바뀌었을까? 문화민주주의 정책을 중심으로 시대적 변천 과정을 알아보고자 한다.

일반적으로 문화예술지원정책의 시기 구분 방법에 대해선 대체적으로 세 가지 방식이 논의되고 있다. ① 단일변수에 의한 공화국별 구분 방식, ② 연대별 구분 방식, ③ 이 두 변수와 함께 정책 주체의 변천, 정치적 사건 발생 등 복합적인 변수를 혼용하여 생성기, 개발기, 도약기, 성숙기 등 발전단계론식 명칭을 붙이는 방식이 그것이다.[45]

그러나 필자는 문화민주주의 정책 도입 이전, 문화민주주의 정책 도입기, 문화민주주의 정책 발아기(發芽期)로 구분하여 살펴보고자 한다.

(1) 문화민주주의 정책 도입 이전

한국 문화정책은 정부 수립 초기부터 60년대 초반까지는 거의 전무했다고 할 수 있다. 해방이후 6·25전쟁을 겪으며 정치, 경제, 사회적으로 격변의 시기였기에 문화예술정책에 대해 관심을 갖고 추진할 여건이 안 되었다. 다만 이 시기에 국립극장(1950)과 국립극단(1950), 국

---

[45] 한국의 문화정책에 대해선 정철현,『문화연구와 문화정책』, 서울경제경영, 2005; 박광무,『한국문화정책론』, 김영사, 2010; 김정수,『문화행정론: 이론적 기반과 정책적 과제』, 집문당, 2010; 한국문화예술위원회,『예술로 아름다운 세상—한국문화예술위원회 40년사』, 한국문화예술위원회, 2013 등 참고.

립국악원(1951)을 설립하고 문화보호법(1952)을 제정하고 이어 학술원(1954), 예술원(1954)을 설립한 것은 국가의 문화기반 시설을 구축한 것으로 평가된다.

박정희정부 들어 한국 문화정책은 중앙집권적 체제로 추진되었다. 제2차 세계대전 후 유럽 국가들과 마찬가지로 60~70년대 한국의 문화정책은 문화예술 분야 전반에 걸쳐 기반시설과 제도의 새로운 도입과 제정의 시기였다. 이 시기에도 문화적 기반이라고 할 단체와 시설 건립이 이어졌는데 1962년 국립극장 산하 단체로 국립창극단, 국립무용단, 국립오페라단이 생겼으며 국립중앙도서관(1963), 국립현대미술관(1969) 건립이 그 사례다.

1970년대까지 한국의 문화예술지원정책은 '문화의 민주화' 정책 개념 이전의 국가 주도 법과 제도적 기반 마련 수준이었다.

한국의 문화예술지원정책은 1972년 8월 제정된 '문화예술진흥법'에 근간을 두고 있다. 문화예술진흥법 제정을 근거로 1973년 7월 문화예술진흥을 위한 기금 모금을 시작하고 그해 10월 한국문화예술진흥원(현 한국문화예술위원회)을 설립하면서 문화정책 추진체계의 틀을 갖추었다. 문화예술진흥을 위한 기금은 향후 민간 문화예술 분야 지원의 바탕이 되었다. 1974년 '제1차 문예중흥 5개년계획'을 수립, '문예중흥선언'을 함으로써 실질적인 문화예술진흥정책이 시작되었다.

당시 발표된 '제1차 문예중흥 5개년계획'의 주요 골격은 "전통문화의 계승과 이를 바탕으로 한 새로운 민족예술의 창조, 국민의 문화수준 향상, 문화한국의 국위선양"이었다. 당시 문화예술지원정책은 국민의 문화예술 향유 기회 확대보다 전통문화 보존과 전통문화를 바탕으로 한 민족정신 함양에 치중했다.

처음으로 문화복지 개념이 정책적으로 반영되어 전국적으로 문화시설의 건립이 추진된 것은 1980년대부터였다. 제5공화국에 들어와 정부는 헌법을 통해 "문화발전이 국가의 의무"임을 명백히 밝혔다.

전국적인 대규모 문화시설 건립은 5공화국 문화예술정책의 가장 큰 특징이자 업적으로 평가되고 있다. 당시 문화시설 확충은 국민의 문화예술향유권 확대 차원에서 비롯된 것으로 정책적 천명은 하지 않았지만 '문화의 민주화' 정책 이념을 반영한 것이라고 할 수 있다.

'문화의 민주화' 정책은 1982년 문화예술진흥법을 개정하여 문화예술 지원에 관해 법적 근거를 더욱 확실하게 마련함으로써 구체화되었다. 1984년 지방문화 중흥 5개년 계획을 수립, 시·도별로 공연장과 전시장을 갖춘 종합문화회관 6곳을 건립하였다. 이 당시 국립현대미술관(1986)을 과천으로 옮겨 재개관했고, 국립국악당(1987)도 서초동으로 이전하여 재개관했으며, 복합 문화예술 공간인 예술의전당(1988)이 건립되었다. 종합문화회관을 짓고 예술의전당을 건립한 것은 보다 많은 국민들이 문화예술 향유의 기회를 갖도록 한 것으로 '문화의 민주화' 정책의 실현으로 평가된다.

국민의 문화예술 향유를 위한 기반시설 확충이었지만 한편으로는 지방문화시설 조성에 이어 뒷받침되어야 할 운영 인력과 예산, 프로그램 지원 등이 결핍되어 문화예술계 안팎으로부터 '빈 깡통 문화행정'이라는 비판이 제기되기도 했다.[46]

국민의 문화향유권과 참여권을 확대하는 정책은 노태우정부(1988

---

46 오양열, 「문화예술 정책」, 박광무 외, 『문화정책의 역사적 변동과 전망』, 문우사, 2015, 73쪽.

제2장 시민 참여 물꼬 튼 문화민주주의

~1992) 들어서도 계속되었다. 노태우정부의 문화예술정책은 '모든 국민에게 문화를'이란 정책 모토를 내걸고 '문화발전 10개년계획 (1990~1999)'을 수립, 시행하는 것으로 구체화되었다.

노태우정부는 문화향유권 확대를 기본 문화정책 이념으로 '문화의 민주화'를 추구했다. 실천적 측면에서는 이를 바탕으로 '문화민주주의' 이념에 따라 생활문화의 활성화를 통해 일반 국민들이 직접 문화예술의 창작 기회를 가질 수 있는 정책을 부분적으로 추진했다. 문화 소외 지역을 직접 찾아가는 '움직이는 문화사업'을 통해 문화적 소외를 해소하고자 한 것이 그 사례다.

6공화국의 문화정책 프로그램 중 아마추어 문화애호가인 일반 대중이 문화 생산의 주체적이고 능동적인 참여자가 되도록 육성하는 것을 목표로 한 것은 '문화민주주의' 개념과 궤를 같이하는 프로그램이라고 할 수 있다.

1991년부터 대규모 문화시설 건립에 집중적으로 투자하는 등 '문화의 민주화' 정책이 눈에 띄게 뚜렷해졌지만 이후 문화예술지원정책은 '문화의 민주화'와 '문화민주주의'라는 두 정책이 혼재되어 추진되었다.

1990년대 노태우정부의 문화정책의 특징은 문화복지국가를 선언하며 문화의 생활화를 지향했다는 점이다. 그러나 노태우정부가 강조한 문화의 생활화는 '문화민주주의' 정책에서 의미하는 일상 속에서의 문화가 아니라 보다 많은 국민들이 문화 향유를 누리는 수준, 즉 '문화의 민주화' 정책에 머물렀던 것으로 평가된다.

(2) 문화민주주의 정책 도입기

5공화국과 6공화국 시대를 열었던 전두환정부와 노태우정부의 문화복지 정책이 문화의 민주화 정책을 반영한 데 비해 김영삼정부와 김대중정부 시대에는 문화민주주의 정책이 서서히 도입되기 시작했다.

문민정부는 1993년 7월 '곁에 있고 함께 하는 문화, 누구나 즐기고 신명나는 문화'를 모토로 '문화창달 5개년계획(1993~1997)'을 발표했다. 그리고 5대 정책기조로 ① 자율화 : 규제에서 자율로 ② 분산화 : 중앙에서 지역으로 ③ 대중화 : 창조계층에서 향수계층으로 ④ 일체화 : 분단에서 통일로 ⑤ 세계화 : 보다 넓은 세계로 등을 마련했다. 1996년 2월 '삶의 질 세계화를 위한 문화복지 기본 구상'이 수립되고 이에 따른 문화복지 중장기 실천계획안이 1996년 11월 마련되었다.

'삶의 질 세계화를 위한 문화복지 기본 구상'의 주요 내용은 첫째, 마을 단위 작은 도서관과 문화의 집을 설치, 기본 문화공간을 확충하고 시군구별 공공도서관, 복합공연장, 전시관 건립을 추진하고, 광역 단위의 종합문예회관 등 중추 문화시설을 마련한다는 것이다. 둘째, 문화향수 기회를 늘리기 위해 지역별 문화참여 인구를 늘리는 데 주력한다. 셋째, 함께 누리는 문화복지를 실현한다는 것이었다.[47]

문민정부의 문화정책은 문화의 민주화 정책에서 문화복지를 추진하고 있지만 중앙에서 지역으로 분산화를 지향한 것이나 창조계층에서 향수계층으로 대중화를 추구한 것, 지역별 문화 참여 인구를 늘리는

---

47 박광무, 『한국문화정책론』, 김영사, 2010, 221~223쪽. 그러나 문민정부의 문화복지 정책은 차기 정부에서 부분적으로 승계되어 사실상 실현되지 않았다.

데 주력한 것은 일부분 문화민주주의 요소를 반영한 것으로 평가된다.

1995년 지방자치제가 실시되면서 지역문화재단이 설립되기 시작했는데 이는 문화정책의 지역분권화를 촉발하는 계기가 되었다. 1997년 7월 경기문화재단이 출범하고 이후 1999년 강원문화재단 설립 등 지역문화재단이 잇달아 설립되기 시작했다. 이에 따라 지역문화의 특성화와 더불어 문화예술에 대한 공공 지원의 규모도 크게 늘어났다. 문화민주주의 정책을 기준으로 보자면 문화의 민주화 정책과 혼재되어 부분적으로 나타나고 있어 문화민주주의 도입기라고 할 수 있다.

1998년 2월 출범한 김대중정부는 문화체육부를 문화관광부로 개편했다. 김대중정부의 문화정책의 기조는 "지원은 하되 간섭은 하지 않는다."였다. 문화복지를 강화하려는 입장을 반영하여 창의적 문화복지국가란 목표를 위한 10대 과제[48]를 정하고 국민의 문화향유권 확대 의지를 담았다. 그리고 문화기반을 확대해나간다는 방침에 따라 시 단위 기초지자체에 1시 1미술관을, 그리고 각 기초자치단체에 문예회관 건립을 지속적으로 추진했다. 이 시기는 문화의 민주화 이념이 본격적으로 정책으로 반영되면서 부분적으로는 문화민주주의 정책이 도입된 시기라고 할 수 있다.

---

48 김대중정부의 창의적 문화복지국가 목표달성을 위한 10대 과제는 ① 21세기 문화국가 실현을 위한 정책기반 구축 ② 문화기반시설의 확충과 운영 개선 ③ 지식정보사회에 대비한 기반 조성 ④ 창조적 예술 활동을 위한 여건 조성 ⑤ 문화복지의 실질적 구현을 통한 삶의 질 향상 ⑥ 문화유산의 체계적인 보호·계승·발전 ⑦ 문화산업의 획기적 발전체계 구축 ⑧ 문화를 기반으로 지역 간 균형발전 및 사회통합 추구 ⑨ 문화를 통한 민족통합 지향 ⑩ 문화정체성을 바탕으로 한 보편적 세계주의 지향이었다.

(3) 문화민주주의 정책 발아기

2003년 들어선 노무현정부에서 문화민주주의 정책이 본격적으로 추진되기 시작했다. 이 시기를 발아기(發芽期)라고 할 수 있다.

노무현정부는 '자율' '참여' '분권' 등 세 가지 가치를 내세우며 '참여정부'를 선언했다. 노무현정부의 문화정책에서 주목할 만한 점은 정책의 주도권을 가진 정부의 역할에서 변화가 일어났다는 것이다. 구체적인 사례로 문화예술진흥원을 문화예술위원회로 바꾼 것을 들 수 있다. 문화예술위원회는 합의제 민간위원회로 정부 주도적 문화정책의 중심을 민간 부문으로 이동시킨 상징적 조치로 평가된다.

노무현정부의 문화예술정책 중 중장기 계획은 2004년 6월 발표한 『창의한국』과 『새 예술정책』 두 권의 보고서에 집약되어 있다. 『창의한국』[49]은 노무현정부의 문화정책의 이념과 목표를 담은 것으로 국민 개개인이 지식기반 사회에서 창의성을 펼칠 수 있는 환경을 조성하는 방안을 제시하고 있다.

또 『새 예술정책』[50]은 문화예술에 대한 정부 지원이 문화산업과 대중문화에 집중되어 순수 예술분야가 상대적으로 소외되었다는 시각에 대

---

49 『창의한국』은 국가의 문화예술 발전을 위한 3대 목표로 ① 창의적인 문화시민 ② 다원적인 문화사회 ③ 역동적인 문화국가를 설정했으며 이를 토대로 한 문화정책의 5대 기본 방향으로 ① 문화 참여를 위한 창의성 제고 ② 문화의 정체성과 창조적 다양성 제고 ③ 문화를 국가발전의 신성장동력화 ④ 국가균형발전의 문화적 토대 구축 ⑤ 평화와 번영을 위한 문화교류 협력 증진을 제시했다.

50 『예술의 힘』은 창의적인 예술진흥의 목표 실현을 위해 ① 향유자 중심의 예술활동 강화 ② 예술의 창조성 증진 ③ 예술의 자생력 신장 ④ 열린 예술행정체계 구축이란 4대 기본 방향을 제시했다.

한 반성으로 순수 예술에 대한 지원책을 담고 있다.

참여정부에 들어서 90년대 이후 문화민주주의 관점에서 바탕을 둔 지원정책의 비중은 더욱 높아졌다. 구체적인 예로 문화부 조직에 문화예술교육과를 신설한 것을 들 수 있다. 문화예술교육과는 일반 시민들의 문화향유권에 대한 정책과 문화예술 활동에 적극적 참여에 관한 정책을 담당했다.

참여정부는 문화향유자가 중심이 되는 문화정책 강화를 통해 창작과 매개, 향유의 균형적인 발전을 추구했다. 이는 지난 정부 시절 공공 지원 확대에 초점을 둔 문화예술정책이 오히려 예술단체들의 자생력 강화에 걸림돌이 되고 시장구조를 왜곡시키는 문제가 있다는 인식에서 비롯되었다.

참여정부 문화정책의 특징으로는 ① 민간 자율성을 강화하는 문화행정시스템 구축, ② 수용자 중심의 문화정책 지향, ③ 문화정책의 영역과 대상 확대, ④ 지역 특성에 맞는 문화 분권정책 실시, ⑤ 문화콘텐츠 육성정책의 지속 등을 꼽을 수 있다.

수용자 중심의 문화정책 지향과 지역 특성에 맞는 문화 분권정책 실시는 문화민주주의 정책 이념의 주요 요소로서 참여정부에서 본격적으로 나타나고 있다.

노무현정부는 문화예술시설 확충에 그치지 않고 장애인, 외국인근로자 등 문화소외계층까지 찾아가는 문화활동 지원 등 문화향유권 신장에 주력하였다. 이 시기는 문화민주주의 이념이 현실정책에 본격적으로 반영된, 문화민주주의가 확대된 시기였다.

이명박정부의 문화예술정책은 '품격 있는 문화국가 대한민국'을 선언한 '문화비전(2008~2012)'에 집약되어 있다. 이를 실현하기 위한 6대

추진전략으로 ① 수요자 중심 정책 추진, ② 선택과 집중의 지원체계 수립, ③ 실용과 효율의 문화행정, ④ 상생하는 문화와 산업의 육성, ⑤ 소통과 개방, ⑥ 문화를 통한 녹색성장을 제시했다.

이명박정부의 문화정책은 '문화의 민주화' 정책과 '문화민주주의' 정책이 혼재된 시기라고 할 수 있다. 국민들의 문화향유권 확대와 지역기반 문화도시 조성 및 문화시설 확충에 중점을 둔 것이나 국립박물관과 국립미술관의 무료 관람을 실시한 것은 문화의 민주화 정책에 가깝다고 할 수 있다. 이와 함께 문화복지 정책으로 소외계층을 위한 문화제공 프로그램인 '국민공감' 문화예술프로젝트, 미판매 공연티켓 통합할인제도 도입도 추진했다. 소외계층을 위한 문화제공 프로그램은 문화민주주의 정책에 기반 한 것인 반면 미판매 공연티켓 통합 할인제도는 문화의 민주화 정책에 가까운 것으로 이명박정부의 문화정책이 뚜렷하게 문화민주화나 문화민주주의 정책에 기반을 둔 것이 아니라고 평가된다.

박근혜정부는 4대 국정기조 중 하나로 문화융성을 천명했다. 대통령 직속 문화융성위원회를 구성하고 국민 모두가 문화가 있는 삶을 누릴 수 있는 정책을 추진하여 '문화가 있는 날'을 운영했다.

2010년대 들어 문화정책은 국민의 문화향유와 관련하여 뚜렷한 정책기조와 더욱 구체화된 법률적 근거를 마련하였다. 2013년 12월 제정된 '문화기본법'이 이러한 정책의 근간이 되었다. 특히 제4조에서 "모든 국민은 성별, 종교, 인종, 세대, 지역, 사회적 신분, 경제적 지위나 신체적 조건 등에 관계없이 문화 표현과 활동에서 차별을 받지 아니하고 자유롭게 문화를 창조하고 문화 활동에 참여하며 문화를 향유할 권리를 갖는다"고 명시하였는데 이는 '문화권(the cultural rights)'을 담은 첫 법

제4공화국 1972.10~1981.3	– 민족문화 강조기 – 문화기반시설 건립 추진 대국민 홍보용 문화사업	문화민주주의 정책 도입 이전
제5공화국 1981.3~1988.2	– 문화의 민주화 정책 도입 – 문화기반시설 건립 본격화 민족문화 주체성 확립	

제6공화국
1988.2~1993.2
	– 문화의 민주화 정책 중심
	  생활문화 및 문화균점화
	  문화복지 및 문화향유권 강조	

문민정부
1993.2~1998.2
	– 문화의 민주화 정책과 문화민주주의 정책
	  혼재
	  우리 문화의 세계화 강조
	  문화산업 육성 시작
		문화민주주의
		정책 도입기

국민의정부
1998.2~2003.2
	– 문화민주주의 정책 도입기
	  진흥 위주 문화정책으로 전환
	  문화산업 본격 육성	

참여정부
2003.2~2008.2
	– 본격적인 문화민주주의 정책 추진
	– 민간 자율성 강화
	  수요자 중심 문화정책
	  문화분권정책 시행	

이명박정부 2008.2~2013.2	– 문화민주주의 정책과 문화민주화 정책 혼재 – 사회적 약자의 문화 향유 기회 확대 정부·지자체·민간 역할 분담	문화민주주의 정책 발아기

박근혜정부
2013.2~2017.4
	– 문화민주주의 정책과 문화민주화 정책 혼재
	  대통령 직속 문화융성위원회 구성, 문화융성
	  천명, 문화 융·복합 확산	

3. 문화민주주의의 의제

앞서 오귀스탱 지라르와 요른 랑스테드의 연구 등을 통해 문화민주주의 정책의 개념과 특징을 살펴보았다. 그것은 소외계층에 대한 문화참여 확대, 문화다양성 확대, 문화예술 창작과 소비에 대해 시민들의 주체적 참여, 문화의 지방자치, 개인에 대한 예술교육 강화, 일상적인 문화예술 활동, 비전문가 조직의 문화예술 활동, 이질적 문화에 대한 개방, 생활문화동호회 지원, 지역 고유의 문화예술 발굴, 공동체의 활발한 문화적 활동, 사회적 형평성 등으로 정리할 수 있다.

문화민주주의의 특징과 개념, 취지 등을 종합해보면 기본적으로 공공성을 바탕으로 하고 있다. 공공성은 문화예술 분야에서는 문화권, 문화예술향유권, 정보접근권, 문화복지 등으로 구체화되어 나타난다.

이를 토대로 문화민주주의의 핵심 의제를 정리하면 '참여' '공유' '네트워크'로 규정할 수 있다. 참여, 공유, 네트워크는 앞으로 살펴보고자 하는 지역문화재단의 정책과 운영프로그램이 어느 정도 문화민주주의 성격을 갖고 있는지를 가늠하는 분석 잣대가 될 것이다.

1) 참여(Public Participation)

문화민주주의에서 참여는 정책적으로는 문화권을 비롯, 문화예술향유권, 문화예술접근권, 문화참여권, 문화복지 영역을 포괄하고 있다.

문화예술향유권은 문화의 민주화 정책에서도 포괄하는 개념이기도 하지만 문화민주주의 정책에서도 가장 기본적인 개념이다. 문화예술접근권과 문화참여권, 문화복지는 서로 연결고리를 가진 개념으로 문화예술 향유자인 시민 입장에서 요구할 수 있는 문화권의 기본 개념이다.

시민이 문화예술 활동과 행사에 참여하지 못하는 상황은 곧 문화소외를 의미하고 이는 문화복지 차원에서는 문화적 결핍을 의미한다.

참여는 문화예술 향유자 입장에서 단순히 참가하는 문화향유와 문화예술 생산자 입장에서 적극적으로 참여하는 문화예술 활동으로 구분된다. 전자의 경우는 공연·전시 관람, 축제 구경 등의 참여가 있으며 후자는 예술동아리 활동, 문화아카데미 강습 참여, 지역 포럼 운영 등의 참여가 있다.[53]

오귀스탱 지라르는 문화민주주의 실천의제로서 참여(와 배움)는 문화촉매운동[54]의 목적이라고 했다. 이에 도달하기 위해 다음과 같은 열 가

---

[53] 축제의 경우 지역주민이 기획하고, 운영하며, 참가하는 적극적 참여의 사례도 있다. 예술동아리 활동도 문화예술활동, 문화예술 생산자 입장에서는 참여의 함의를 가지지만 운영의 입장에서는 네트워크의 함의를 가지기도 한다.

[54] 지라르(Girard)는 "문화촉매운동이란 개인 및 집단으로 하여금 타인과 잘 교류하고, 독자적인 개성을 발전시켜 보다 큰 자율성을 획득하는 동시에 그들이 속해 있는 사회에 적극적으로 참여함으로써 능동적이고 창조적인 삶을 지향하는 모든 활동을 의미한다."고 정의했다.

지 목표를 제시했다. ① '비관중'에게 흥미를 갖게 할 것, ② 개인들의 감수성을 키우고 개인과 개인을 소집단으로 묶을 것, ③ 개인들에게 문화운동 촉매자들의 동기를 이해하게 하고 참여를 유도할 것, ④ 문화촉매운동을 위한 장소와 후원자를 찾을 것, ⑤ 새로운 세대를 위한 표현방식을 찾을 것, ⑥ 각 기관들로 하여금 지속적인 변화를 하도록 할 것, ⑦ 개인과 소집단 등이 창조적이고 비판적인 안목을 갖도록 할 것, ⑧ 변화를 성장으로 발견할 것, ⑨ 일상적 생산 활동 및 여가에 교육을 포함시킬 것, ⑩ 인간 교류와 삶의 즐거움을 환기시킬 것.[55] 이상과 같은 열 가지 문화촉매운동의 목표는 적극적인 문화 향유의 방안이자 개인 및 집단의 예술활동의 한 방법이기도 하다. 이와 같은 적극적 참여가 문화민주주의 정책의 구체적 실현이다.

문화민주주의에서 말하는 시민은 단순한 문화예술 소비자가 아니라 문화예술 생산자이다. 문화예술 생산자로서의 활동은 곧 문화예술 참여라고 할 수 있다. 또 공동체의 문화적 활동 참여도 문화민주주의의 개념에 포함된다.[56]

문화민주주의에서 '문화생산은 누가 문화를 만들어가는지'와 '문화예술 소비자이자 문화예술 생산자로의 전환'은 핵심 의제 중 하나이다.

참여를 기반으로 하지 않는 정책을 추진하면 공연·전시 프로그램의 경우 마케팅에 엄청난 예산을 사용해도 기존에 방문하던 관객이 조금 더 자주 방문할 뿐 새로운 관객층은 거의 늘지 않는 악순환이 계속될

---

55 Girard, 앞의 책, p.62.
56 김경욱, 앞의 논문, 34쪽.

우려가 크다.[57] 즉 단순한 참여는 관객 개발이 항상 어려운 과제로 남지만 적극적 참여, 생산자로서 참여를 기반으로 한 문화예술프로그램은 새로운 문화예술 소비자인 관객을 발굴하는 효과도 갖고 있다.

일반 시민들의 문화예술 활동 참여는 일상생활 속에서의 예술화로 구체화된다. 일상 생활의 예술화는 개인의 문화예술 향유에서 개인 또는 집단의 참여에 의한 공감으로 확대되는 것이 특징이다. 해설이 있는 음악동아리에 참여하는 활동은 단순한 감상의 수준을 넘어 체험의 과정도 거친다. 문화예술교육 중 예술아카데미 참여는 일반 시민들이 체험할 수 있는 문화민주주의 프로그램이다.

문화예술 소비자에서 문화예술 생산자가 되는 것은 일상생활 속의 예술화가 실현된 결과이다. 사람들의 문화예술 소비는 처음에는 문화향유 차원에서 만족하나 점점 문화예술 생산자로 참여하고자 하는 욕구를 나타낸다.[58] 이처럼 개인생활의 예술화에서 사회생활의 예술화가 함께 이루어지는 것이 중요하다.

2) 공유(Public Ownership)

문화민주주의에서 공유는 정보의 공유, 콘텐츠의 공유, 공간의 공유로 나누어 논의할 수 있다. 그것은 또 온라인에서의 공유, 오프라인에서의 공유로 나뉘어진다.

---

57 위의 논문, 50쪽.
58 이흥재, 『문화정책론』, 박영사, 2014, 206~207쪽.

정보의 공유는 문화예술기관·단체 입장에서는 문화예술프로그램 홍보로 구체화된다. 반면 문화예술 소비자 또는 문화예술 생산자 입장에서는 정보접근권과 관련이 있다. 문화예술기관·단체에서는 문화예술프로그램 홍보에 있어 어떻게 대상 밀착형 홍보를 하느냐가 곧 문화예술프로그램 공유의 결과와 직결된다. 문화예술 소비자 또는 문화예술 생산자들은 문화예술기관·단체의 홍보를 얼마나 쉽게 접하느냐(공유)가 문화예술 참여와 직결된다.

지역문화재단과 문화예술회관, 아트센터 등 문화예술시설의 홍보가 부실하면 시민들은 문화향유의 기회를 잃게 된다. 예를 들어 문화예술프로그램 즉 공연이나 전시 홍보를 SNS 홍보만 했다면 SNS 이용에 취약한 노년층은 정보를 알기 힘들다. 이와 반대로 팸플릿 홍보에 주력한 공연이나 전시는 인쇄 홍보물을 주의 깊게 보지 않는 청소년층에게는 정보접근에 취약성을 갖고 있다. 문화예술 강좌의 경우도 이와 마찬가지다. 이런 시각에서 보면 문화접근권, 정보접근권은 궁극적으로 문화복지, 더 구체적으로는 생활문화복지와도 연결된다.

이흥재는 『현대사회와 문화예술－그 아름다운 공진화』(2012)에서 "생활문화복지란 생활자로서 보통 사람이 당연히 받아야 하는 문화적 혜택"이라고 강조한다. 여기서 말하는 생활문화복지는 소외층 대상의 문화복지와 달리 일반 시민들이 문화예술 활동을 통해 생활복지 수준을 높이는 것을 말한다.

문화예술에서 정보접근권은 문화민주주의 이념과 문화적 분권화에 있어서 매우 중요한 의제다. 한 예로 문화이벤트에 대한 접근성이 중요하다고 해서 단순히 공연장 관객이나 박물관 방문객 수를 늘리는 것에 중점을 두는 것은 아니다. 지라르는 "중요한 것은 문화와 예술로부터 배제된 사람들에게 개인적인 필요와 요건에 따라 문화와 예술을 향유하고 자신을 문화적으로 가꾸는 기회를 제공하는 것"이라고 했다. 문화와 예술이 사회 모든 구성원들의 것이 되려면 누구에게나 개방되고 접근 가능해야 한다. 이것이 정보 공유의 핵심이다.

콘텐츠의 공유는 공연·전시 등 문화예술프로그램에 대한 공유와 문화예술아카데미 등 문화예술교육프로그램에 대한 공유로 구체화된다. 공연·전시 등 문화예술프로그램에 대한 공유는 공연장과 전시관 등 문화예술시설이 있는 지역과 없는 지역에서 차이가 나타난다. 이런 문화예술 혜택의 격차는 문화예술의 지역분권화, 문화복지와 직결되는 문제이다. 지역문화의 균형발전이 요구되는 근거이기도 하다.

문화예술아카데미 등 문화예술교육프로그램이 있는 지역과 없는 지역도 마찬가지이다. 이런 문화예술 환경의 격차를 해소하기 위해 지역문화재단 등에서는 예술동아리 지원, 찾아가는 아카데미 강습 등을 진행하고 있으며, 공공시설이나 유휴 공공장소를 문화커뮤니티 공간으로 개발하고 있다.

공간의 공유는 공연장과 전시관 등 문화예술시설, 예술동아리 활동을 할 연습 공간, 문화예술교육을 진행할 강의장, 문화예술 기획을 논의할 회의장 등으로 구체화된다. 공유 공간은 지역문화 환경에 따라 요구되는 수준이 다르지만 지역 특색을 살린 공간이 활용도가 높다. 예를 들어 공연장이 없는 지역에 굳이 대형 공연장을 짓는 것보다 지역 곳곳에 소규모 공연장을 만들어 지역 단위 공유 공간으로 활용하는 것이다. 요즘 지방자치단체와 지역문화재단 등에서는 지역 내 유휴공간에 생활문화 커뮤니티 공간을 만들어 지역주민들에게 개방하고 있다. 이런 예가 문화민주주의에서 지향하는 공간 공유라고 할 수 있다.

3) 네트워크(Network)

　문화민주주의 의제로서 네트워크는 참여와 공유를 포괄하고 있으며 특히 운영상 관계망 확대의 특징을 갖고 있다. 그러므로 네트워크 의제 역시 문화권, 문화예술향유권, 정보접근권, 문화복지 등을 포함하고 있다. 네트워크는 균등한 참여 기회 보장, 정보 및 공간 공유 거점 제공, 동아리, 포럼의 활성화 및 지속가능성 등을 토대로 커뮤니티를 형성한다.

　문화민주주의 의제로서 네트워크는 인적 네트워크, 공간 네트워크, 통합 네트워크로 나누어 논의할 수 있다. 인적 네트워크는 문화예술 참여자들의 모임인 포럼과 동아리, 축제 등을 토대로 한 네트워크로 구체화된다. 공간 네트워크는 마을 창작 공간, 연습실, 강습장, 레지던시 공간 등을 토대로 한 네트워크를 형성하며, 통합 네트워크는 문화예술 장르별 통합 네트워크, 지역과 지역의 통합 네트워크, 세대별 통합 네트워크 등으로 구체화된다.

　네트워크 역시 이용 환경에 따라 온라인 네트워크, 오프라인 네트워크로 나눌 수 있다. 앞에서 든 예는 모두 온라인 네트워크와 오프라인 네트워크에서 가능하다. 온라인 네트워크인 지역문화재단의 누리집과 SNS 페이지는 역할과 기능에서 새로운 발전 방안을 모색할 중요한 대상이다.

　공공 문화시설은 시민의 문화적 권리 보장, 문화활동의 거점이다. 또 지역의 문화적 정체성을 만들어가는 중심축이기도 하다. 이토오 야스오는 『예술경영과 문화정책』(2002)에서 "문화시설의 규모가 커질수록 중심축으로서의 역할은 커진다"고 하며 "그러나 많은 지방자치단체의 문화예술시설이 그런 역할을 하는 것은 아니다"고 했다.

지방자치단체의 공공 문화시설 경우 불특정 다수를 대상으로 한 공간 외 지역주민들을 위한 공유 공간을 마련해야 이용자(관람객)들의 지속가능한 참여를 유도할 수 있고, 궁극적으로 운영의 활성화를 기대할 수 있다. 지역주민을 네트워크화할 수 있는 공유 공간의 예는 예술동아리 모임방, 연습실, 포럼 회의실, 문화 강습을 위한 아카데미 교실 등이다.

지역문화재단의 문화예술시설의 경우 그 규모의 크기에 따라 설립 취지와 운영프로그램이 차별화되어야 한다. 소규모 시설은 보다 작은 지역 범위의 예술활동과 문화생활의 거점으로 기능해야 하며 대규모 시설은 보다 넓고 큰 범위의 문화예술 활동의 중심축으로 기능해야 한다. 소규모이든 대규모이든 그것이 생활문화예술의 거점으로 기능해야 하는데 그런 의미에서 지방자치단체와 지역문화재단의 문화정책은 지역의 생활문화와 문화예술 양쪽 분야를 포용해야 한다.

지방자치단체와 지역문화재단의 문화예술시설은 지역 문화예술 활동의 거점으로서 중요한 위상을 갖고 있다. 지방자치단체의 문화예술 지원 대상 중 생활문화는 아마추어 예술가들의 모임을 포함하며, 문화예술은 지역 전문 예술가들과 예술단체를 포함한다.

지방자치단체, 특히 지역문화재단의 문화예술지원은 개별적인 지원을 넘어 지역 특색을 살린 지역과 지역의 네트워크, 아마추어 예술가들과 전문 예술가의 통합 네트워크, 청년과 어르신의 세대별 통합 네트워크 등에 주목해야 한다.

제3장

지역문화재단의
문화민주주의 프로그램 분석

1. 지역문화재단의 표본 추출과 분석 요소

1) 지역문화재단 표본 추출의 기준

전국 기초자치단체 226곳 중 지역문화재단을 설립한 지자체는 71곳 (『2018 전국 문화기반시설 총람』 기준)이다. 기초자치단체의 지역문화재단[1]의 문화민주주의 프로그램을 분석하기 위해서는 전체 재단을 분석하는 것이 가장 바람직하다. 그러나 지역적 공통점과 환경적 유사성을 고려 하여 표본추출을 하여 프로그램을 분석했다.

표본 추출의 기준과 범위는 지역별, 예산별 두 항목을 지표로 삼았 다. 지역별 선정은 광역 시·도별 재단 수, 예산별 선정은 예산 규모순 을 기준으로 하였다. 광역 시·도별 선정은 1차로 문화재단 5곳 이하 는 1곳, 6~10곳은 2곳, 11곳 이상은 3곳을 선정했다. 2차로 1곳, 2곳, 3곳의 선정기준은 예산 규모가 큰 순으로 정했다.

이 기준에 맞춰 표본을 추출, 선정한 지역문화재단은 20곳으로 다음

---

[1] 이 장에서의 지역문화재단은 기초자치단체의 지역문화재단을 말한다.

과 같다.

[표 7] 문화민주주의 프로그램 분석을 위해 표본 추출한 지역문화재단 20곳

지역	지역문화재단 표본
강원(2)	춘천시문화재단, 원주문화재단
경기(3)	화성시문화재단, 성남문화재단, 수원문화재단
경남(2)	김해문화재단, 창원문화재단
경북(1)	포항문화재단
대구(2)	수성문화재단, 대구동구문화재단
부산(1)	금정문화재단
서울(3)	강남문화재단, 성북문화재단, 성동문화재단
울산(1)	고래문화재단
인천(1)	부평구문화재단
전남(1)	목포문화재단
전북(1)	전주문화재단
충남(1)	천안문화재단
충북(1)	청주시문화산업진흥재단

2) 지역문화재단 표본의 분석 요소

표본으로 선정한 20곳 지역문화재단을 대상으로 분석 요소를 정하는데 기본 요소로 재단의 설립 취지와 미션 및 비전, 주요 사업과 조직 현황, 인원 및 예산, 사업 수 등을 선정했다. 조직 현황 중에는 별도로

홍보 담당부서의 존재 여부와 담당인원을 분석하기로 했다. 홍보에 어느 정도 비중을 두느냐도 문화접근권 등 문화민주주의 요소를 평가할 수 있는 자료이기 때문이다. 세부 분석 요소로는 재단의 사업과 프로그램 중 문화민주주의 요소를 지닌 주민 참여프로그램으로 한정했다. 이를 분석함으로써 앞 장에서 정리한 문화민주주의 의제인 '참여'와 '공유' '네트워크' 요소를 얼마나 많이 반영하고 있는지를 평가할 수 있다.

기본 현황 분석은 「2018 전국문화기반시설 총람」을 기준으로 했지만 설립 취지와 미션 및 비전은 각 지역문화재단 누리집의 자료를 토대로 했다. 각 지역문화재단 누리집의 자료 분석 시기는 2019년 8월 한 달간으로 했다.

표본에서 설립 취지와 미션 및 비전을 분석하고자 한 목적은 설립 취지와 미션 및 비전은 지역문화재단의 문화예술정책과 전략을 담고 있기 때문이다.

주요 사업과 조직현황, 인원 및 예산, 사업 수 등을 분석하고자 함은 각 기초자치단체들이 지역문화재단에 얼마나 비중을 두고 있는지를 알아보고자 하는 데 목적이 있다. 예를 들어 어떤 지역문화재단은 예산도 적고 조직 규모도 작고, 사업 수도 작다면 예산과 사업 수가 많은 지역문화재단에 비해 지역문화예술 활성화에 비중이 적다는 것을 가늠할 수 있다. 이런 요소들이 바로 문화민주주의가 어느 정도 반영되고 있는지 나타내는 것들이다.

기본 현황 분석 대상으로 각 지역문화재단의 홍보조직과 인원, 담당 업무를 분석하고자 함은 지역주민들을 위한 문화예술향유권, 정보접근권 등에 대한 인식도를 가늠하는 데 목적이 있다. 이 자료는 「2018 전국문화기반시설 총람」에 나타나 있지 않아 각 지역문화재단 누리집의 자료를 토대로 했다.

　기본 현황 외 각 지역문화재단의 주요 목적사업과 거기에 나타난 문화민주주의 요소, 주민 참여 프로그램과 이에 담긴 문화민주주의 요소, 마지막으로 세부 프로그램과 이에 담긴 문화민주주의 요소를 분석하고자 했다. 이는 각 지역문화재단들이 실제 운영에서 문화민주주의 정책을 어느 정도 프로그램에 반영하여 시행하고 있는지 알아보는 데 목적이 있다.

2. 지역문화재단 설립 취지와 미션 · 비전, 조직 분석

1) 설립 취지와 미션 · 비전에 나타난 문화민주주의 요소

각 단체 또는 기관의 설립 취지(설립목적)와 미션, 비전은 단체 또는 기관의 운영 방침과 운영 목표를 담고 있다. 그러므로 단체 또는 기관의 정체성을 파악하기 위한 가장 기본적인 자료라고 할 수 있다.

전국 71곳 지역문화재단의 표본인 20개 지역문화재단의 설립 취지와 미션, 비전을 문화민주주의 의제를 기준으로 살펴보면 이들 재단의 설립 취지(설립목적)와 미션, 비전이 어느 정도 문화민주주의의 요소(참여, 공유, 네트워크)를 내포하고, 또 어느 정도 지향하고 있는가를 알아볼 수 있다. 20개 지역문화재단의 설립 취지(설립목적) 및 미션, 비전은 [표 8]과 같다.

[표 8] 20개 지역문화재단의 설립 취지(설립목적) 및 미션, 비전[2]

시군구	재단명	설립 취지(설립목적)	미션 / 비전
강원(2)			
원주시	원주 문화재단	지역문화진흥과 문화예술 활동 지원	비전 : 문화로 행복한 삶, 감성 공유도시 원주 미션 : 원주스타일의 문화생태계 구축으로 시민의 삶의 질 향상과 도시 경쟁력 강화에 기여
춘천시	춘천시 문화재단	춘천시의 전통문화예술을 계승하고 문화예술의 다양성 및 문화 복지의 증대를 위하여 문화예술 진흥사업과 그에 따른 활동을 지원	문화비전 : 시민과 예술인이 문화로 동행하는 행복한 춘천 만들기
경기(3)			
성남시	성남 문화재단	문화예술 진흥과 문화복지 발전	비전 : 특화된 예술, 함께하는 문화 미션 : ▲역동적 기획과 문화 콘텐츠 다양화 ▲시민의 지혜로 여는 성남형 생활예술
수원시	수원 문화재단	수원을 문화도시로 조성하고 문화예술을 진흥하며 세계문화유산 수원화성의 효율적인 운영과 관리	미션 : 예술진흥과 역사 · 전통문화 활성화를 통한 시민 문화복지 구현 비전 : 다시 찾고 싶은 수원 함께 하는 문화예술
화성시	화성시 문화재단	화성시의 문화예술 진흥	비전 : 지속가능한 화성 지역 문화예술생태계 조성 미션 : 문화예술로 연결되는 도시 화성

---

2 20개 지역문화재단 누리집 및 '설립 및 운영에 관한 조례' 자료 재구성(2018.8)

경남(2)			
김해시	김해 문화재단	김해의 문화예술 활동을 진작 시키고 시민의 문화적 삶의 질 향상과 문화 복지 증대를 구현함	비전 : 시민과 함께 일상의 즐 거움을 구현하는 원팀(One-Team) 김해문화재단
창원시	창원 문화재단	문화예술의 창작 및 보급, 문 화 예술 향수 · 참여기회 확 대, 문화 예술 관련 문화복지 증대를 실현	비전 : 사람중심, 매력적인 문 화도시
경북(1)			
포항시	포항 문화재단	지역문화 진흥에 관한 중요 시책을 지원하고 지역문화 진 흥사업을 수행	비전 : 시민중심의 문화주권 도시, 포항 미션 : 시민과 함께 하는 문화 발전소 실현
대구(2)			
수성구	수성 문화재단	지역문화예술 진흥과 구민의 문화 복지 증진	비전 : 대구 문화 1번지 수성구
동구	대구동구 문화재단	지역문화예술 진흥	비전 : 높고 넓은 문화로 구민 함께 즐겁게
부산(1)			
금정구	금정 문화재단	금정구 문화예술 진흥의 토대 를 마련하고 구민에게 문화향 유 기회를 제공함으로써 구민 의 문화복지 구현과 문화예술 분야의 전문가 육성을 통해 구민들에게 보다 나은 양질의 문화서비스를 제공	비전 : 사람이 빛나는 문화도 시 금정

서울(3)			
강남구	강남 문화재단	지역문화예술발전과 강남 지역주민들의 문화복지 증진 및 정서 함양을 고취	
성동구	성동 문화재단	지역문화 진흥과 구민의 문화복지 증진을 위함	비전 : 문화로 참여하고 문화로 소통하는 행복한 문화성동 미션 : 성동주민과 함께 하는 지역문화 창조의 거점 만들기
성북구	성북 문화재단	• 문화정책 개발 및 사업실행 • 문화예술의 창작, 보급 및 문화예술 활동 지원 • 문화예술의 교육 및 연구 • 저소득층을 위한 문화프로그램 개발 및 지원 • 문화자원 발굴 및 개발 • 도서관 운영 및 관리 • 아리랑시네센터 관리, 운영 • 구청장이 위탁 · 지정하는 사업 • 그 밖의 법인 설립목적 달성에 필요한 사업	비전(캐치 프레이즈) : 이야기와 꿈이 많은 성북
울산(1)			
남구	고래 문화재단	울산고래축제의 효율적 운영과 지역문화예술의 진흥	미션 : 울산의 문화중심 행복 남구 비전목표 : 문화예술 · 관광을 통한 구민 문화복지 증대
인천(1)			
부평구	부평구 문화재단	지역문화예술진흥과 부평구민의 문화 복지증진을 목적으로 함	비전 : 문화적 삶과 창조적 생태계를 함께 가꾸는 열린 소통광장

제3장 지역문화재단의 문화민주주의 프로그램 분석

전남(1)			
목포시	목포 문화재단	목포시의 전통 문화예술을 계 승하고 새로운 문화예술을 창 조하여 향토 문화 창달에 이 바지	
전북(1)			
전주시	전주 문화재단	자율적인 문화예술 활동의 지 속적인 지원을 통한 지역의 문화예술 진흥	미션 : 예술하기 좋은 곳! 문화 로 행복한 전주! 비전 : 전주시민의 문화권과 예술가의 창작권 지원을 실행 하는 전문적인 문화기관
충남(1)			
천안시	천안 문화재단	문화예술 진흥과 문화복지 발 전을 위함	비전 : 감동받고 행복주는 문 화예술도시 구현
충북(1)			
청주시	청주시 문화산업 진흥재단	청주시에서 개최하는 각종 문 화사업의 추진, 문화산업 지 원육성 및 청주첨단문화산업 단지에 대한 종합적이고 체계 적인 관리와 운영을 위함	비전 : 문화로 함께 웃는 청주

　　20개 지역문화재단의 누리집에는 설립 취지(설립목적)와 미션, 비전이 모두 일정하게 나타나 있지는 않았다. 설립 취지(설립목적)를 누리집에 게재한 곳은 성북문화재단과 성동문화재단 단 2곳뿐이었다. 나머지 재단의 설립 취지는 각 지역문화재단의 '설립 및 운영에 관한 조례'를 찾아 참고했다.

　　설립 취지(설립목적), 미션, 비전 외에도 각 지역문화재단 누리집에는 핵심가치, 경영방침, 경영목표, 정책목표, 추진전략 등의 카테고리에 운영 방향을 제시하고 있지만 제각각 표현과 강조하는 바가 달라 이 글에서는 설립 취지 및 목적, 미션, 비전만 살펴보기로 한다.

미션과 비전을 함께 밝히고 있는 재단은 원주문화재단과 성남문화재단, 수원문화재단, 화성시문화재단, 포항문화재단, 성동문화재단, 고래문화재단, 전주문화재단 8곳이었다. 비전만 밝힌 곳은 춘천시문화재단, 김해문화재단, 창원문화재단, 대구동구문화재단, 수성문화재단, 금정문화재단, 부평구문화재단, 천안문화재단, 청주시문화산업진흥재단 9곳이었다. 강남문화재단과 목포문화재단은 누리집에 미션과 비전 등 운영방침을 게재하지 않았다.(이하 문화재단이란 명칭은 생략하고 지역명으로만 표기하기로 한다. 원주문화재단→원주, 청주시문화산업진흥재단→청주)

지역문화재단의 설립 취지(설립목적)는 20곳이 거의 비슷하다. "지역문화예술진흥과 지역주민의 문화복지 증진"에서 크게 벗어나지 않는다. 따라서 설립 취지(설립목적)는 문화민주주의 요소를 얼마나 담고 있는지 변별력을 갖지 못하는 것으로 나타났다.

재단의 미션, 비전은 재단이 지향하는 바 운영 목표를 함축적으로 담고 있다. 그러나 일부 재단의 미션, 비전은 선언적 내용을 담고 있기도 하다. 청주의 '문화로 함께 웃는 청주의 비전', 천안의 '감동받고 행복주는 문화예술도시 구현', 창원의 '사람중심 매력적인 문화도시' 등이 그런 예다.

최근 지방분권과 생활예술, 문화예술의 일상화가 강조되면서 재단에 따라 차별화가 일어나기 시작했다. 일부 재단들은 미션과 비전에 '시민 참여' '문화 주권' '지역문화' 등을 강조하고 있다. 포항의 비전 '시민 중심의 문화주권 도시, 포항', 성동의 비전 '문화로 참여하고 문화로 소통하는 행복한 문화성동' 등이 그런 예다.

미션, 비전의 문화민주주의 요소의 분류 기준으로 문화민주주의 특징을 나타내는 키워드, 즉 '지역문화' '(정보 및 공간)공유' '참여' '생활문화' '청년문화' '소통' '주민밀착' '문화주권(문화권)' '지속가능성' '저소득층' '일상 속 문화' '(시민참여)축제' '네트워크' '문화예술 교류' 등을 정했다. 이와 같은 키워드는 문화민주주의의 특징을 담고 있기 때문이다.

'문화도시'는 '매력적인 문화도시' '문화로 행복한' 등과 같이 선언적 의미가 강해 제외했다. '문화복지'는 문화의 민주화와 문화민주주의 모두 지향하는 요소여서 제외했다. 또한 '행복한' '창의적' '즐기는' '충만한' '문화창조' 등의 표현을 한 것은 선언적 의미로 분류, 제외했다.

20개 지역문화재단의 미션·비전이 담고 있는 문화민주주의 요소는 다음과 같다.

원주의 경우 비전 '감성공유도시 원주'에서 '공유' 1개, 미션 '문화생태계 구축'에서 '네트워크' 1개 모두 2개 항목이 문화민주주의 요소에 해당한다.

춘천의 문화비전은 '시민과 예술인이 문화로 동행하는 행복한 춘천 만들기'다. 다소 선언적 표현이기는 하지만 여기서 '시민과 예술인이 문화로 동행하는'이란 표현이 '참여'에 해당되어 1개 항목이 문화민주주의 요소를 포함하고 있는 것으로 평가되었다.

성남의 경우 미션이 '역동적 기획과 문화콘텐츠 다양화, 시민의 지혜로 여는 성남형 생활예술'로 '시민 참여'와 '생활예술'을 강조하고 있다. 그러므로 성남의 미션이 내포하고 있는 문화민주주의 요소는 '참여'와 '생활문화(=생활예술)' 2개다.

수원의 미션과 비전은 문화민주주의 요소를 담고 있지 않다.

화성의 경우 비전 '지속가능한 화성 지역문화예술생태계 조성'에서 '지속가능성' '지역문화' 2개 항목을 문화민주주의 요소로 분류할 수 있다.

김해의 비전 '시민과 함께 일상의 즐거움을 구현하는 원팀(One-Team) 김해문화재단'에서 '시민과 함께'를 '참여'로 규정하여 1개의 문화민주주의 요소를 담고 있는 것으로 보았다.

창원은 비전에 문화민주주의 요소를 내포하고 있지 않다.

포항의 비전에서 '시민중심의 문화주권'이, 미션에서 '시민과 함께 하는'이 '참여'로 평가되어 2개 문화민주주의 요소를 갖고 있는 것으로 나타났다.

수성과 대구동구, 금정, 강남의 경우 문화민주주의 요소를 담고 있지 않다.

성동은 비전에서 '문화로 참여' '문화로 소통' 2개 요소를, 미션에서 '성동주민과 함께 하는' '지역문화 창조 거점만들기'에서 '참여'와 '지역문화' 2개 요소 등 모두 4개의 문화민주주의 요소를 담고 있는 것으로 나타났다.

성북의 경우 미션과 비전을 캐치 프레이저 및 사명선언문으로 표현하고 있어 제외했다.

고래의 미션, 비전에는 문화민주주의 요소가 없었다.

부평은 비전에서 '열린 소통광장'을 '공유' 개념으로 규정하여 문화민주주의 요소 1개 항목을 포함하고 있는 것으로 평가되었다.

목포는 문화민주주의 요소가 없었으며 전주는 비전에서 '시민의 문화권'을 강조하여 1개 문화민주주의 요소를 담고 있는 것으로 분류되었다.

천안과 청주는 문화민주주의 요소를 담고 있지 않았다.

20개 지역문화재단의 설립 취지(설립목적)는 변별력이 약해 문화민주주의 요소 평가대상에서 제외했다. 미션, 비전에서 문화민주주의 요소를 찾아내고 분류해 본 결과 문화민주주의 요소를 2개 이상 담고 있는 재단을 '강'으로, 1개를 담고 있는 재단을 '중'으로, 문화민주주의 요소를 담고 있지 않은 재단을 '약'으로 분류해보면 [표 9]와 같다.

[표 9] 20개 지역문화재단 미션, 비전에 나타난 문화민주주의 요소

문화민주주의 요소의 정도		
강(2개 이상)	중(1개)	약(0, 없음)
원주(공유, 네트워크) 성남(참여, 생활문화) 화성(지속가능성, 지역문화) 포항(문화주권, 참여) 성동(참여, 소통, 참여, 생활문화)	춘천(참여) 김해(참여) 부평(공유) 전주(문화권)	수원　창원 수성　대구동구 금정　강남 성북　고래 목포　천안 청주
5	4	11

20개 지역문화재단의 미션, 비전이 담고 있는 문화민주주의 요소를 분석한 결과 대체로 절반 정도가 문화민주주의 요소를 담고 있었으며 절반 정도는 문화민주주의 요소를 반영하고 있지 않은 것으로 나타났다. 문화민주주의 요소를 담고 있는 지역문화재단의 경우 '참여' 요소가 가장 많았다.

원주, 성남, 화성, 포항, 성동은 미션과 비전 등에 문화민주주의 요소를 2개 이상 담고 있어 '강'으로 분류되었다.

'중'으로 분류된 지역문화재단들은 춘천, 김해, 부평, 전주 4곳이었으며 나머지 11개 재단은 문화민주주의 요소를 담고 있지 않아 '약'으로 분류됐다.

앞으로 조직과 예산, 주요 사업과 세부프로그램에 내재된 문화민주주의 요소를 분석할 것인데 미션과 비전에서 문화민주주의 요소를 많이 담고 있는 재단이 주요 사업과 세부프로그램에서도 문화민주주의 요소를 많이 담고 있는지 여부를 알아볼 것이다. 미션과 비전에서는 문화민주주의 요소를 구체적으로 담고 있지 않은 재단 중에서도 실제 주요 사업과 세부프로그램에서 문화민주주의 요소를 많이 담고 있을 수도 있고, 미션과 비전에서 반영하지 못한 것과 같이 주요 사업과 세부프로그램에서도 반영하지 못한 경우도 있을 것이다. 그 연관성을 살펴보면 재단의 정책에서 문화민주주의 정책을 어느 정도 반영하고 있는지 여부도 밝혀질 것이다.

단 누리집에서 구체적으로 명시하고 있지 않지만 실제 진행하고 있는 프로그램 중에는 문화민주주의 요소를 가진 것도 있을 수 있다. 기준을 누리집으로 한정했기 때문에 누락될 수도 있다. 즉 각 지역문화재단이 누리집을 구체적으로, 적극적으로 활용하느냐, 그렇지 못하느냐에 따라 반영이 달라질 수도 있다는 것을 다시 한번 강조한다.

2) 주요 사업 및 조직에 나타난 문화민주주의 요소

지역문화재단의 주요 사업은 설립 취지(설립목적)을 보다 구체적으로 명시한 것이다. 표본 선정한 20개 지역문화재단의 주요 사업을 살펴보면 문화민주주의 요소를 반영하고 있는 정도가 미션, 비전과 마찬가지로 절반 정도로 나뉘어짐을 알 수 있다.

문화민주주의 요소를 반영하지 않은 지역문화재단의 경우 주요 사업이 큰 범주로 사업 영역을 표시하는 정도에 그치고 있었다. 지역문화재단들이 다른 지역문화재단과 차별화를 하려면 주요 사업에서부터 정책을 반영한 보다 구체적인 사업을 강조해야 한다.

20개 지역문화재단의 조직 현황을 살펴보면 재단별 편차가 심함을 알 수 있다. 가장 간소한 조직은 울산광역시 남구의 고래로 1사무국 2팀으로 구성되어 있다. 목포도 1사무국 2팀에 2도서관으로 구성되어 간소한 편에 속한다. 반면 수원은 2국 7부 21팀, 화성은 2국 2관 21팀으로 조직이 세분화되어 있으며 규모도 컸다.

성북의 경우 「2018 전국 문화기반시설 총람」에는 2본부1단으로 기재되어 있지만 실제 누리집를 살펴본 결과 2팀 아래에 3부 6팀 11도서관으로 구성되어 있었다. 여기서는 「2018 전국 문화기반시설 총람」의 자료를 기준으로 했다.

조직 현황에서는 문화민주주의 요소를 반영한 문화권, 문화예술향유권, 문화예술접근권, 문화예술정보권 등과 관련 있는 홍보조직과 관련 담당인원의 현황을 살펴보는 것이 중요하다. 이 부문은 뒤에 따로 분류해서 비교해보도록 한다.

표본 선정한 20개 지역문화재단의 주요 사업 및 조직 현황은 다음과 같다.[3]

---

3 「2018 전국문화기반시설 총람」(문화체육관광부) 재구성. 굵은 글씨는 문화민주주의 의제인 지역문화 개발, 직접적 주민 참여 프로그램을 내포하고 있다고 판단되는 사업과 프로그램임.

원주문화재단 : 문화예술지원사업, 문화시설운영, 원주다이내믹댄싱카니발, **청년플랫폼활성화사업, 생활문화동아리지원 및 센터운영, 원주문화특화지역조성사업 및 문화도시지정준비**, 문화예술진흥시책 수립 지원, 국가와 도 및 시가 하는 사업의 대행 및 위탁하는 사업, **커뮤니티카페 운영**, 기타 재단의 목적에 적합한 사업

춘천시문화재단 : **지역문화예술의 특성 및 정체성 확립**, 춘천이 문화중심도시로 성장할 수 있는 토대 마련, 시민들의 삶의 질 향상 및 지역문화예술의 세계화 등을 통한 시민의 문화복지 구현

성남문화재단 : 문화예술의 창작 · 보급과 조사연구, 문화예술의 국내외 교류사업, 문화유산의 보존 및 육성, 성남아트센터의 운영 및 관리, 시민회관의 운영 및 관리, 기타 문화예술진흥발전을 위하여 성남시장이 위탁하는 사업

수원문화재단 : 문화예술의 창작, 보급 및 문화예술활동의 지원, 문화예술, 관광진흥을 위한 정책개발지원의 사업시행, 수원화성시설, 문화공간의 운영관리 및 수익사업, 관광활성화를 위한 공연, 관광안내콘텐츠 개발, **문화예술단체의 활동 지원 및 국내외 문화예술교류**, 전통문화예술의 전승과 문화유산 발굴보존, 수원SK아트리움 운영 및 공연사업

화성시문화재단 : **문화예술의 국내외 교류사업**, 공연예술진흥 및 작품활동과 보급 및 교육, 문화예술의 창작지원과 관계자료의 수집, 관

리, 보급 및 조사, 연구, 문화복지시설의 관리 및 운영, 그밖에 재단의 목적달성에 필요한 사항

김해문화재단 : 김해문화의전당 관리 및 운영, 클레이아크김해(미술관)관리 및 운영, 김해시민의종 관리 및 운영, 문화 · 관광전략사업개발, 문화예술단체 및 문화예술활동 지원, 문화예술진흥기금의 조성 및 운영, 지방향토사연구지원, 기타 문화시설 등 김해시장이 위탁하는 사업, 김해가야테마파크 관리 및 운영, 김해낙동강레일파크 관리 및 운영, 김해천문대관리 및 운영

창원문화재단 : **지역문화축제 및 문화콘텐츠 개발**(생활문화, 문화교육 등), 공연 및 전시기획사업, **문화예술의 국내외교류사업**, 성산아트홀, 315아트센터, 진해구민회관 진해야외공연장, 창원역사민속관창원의 집 관리 및 운영

포항문화재단 : 문화정책개발 및 사업운영, 포항대표축제개발 및 운영, 문화시설관리 및 운영, 공연 및 전시, 예술교육사업추진, **거리예술 활성화, 생활문화 발굴 및 활동 지원**, 문화예술단체 및 문화예술활동 지원 등

수성문화재단 : 문화예술의 창작 · 보급 및 교육 · 연구, 수성아트피아 운영 및 관리, 구립도서관 운영 및 관리, 지역축제 및 문화행사 개최, 구립예술단체, 문화예술단체의 운영과 활동 지원, 기타 문화예술 진흥을 위하여 구청장이 위탁하는 사업

대구광역시동구문화재단 : 문화센터, 스포츠센터, 도서관(2개소) 운영 등

금정문화재단 : 문화예술의 창작 및 네트워크지원, 문화예술단체 운영 및 활동 지원, **글로벌시민교육 및 문화예술교류**, 지역축제 및 문화행사 활성화, **청년문화활성화지원 및 협력사업**, 문화예술인재 발굴 및 육성, 문화시설운영 · 관리

강남문화재단 : 예술단체(강남교향악단, 강남합창단) 운영 및 지역축제 개최, 문화예술창작지원, **동호회활동 지원**, 문화시설(문화센터, 평생학습관, 구립도서관등), 관광정보센터운영, 공연사업 등

성동문화재단 : 공연장 및 전시실 운영, 구립도서관 운영, 지역문화축제, 행사 등

성북문화재단 : 문화정책개발 및 사업실행, 문화예술의 창작 · 보급 및 문화예술활동 지원, 문화예술의 교육 및 연구, 문화자원발굴 및 개발, **저소득층을 위한 문화프로그램개발 및 지원**, 도서관운영 및 관리, 아리랑시네센터운영 및 영상미디어사업, 서울특별시성북구청장이 지정 · 위탁하는 사업, 그밖에 재단의 설립목적 달성에 필요한 사업

고래문화재단 : 울산고래축제, 남구거리음악회 등

부평구문화재단 : 문화예술 N20진흥을 위한 정책개발 및 자문, 공연

예술진흥 및 작품 전시활동 보급, 문화예술의 교육과 문화예술 관계 자료의 수집, 관리, 보급 및 조사연구, **문화예술 분야의 국내외 교류사업 추진**, 예술창작활동 지원 및 보급, 문화예술진흥법에 따른 기부금품 모집, **청소년 육성 및 지원사업**, 공공도서관 운영관리 및 진흥사업, **청소년성문화센터 운영 지원사업**, 그 밖에 문화예술 진흥을 위하여 인천광역시 부평구청장이 위탁하는 사업

전주문화재단 : 문화예술 활동의 지원, 문화예술 정책 연구개발, **국내외 문화예술 교류**, 문화자원 보존 및 육성, 문화예술에 관한 교육 및 출판, 국가지방자치단체의 위탁대행업무

천안문화재단 : 흥타령춤축제 및 국제춤축제연맹(FIDAF) 운영, 아우내봉화제, 찾아가는 예술무대 및 거리공연, 천안예술의전당(공연장, 미술관, 아카데미) 운영, **생활문화동호회네트워크 교류 및 지역문화매개자 인력양성**, **청년문화 · 지역문화연구기획 지원**, 문화예술지원사업, 한뼘미술관 운영 · 관리, 도솔문예지 발행, 천안문화예술뱅크(문화예술DB) 사업 운영

청주시문화산업진흥재단 : 문화사업과 문화산업진흥을 위한 계획수립 및 시행, 문화산업단지관리운영 및 시설물관리, 청주국제공예비엔날레 행사추진

20개 지역문화재단의 주요 사업을 살펴보면 원주의 경우 '청년플랫폼활성화사업' '생활문화동아리 지원 및 센터 운영' '원주문화특화지역

조성사업 및 문화도시지정준비' '커뮤니티 운영' 4개 사업이 문화민주주의 요소를 담고 있다.

춘천은 '지역문화예술의 특성 및 정체성 확립' 1개가 문화민주주의 요소에 해당한다.

성남은 '문화예술의 국내외 교류사업' 1개, 수원은 '문화예술단체의 활동 지원 및 국내외 문화예술교류' 1개, 화성은 '문화예술의 국내외 교류사업' 1개가 문화민주주의 요소를 담고 있다.

김해는 문화민주주의 요소를 담고 있지 않았다.

창원은 '지역문화축제 및 문화콘텐츠 개발(생활문화, 문화교육 등)'과 '문화예술의 국내외 교류사업' 등 2개, 포항은 '생활문화 발굴 및 활동 지원'과 '거리예술활성화' 등 2개 요소를 담고 있는 것으로 나타났다.

수성, 대구동구도 문화민주주의 요소를 담고 있지 않았다.

금정은 '글로벌시민교육 및 문화예술교류' '청년문화활성화지원 및 협력사업' 2개 사업이 문화민주주의 요소를 담고 있다.

강남은 '동호회 활동 지원' 1개가 문화민주주의 요소에 해당한다. 성동은 문화민주주의 요소를 담고 있지 않았으며 성북은 '저소득층을 위한 문화프로그램 개발 및 지원'이 1개 요소를 담고 있는 것으로 나타났다.

고래도 문화민주주의 요소를 반영하지 못하고 있으며 부평은 '문화-예술 분야의 국내외 교류사업 추진' '청소년 육성 및 지원사업'과 '청소년성문화센터 운영 및 지원사업'에서 3개 요소를 반영하고 있다.

목포는 문화민주주의 요소를 반영하지 않았으며 전주는 '문화예술 국내외 교류' 1개 요소를 담고 있는 것으로 나타났다.

천안은 '생활문화동호회네트워크 교류 및 지역문화매개자 인력양성'과 '청년문화 지역문화연구기획 지원' 2개 사업이 문화민주주의 요소를 담고 있다.

청주의 주요 사업은 문화민주주의 요소를 담고 있지 않았다.

주요 사업에서 문화민주주의 요소를 분류해 본 결과 문화민주주의 요소를 2개 이상 담고 있는 재단을 '강'으로, 1개를 담고 있는 재단을 '중'으로, 문화민주주의 요소를 담고 있지 않은 재단을 '약'으로 분류하면 [표 10]과 같다.

[표 10] 20개 지역문화재단 주요 사업에 나타난 문화민주주의 요소

문화민주주의 요소의 정도		
강(2개 이상)	중(1개)	약(0, 없음)
원주(네트워크, 생활문화, 지역특화, 공유)	춘천(지역문화)	김해
부평(문화예술 교류, 청소년활동 지원)	성남(문화예술 교류)	수성
창원(생활문화, 문화예술 교류)	수원(문화예술 교류)	대구동구
포항(생활문화, 문화예술 교류)	화성(문화예술 교류)	성동
금정(시민교육, 청년문화)	강남(생활문화)	고래
천안(생활문화, 지역문화)	성북(저소득층 지원)	목포
	전주(문화예술 교류)	청주
6	7	7

주요 사업 부문에서 문화민주주의 요소가 '강'인 재단은 원주, 부평, 창원, 포항, 금정, 천안 6개 재단이었으며 '중'인 재단은 춘천, 성남, 수원, 화성, 강남, 성북, 전주 7개 재단이었다. 나머지 7개 재단은 문화민주주의 요소를 담고 있지 않아 '약'으로 분류되었다.

앞서 미션, 비전 부문의 문화민주주의 요소가 '강'인 원주는 주요 사

업 부문에서도 '강'으로 나타났으며 미션, 비전 부문의 문화민주주의 요소가 '강'인 성남, 화성은 '중'으로, 성동은 주요 사업 부문에서는 '약'으로 분류되었다.

반면 미션, 비전 부문의 문화민주주의 요소가 '약'이었던 금정과 천안은 주요 사업 부문에서 '강'으로 나타났다.

여기서 다룬 주요 사업 부문은 「2018 전국문화기반시설 총람」(문화체육관광부)을 기준으로 한 것으로 원주, 포항, 부평은 청년문화 지원 등 비교적 구체적인 정책 표현이 있는 반면 성남, 수성, 대구동구, 고래 등은 문화예술지원, 문화예술정책개발 등 비교적 큰 틀로 표기해 차이를 보였다.

(1) 지역문화재단의 인원 현황 및 예산·사업 현황 분석

20개 지역문화재단의 인원 현황 및 예산·사업 현황은 각 지역문화재단의 규모와 운영의 폭을 알아보는 데 유용한 자료다. 또한 해당 기초자치단체가 문화예술정책을 추진함에 있어 문화민주주의 요소의 정도 등 정책의 방향을 가늠할 수도 있다. 더 나아가 기초자치단체장이 어느 정도 지역문화예술 진흥에 주력하는지, 문화재단에 어느 정도 비중을 두고 있는지도 가늠할 수 있다.

그러므로 지역문화재단의 인원 현황 및 예산·사업 현황을 살펴보는 것은 문화민주주의 요소를 가늠할 수 있는 주요 자료다. 20개 지역문화재단의 인원 현황 및 예산·사업 현황은 「2018 전국문화기반시설 총람」을 참고했으며 이 항목의 데이터는 정형화되어 재단과 비교가 다른 항목에 비해 정확하게 반영되었다. 표본 선정한 20곳의 지역문화재단의 인원 현황과 예산 · 사업 현황을 살펴보면 다음과 같다.

[표 11] 20개 지역문화재단 인원 현황 및 예산 · 사업 현황[4]

재단명	인원 현황(명)	예산 현황(억 원)	사업 현황
원주문화재단	**34**	88	46
춘천시문화재단	41	144	**21**
성남문화재단	127	**285.2**	57
수원문화재단	**162**	**264.9**	**90**
화성시문화재단	**297**	**366.1**	**65**
김해문화재단	**291**	**336**	36
창원문화재단	96	204	**78**
포항문화재단	51	100	**24**
수성문화재단	121	134	77
대구동구문화재단	46	91	**24**
금정문화재단	**13**	**20.48**	35
강남문화재단	115	**206**	28
성동문화재단	**185**	113	42
성북문화재단	**241**	128	**72**
고래문화재단	**6**	**27**	**18**
부평구문화재단	134	133.1	41

4 「2018 전국문화기반시설 총람」(문화체육관광부) 재구성. 굵은 글씨는 인원이 적은 곳 하위 5곳, 인원이 많은 곳 상위 5곳, 예산이 적은 하위 5곳, 예산이 많은 상위 5곳, 사업 수가 적은 곳 하위 5곳, 사업 수가 많은 5곳의 표시이다.

목포문화재단	**4**	**17**	**10**
전주문화재단	57	**65**	36
천안문화재단	**40**	**84**	**16**
청주시문화산업진흥재단	78	155	40

　20곳 지역문화재단 중 인원이 적은 5곳은 목포가 4명, 고래가 6명, 금정 13명, 원주 34명, 천안 40명으로 인원이 40명 이하였다. 반면 인원이 많은 5곳은 화성 297명, 김해 291명, 성북 241명, 성동 185명, 수원 162명으로 인원이 적은 5곳보다 4배나 많았다.

　예산이 가장 적은 재단 5곳은 목포(17억원), 금정(20.48억원), 고래(27억원), 전주(65억원), 천안(84억원)으로 가장 적은 곳 사이에서도 5배 가까이 차이가 났다. 예산이 가장 많은 재단 5곳은 화성(366.1억원), 김해(336억원), 성남(285.2억원), 수원(264.9억원), 강남(206억원)으로 200억원대를 넘어섰다. 예산이 가장 적은 곳과 가장 많은 곳의 차이는 20배가 넘을 정도로 큰 차이가 났다.

　사업이 가장 적은 재단 5곳은 목포(10개), 천안(16개), 고래(18개), 춘천(21개), 포항(24개), 동구(24개)이었으며 사업이 가장 많은 재단 5곳은 수원(90개), 창원(78개), 수성(77개), 성북(72개), 화성(65개)이었다. 사업이 가장 적은 곳과 가장 많은 곳의 차이도 9배나 나는 것으로 나타났다.

　20개 기초문화재단의 인원, 예산, 사업 수의 상위 5곳과 하위 5곳은 [표 12]와 같다.

[표 12] 20개 지역문화재단의 인원, 예산, 사업 수 상위 5곳과 하위 5곳

인원 (명)	최소	목포(4), 고래(6), 금정(13), 원주(34), 천안(40)
	최다	화성(297), 김해(291), 성북(241), 성동(185), 수원(162)
예산 (억 원)	최소	목포(17), 금정(20.48), 고래(27), 전주(65), 천안(84)
	최다	화성(366.1), 김해(336), 성남(285.2), 수원(264.9), 강남(206)
사업 (개)	최소	목포(10), 천안(16), 고래(18), 춘천(21), 포항(24), 대구동구(24)
	최다	수원(90), 창원(78) 수성(77), 성북(72), 화성(65)

이상과 같이 20개 지역문화재단의 인원 현황과 예산·사업을 살펴본 결과 가장 큰 특징은 20개 지역문화재단 사이에서도 인원과 예산 및 사업 규모에 있어 편차가 아주 심하다는 것이다. 지역별로는 서울과 수도권의 경우와 그 외 지역의 편차가 커 지역균형발전이 절실한 과제인 것으로 나타났다. 수도권을 제외한 지역에서는 김해문화재단이 인원과 예산에서 상대적으로 큰 규모로 나타났다.

(2) 지역문화재단의 홍보조직과 인원, 담당업무 현황 분석

이번에는 각 지역문화재단의 조직체계에서 홍보 조직의 비중과 홍보 담당인원과 담당업무 현황을 살펴보고자 한다.

전체 조직에서 홍보가 차지하는 비중을 분석하고자 함은 지역문화재단의 홍보가 시민들이 문화향유권을 누리는 데 필요한 정보의 생산과 전달 기능을 담당하고 있기 때문이다. 뿐만 아니라 문화민주주의의 정책이념의 핵심 요소인 시민들의 문화예술 활동 참여 기회를 제공하는

정보접근권도 홍보의 기능에서 비롯된다.

세대별, 계층별 맞춤형 홍보는 정보접근이 쉽지 않은 노년층과 소외 계층의 문화향유에도 영향을 미친다. 그런 의미에서 지역문화재단의 홍보는 문화예술 소외와 문화예술 참여 차원에서 문화복지와도 깊은 연관이 있다. 전체 조직에서 홍보가 차지하는 비중이 적으면 그만큼 시민들이 문화향유권을 누리는 데 필요한 정보의 생산과 전달 기능이 약하다는 것을 의미한다.

그러므로 홍보 기능이 활성화되어 있는 지역문화재단은 주민 참여도 가 높을 것이고, 운영 활성화가 이뤄지고 있으리라 추론할 수 있다.

여기서 추론의 중심 관점은 지역문화재단의 홍보에 대한 비중이, 홍 보가 담당하고 있는 역할이 문화민주주의 요소를 얼마나 담고 있느냐 에 있다. 즉 홍보의 역할과 담당에 중점을 두고 있는 지역문화재단이 문화민주주의 요소가 강하다고 할 수 있다. 또 나아가 앞서 분석한 설 립 취지와 비전·미션의 문화민주주의 요소의 강·중·약과 주민 참 여 프로그램의 문화민주주의 요소의 강·중·약의 정도와 비례하는지 그 상관관계를 밝혀보고자 한다.

홍보를 담당하는 부서와 인원, 담당 업무는 「2018 전국문화기반시설 총람」에 나타나 있지 않아 각 지역문화재단 누리집의 자료를 토대로 했다. 각 지역문화재단 누리집의 자료는 2019년 8월 시점을 기준으로 하였다. 각 지역문화재단의 누리집은 재단에 따라 적극적 표현을 한 곳과 소극적 표현을 한 곳의 차이가 있으며, 이에 따라 일률적으로 동 일한 비교 조건이 아닌 점을 감안해야 한다. 그러므로 재단의 업무를 적극적으로 표현한 곳이 문화민주주의 요소가 보다 강하게 나타날 것 으로 예상된다. 이를 정리하면 [표 13]과 같다.

[표 13] 20개 지역문화재단의 홍보조직과 인원, 담당업무 현황[5]

재단명	조직 현황	담당부서(명)	담당업무	담당인원/총원
원주 문화 재단	1기획실 5팀	경영지원팀(1) 시민문화팀(1)	- 재단 홈페이지 및 SNS 홍보관리, 시스템 관리 - 보도자료, 정기간행물 발행 및 연차 보고서 발간 - 청년마을 홍보(온, 오프라인)	2/34
춘천시 문화 재단	1사무국 4팀 1예술단	정책기획팀(1) 시립예술단(4)	- 재단 홍보 계획 수립 및 시행 - 재단 홈페이지 운영 - 매거진 POT 발간 및 운영 - 합창단·교향악단 기획·홍보	5/41
성남 문화 재단	1단1실 10부	경영국 홍보미디어부 (12) 예술국 공연기획부(1) 전시기획부(2) 문화국 문화예술교육부 (1)	- 홍보미디어실 업무 총괄 - 격월간 문화예술지 〈아트뷰〉 발간 - 홍보 계획 수립 및 시행 - 미디어 계획 수립 및 시행 - 커뮤니티 운영(시민/실버 영상제작단, 드론촬영동호회) - 경기도 공모(마을미디어) - 전국미디어센터 연합회 사업 네트워크 업무 - 미디어 교육 - 기관 및 사업홍보 - 격월간 온라인 뉴스 레터 제작 - 미디어센터 운영 - 소셜네트워크(SNS) - 고객소통나눔이 관리 - 온라인 홍보, 블로그기자단 운영 - 오프라인/온라인 홍보 - 기업홍보제휴 - 재단 홈페이지(재단, 미디어센터) - SNS 유튜브 지원 - 시즌 홍보 관리 - 홍보, 마케팅 업무 - 홈페이지, SNS 관련 업무 - 성남아트센터 아카데미 홍보 관리	16/127

---

5 20개 지역문화재단 누리집 자료 재구성(2019년 8월)

수원 문화재단	2국 7부 21팀	기획경영부 기획홍보팀(7) 화성사업부 화성공연팀(1) 화성콘텐츠팀(1) 관광사업부 관광마케팅팀(3) 문화예술부 예술창작팀(1) 공연부 공연기획팀(1) 책문화부 슬기샘도서관(1) 지혜샘도서관(1) 바른샘도서관(2)	– 재단 홈페이지 및 SNS 매체 등 온라 인 홍보 – 홍보영상 및 사진 기록물 관리 – 기획보도 및 인터뷰 자료 작성 – 언론매체 및 출입기자 현황 관리 – 언론사 행사 지원(UCC 공모전, 유 랑콘서트) – 정기간행물(인인화락, 뉴스레터) 및 재단 브로슈어 제작 – 수원화성문화제 축제 홍보 업무 – 수원문화제 야행 홍보마케팅 – 정조대왕 능행차 홍보 – 수원화성 관광특구 홍보마케팅 – 정조대왕 능행차 홍보마케팅 지원 – 수원연극축제 홍보 – 수원SK아트리움 홍보 · 마케팅 – SNS 등 홍보 관리 – 홈페이지 운영	18/162
화성시 문화재단	2국 2관 21팀	기획홍보팀(5) 문화사업팀(1) 축제추진팀(1) 공연사업팀(4)	– 홍보 – 홍보 보조 – 코리요 홍보 – 화성 뱃놀이 축제, 정조 효 문화제 & 정조대왕 능행차 홍보 – 홍보물 디자인 – 객석나눔사업 및 홍보 – 아트홀 홍보 – 아트홀 SNS 관리	11/297

제3장 지역문화재단의 문화민주주의 프로그램 분석

김해
문화재단
	1사무처
	2사
	1관 17팀
		경영기획본부
		홍보전산팀(7)
			– 정기간행물 및 종합 홍보물 기획, 제
			  작
			– 대내외 홍보 네트워크 관리(MOU,
			  제휴)
			– 재단 보도자료 및 언론매체 관리
			– 재단 홈페이지 및 웹진 콘텐츠 운영
			– 온라인 홍보마케팅 추진
				52/291

		문화예술본부
		문화정책팀(1)
		공연기획팀(2)
		영상교육팀(3)
		문화사업팀(1)
		서부문화팀(2)
		스포츠센터팀(시
		민)(1)
		스포츠센터팀(서
		부)(1)
		
		클레이아크김해
		교육홍보팀(18)
		
		관광사업본부
		홍보마케팅팀
		(10)
		레일파크팀(4)
		천문대팀(2)
			– 김해문화의전당 홈페이지 및 SNS
			  관리
			– 공연 시즌 홍보 운영(온, 오프라인)
			– 공연 홍보 관리, 홍보물 관리 운영
			– 대외기관, 언론기관 네트워킹 연계
			  추진
			– 영상미디어센터 유료회원 및 홈페이
			  지 관리
			– 경남어린이영상문화관사업운영, 홈
			  페이지 관리
			– 축제 홍보 담당
			– 기관 홈페이지 및 SNS 운영 관리
			– 보도자료 작성, 취합, 배포 및 매체
			  총괄 관리
			– 종합홍보물 제작 및 관리
			– 기록물(영상물, 사진) 관리
			– 홍보전단, 포스터 배부
			– 홈페이지 및 홍보물 관리(SNS,
			  DID, 전광판)	

			– 홍보 · 마케팅 연간운영계획 수립 – 홍보 인쇄물 디자인 및 관리 – 홈페이지 제작 및 관리 관련 제반업 무 – 언론매체 홍보 기획 · 추진 및 관리	

김해 문화재단	1사무처 2사 1관 17팀		– 대외협력업무(MOU · 제휴 · 협약 등) – 언론동향 조사 및 홍보기사 유치 – 광고 · 홍보물 제작 및 배포 – 홈페이지 및 온라인 매체(블로그/ SNS) 관리 – 민원 관리 및 홍보담당 – SNS 마케팅 담당 – 여행사 홍보 및 협약 관리 – 매표소 운영 및 홈페이지 Q&A 관리 – 홈페이지 프로그램 관리 – SNS 관리	
창원 문화재단	2본부 11팀	경영본부 홍보감사부(6) 진해문화센터부 (2) 전통문화부(1) 예술본부 공연사업부(1) 전시교육부(6)	– 재단 종합 홍보 업무 총괄 – 언론사 기자 관리 및 간담회 운영 – 월간지 「문화누리」 발간 관리 및 배 포 – 재단 홍보 서 포터즈(명예기자단) 관리 운영 – 언론보도 자료 관리 · 배포 및 대외 문 작성 – 영상홍보물 등 기록물 관리 – 재단 종합홍보 계획 및 홍보매체 관 리 운영 – 사업부서 홍보매체 활용 점검 및 관 리 – SNS 홍보매체 등 온라인 홍보 관리 및 개발 – 진해구민회관 재단 기획공연 및 전 시 등 홍보물 관리 – 진해문화센터 공공근로(희망근로) 및 영상홍보물 관리 – 홈페이지 · SNS 채널별 관리 및 활성화 – 예술인활동증명 및 예술인 복지 · 지 원사업 홍보, 등록 대행 – 기획전시 및 교육사업 운영지원과 홍보마케팅	16/96

포항 문화재단	1사무국 5팀 1TF팀	문화기획팀(1) 축제운영팀(1) 공연전시팀(문화 예술회관) (4) 생활문화팀(2) 문화도시사업단 TF팀(1)	- 재단 대내외 홍보 - 재단 홈페이지 관리 - 홈페이지 및 SNS 관리 - 공연 기획 및 홍보 - 공연전시팀 기획, 홍보, 예산, 회계 - 공연전시팀 홈페이지 관리 - 생활문화팀 사업 홍보 - 생활문화센터 홍보 및 관련업무 보조 - 사업홍보 지원	9/51
수성 문화재단	1실 4관 9팀	수성아트피아 사업기획팀(4)	- 홍보마케팅 기획 - 대외홍보 - 홈페이지 운영, 홍보물 제작 - 미술관, 교육프로그램 운영, 홍보물 제작	4/121
대구동구 문화재단	1실 2관 8팀	아양아트센터 문화기획팀(1) 안심도서관 문헌정보팀(1)	- 홍보마케팅 - 도서관 홍보	2/46
금정 문화재단	1사무처 4팀 3센터	문화소통팀(2)	- 재단 홍보 기획 및 운영 총괄 - 홈페이지 관리 - 재단 SNS 채널 관리 - 문화예술공간 SNS 관리	2/13
강남 문화재단	1본부 5팀	경영지원팀(1) 문화예술팀(1) 문화센터팀(1) 도서관운영팀(1)	- 재단 홈페이지 관리, 홍보 - 종합 홍보마케팅 - 홍보 관리 - 도서관 홍보	4/115
성동 문화재단	1본부 5팀	경영지원팀(1) 정책기획팀(2) 성동구립청계 도서관(1)	- 홈페이지 - 홍보, 정책 홍보 - 문화행사, 홍보	4/185

성북 문화재단	2본부 1단 (6팀 11관)	문화정책팀(1) 전산부문(1) 영상미디어팀(아 리랑시네센터)(1) 성북구립미술관 (2) 도서관기획팀(1) 성북정보도서관 (1) 아리랑도서관(1) 이음도서관(1)	- 정책/홍보 - 홈페이지 - 홍보, 출력 - 학예, 홍보 - 디자인, 홍보 - 인문학강좌, 홍보 - 프로그램, 홍보 - 안내, 홍보 - 수서, 홍보	9/241
고래 문화재단	1사무국 2팀	사업운영팀(1) 고래문화마을팀 (1)	- 뉴미디어홍보 및 홈페이지 관리 - 홍보(홈페이지 및 SNS 등)	2/6 ———— 2/19 (누리집 자료)
부평구 문화 재단	3본부 16팀 2개 위탁기관	기획경영본부 기획조정팀(1) 문화도시팀(2) 문화사업본부 공연사업팀(2) 사랑방운영팀(1) 부개도서관(2) 삼산도서관(1) 부개어린이도서 관(1)	- 재단 홍보 업무 및 관리 - 시민 기자단 관리 및 정기 간행물 발 간 - 보도자료 아카이빙 - 대외 업무협의 및 네트워크 관리 - 언론 홍보 관리 - 단위사업 홍보계획 수립 및 운영 - 공연 홍보 및 마케팅 - 도서관 홍보 업무 - 홈페이지 관리, SNS 활용 홍보 - 도서관 홍보 - 홈페이지 관리 및 홍보	10/134
목포 문화재단	1사무국 2팀 2도서관	(자료 없음)		/4

전주 문화재단	1국 1관 6팀	경영지원팀(1) 정책기획팀(1) 생활문화팀(3) 전주한벽문화관 콘텐츠사업팀(1) 팔복예술공장 창작전시팀(1) 한옥마을상설공 연단(1)	- 홍보매체 관리(홈페이지, 페이스북 등) - 문화벗담 발간 - 동문예술거리 홈페이지 관리 - 동문예술거리 사업홍보 - 공연예술연습공간 홍보 - 홈페이지 관리 - 홍보 - 한옥마을 상설공연 홍보마케팅	8/57
천안 문화재단	1국 7팀 1전당	문화사업국 정책기획팀(2) 축제기획팀(1) 천안예술의전당 공연기획팀(1) 미술관팀(1)	- 재단 홍보전략 수립 및 운영 - 재단 홍보 간행물 제작 - 흥타령축제 홍보 - 예술의전당 홍보 - 미술관 대내외협력사업 총괄	5/40
청주시 문화산업 진흥재단	1실 7팀	정책기획실(1) 공예진흥팀(2)	- 홍보, 마케팅 - 교육, 홍보 - 홍보, 마케팅	3/78

* 수성, 전주, 청주 경우 누리집 조직 및 업무안내에 담당자가 나타나 있지 않아 주요 업무
항목 1개 당 담당업무자 1명으로 해석했다. 목포는 사무국 외 구체적 자료가 나와 있지
않아 '없음'으로 처리했다.

각 지역문화재단의 조직 내 홍보 기능과 역할의 비중을 알아보기 위
해 가능한 계량적 기준을 설정하기로 했다. 계량적 기준은 재단에서 홍
보 업무를 담당하는 인원, 담당조직과 업무(역할), 재단의 총 인원 중에
서 홍보 담당 인원의 비율, 홍보 전담조직의 유무 등 네 가지로 정했다.

홍보 업무를 담당하는 인원을 파악하는 것은 쉽지 않다. 조직 현황이
나 전체 인력 현황은 「2018 전국문화기반시설 총람」에 게재되어 있지
만 세부 항목인 홍보 업무를 담당하는 인원은 올라와 있지 않다. 이 항
목은 각 지역문화재단 누리집의 '조직 및 업무'를 참고했는데 각 재단

마다 누리집 구성이 다 달라 완벽하게 계량화하지는 못했다. 단 기준은 누리집을 토대로 하였음을 밝힌다(누리집에 자료를 명확하게 밝히지 않은 것도 해당 재단의 입장이고 홍보 의지의 차이이기 때문에 부정확한 것은 부정확한 대로 반영하는 것이 타당하다고 보았다).

홍보 업무를 담당하는 인원 10명 이상, 5명~9명, 4명 이하에 따라 '강' '중' '약'으로 분류했으며, 업무(역할)를 10개 이상, 5개~9개, 4개 이하에 따라 '강' '중' '약'으로, 홍보 담당 인원의 비율을 11% 이상, 6%~10%, 5% 이하에 따라 '강' '중' '약'으로 분류했다. 그리고 전담부서(팀)이 있느냐, 없느냐에 따라 '강' '약'으로 분류했다.

홍보 비중을 얼마나 두고 있는가를 알아보고자 하는 이유는 각 지역문화재단의 총 인원이나 조직구성에서 어느 정도 비중을 두고 있는지 파악하기 위해서이다. 따라서 절대 인원과 업무(역할), 홍보 담당자의 비율, 전담부서(팀)의 유무를 종합적으로 분석할 필요가 있다.

[표 13]을 토대로 분석한 각 지역문화재단의 홍보 담당 인원 역시 편차가 심했다. 홍보 담당 인원이 4명 이하인 곳은 원주(2), 금정(2), 고래(2), 대구동구(2), 청주(3), 수성(4), 강남(4), 성동(4), 목포(정보 없음, 0) 9곳이었다.

홍보 담당 인원이 5명~9명인 곳은 춘천(5), 천안(5), 전주(8), 포항(9), 성북(9) 5곳이었다.

홍보 담당 인원이 10명 이상인 곳은 김해(52), 수원(18), 성남(16), 창원(16), 화성(11), 부평(10) 6곳이었다. 이를 종합하면 [표 14]와 같다.

[표 14] 20개 지역문화재단 홍보담당 인원

홍보담당 인원의 비중		
강(10명 이상)	중(5~9명)	약(4명 이하)
김해(52), 수원(18), 성남(16), 창원(16), 화성(11), 부평(10)	춘천(5), 천안(5), 전주(8), 포항(9), 성북(9)	원주(2), 금정(2), 고래(2), 대구동구(2), 청주(3), 수성(4), 강남(4), 성동(4), 목포(정보 없음)
6	5	9

　각 기초문화재단 홍보 업무(역할) 또한 명확하게 정리된 자료는 없었다. 이 역시 재단의 누리집 '조직과 업무' 부문을 참조하여 파악했다. 누리집 '조직과 업무' 부문에서 홈페이지 관리, 홍보 업무에 대한 기준은 재단 사업(공연, 전시, 축제, 행사 등) 오프라인 홍보 및 온라인(SNS, 블로그 등) 홍보, 언론 네트워크 구축 및 홍보, 정기간행물 발간, 도서관, 공연장 등 산하기관 홈페이지 관리 및 홍보 등으로 한정했다.

　누리집을 살펴보면 재단마다 분야별 표현이 다 다르기 때문에 이들 홍보 업무를 정확히 계량화하기는 어렵다. 그리고 누리집에 정보가 명확하게 나타나지 않은 부분은 제외했다.

　재단에 따라 홈페이지 관리 및 SNS홍보를 묶어 표기하기도 하고 분리해 표기하기도 하는데 다루는 내용이 달라 한 조항에 표기되어 있더라도 업무 수는 각각 1개씩으로 분류했다. 사업 홍보와 사업 홍보 지원도 각각 담당자와 담당업무가 다른 것으로 판단(과장이 사업 홍보를 담당하면 대리가 사업 홍보 지원을 맡는 식)하여 각각 1개로 분류했다.

　위와 같은 기준으로 업무(역할) 수를 분류한 결과 4개 이하인 곳은 춘천(4), 대구동구(2), 금정(4), 강남(4), 성동(4), 고래(3), 목포(정보 없음), 청주(3) 8곳이었다. 홍보 업무 수가 5개~9개인 곳은 원주(6), 화성(8), 수성(5), 포항(9), 성북(9), 천안(5), 전주(9) 7곳이었다. 홍보 업무 수가 10개 이상인 곳은 성남(23), 수원(17), 김해(39), 창원(15), 부평(13) 5곳이었다. 이를 홍보 업무 수의 많은 정도에 따라 '강' '중' '약'으로 나누고자 했다. 4개 이하인 곳은 '약'으로, 5~9개인 곳은 '중'으로, 10개 이상인 곳은 '강'으로 나누었다. 이를 종합하면 [표 15]와 같다.

[표 15] 20개 지역문화재단 홍보 업무(역할)의 수

홍보 업무(역할)의 비중		
강(10개 이상)	중(5~9개)	약(4개 이하)
성남(23), 수원(17), 김해(39), 창원(15), 부평(13)	원주(6), 화성(8), 수성(5), 포항(9), 성북(9), 천안(5), 전주(9)	춘천(4), 대구동구(2), 금정(4), 강남(4), 성동(4), 고래(3), 목포(정보 없음), 청주(3)
5	7	8

20개 지역문화재단의 재단별 전체인원과 홍보담당 인원의 비중을 살펴보는 것은 전체 조직에서 홍보조직을 어느 정도 비중 있게 두고 있는지를 파악하고자 하는 데 목적이 있다.

전체 조직에서 홍보 담당자의 수가 많으면 홍보 담당 인원의 비중이 높다는 의미이다. 홍보 담당 인원이 많다는 것은 그만큼 재단이 지역 주민들의 문화기본권, 문화예술향유권, 정보접근권 강화에 의지가 있다는 추론이 가능하다.

각 지역문화재단 인원 현황(「2018 전국문화기반시설 총람」 기준)에서 홍보 업무 담당 인원(이 인원은 「2018 전국문화기반시설 총람」에 나타나 있지 않아 지역문화재단 누리집 기준)의 비중을 살펴본 결과 전체 조직에서 홍보 담당자의 비중이 9% 이하인 곳은 목포(정보 없음), 성동 2.1% 수성 3.3%, 강남 3.4%, 화성 3.7%, 성북 3.7%, 청주 3.8%, 대구동구 4.3%, 원주 5.8%, 부평 7.4% 10곳이었다. 10~14%인 곳은 고래 10.5%, 수원 11.1%, 춘천 12.1%, 성남 12.5%, 천안 12.5%, 전주 14.0% 6곳으로 나타났다. 15% 이상인 곳은 금정 15.3%, 창원 16.6%, 포항 17.6%, 김해 17.8% 4곳이었다.

홍보 담당자 비율이 5% 이하를 '약' 6~14%를 '중' 15% 이상을 '강'으로 분류하면 20개 지역문화재단의 '강' '중' '약'은 [표 16]과 같다.

[표 16] 20개 지역문화재단 홍보 담당 인원의 비율

홍보 담당 인원의 비중		
강(15% 이상)	중(10~14%)	약(9% 이하)
금정(15.3), 창원(16.6), 포항(17.6), 김해(17.8)	고래(10.5), 수원(11.1), 춘천(12.1), 성남(12.5), 천안(12.5), 전주(14.0)	목포(정보 없음), 성동(2.1), 수성(3.3), 강남(3.4), 화성(3.7), 성북(3.7), 청주(3.8), 대구동구(4.3), 원주(5.8), 부평(7.4),
4	6	10

지역문화재단 중 홍보 전담부서를 두고 있는 곳과 두고 있지 않은 곳의 가장 큰 차이는 전체 조직의 규모에 있다. 조직의 규모가 큰 곳은 홍

보 전담부서를 두고 규모가 적은 곳은 별도로 두지 않는 것이 보통이다.

그러나 지자체의 정책기조와 지역문화재단 대표의 의지에 따라 규모와 상관없이 홍보 전담부서를 둘 수도 있다. 재단에 홍보 전담부서를 둔다는 것은 그만큼 홍보에 대한 비중을 크게 두고 있다는 의미를 담고 있다.

홍보 전담부서를 두고 있지 않을 경우 홍보 담당자가 홍보 외 다른 업무도 병행해야 하는 경우가 대부분이다. 이럴 경우 홍보 담당자의 전문성이 떨어질 가능성이 크다.

홍보를 강화하는 것은 지역주민과의 소통을 강화하겠다는 뜻과 같다. 주민밀착형 재단과 그렇지 않은 재단의 차이도 홍보 전담부서의 유무로 가늠할 수 있다.

홍보 전담부서의 유무도 문화민주주의 정책의 반영 정도를 가늠할 수 있다. 즉 홍보 전담부서를 둔 지역문화재단은 문화민주주의 정책 반영 의지가 강하고, 홍보 전담부서를 두지 않은 곳은 문화민주주의 정책 반영 의지가 약하다고 할 수 있다.

각 지역문화재단 중 홍보 전담부서(팀)를 두고 있는 곳은 성남, 수원, 화성, 김해, 창원 5곳이었다. 그외 원주, 춘천, 포항, 수성, 대구동구, 금정, 강남, 성동, 성북, 고래, 부평, 목포, 전주, 천안, 청주 15곳은 전담부서를 두고 있지 않았다. 여기서는 전담부서(팀)를 두고 있는 곳을 '강'으로, 없는 곳을 '약'으로 나누었다. 이를 종합하면 [표 17]과 같다.

[표 17] 20개 지역문화재단 홍보 전담부서(팀)의 유무

홍보 전담부서(팀)의 유무	
강(있음)	약(없음)
성남, 수원, 화성, 김해, 창원	원주, 춘천, 포항, 수성, 대구동구, 금정, 강남, 성동, 성북, 고래, 부평, 목포, 전주, 천안, 청주
5	15

　　지역문화재단의 위 4가지 홍보 평가기준(홍보 담당 인원의 수, 홍보 업무의 수, 홍보 담당 인원의 비중, 홍보 전담부서의 유무)에 따라 분석해 보면 홍보 인원이 가장 많은 곳은 김해(52)로 나타났으며, 홍보 업무(역할) 수가 가장 많은 곳 역시 김해(39)로 나타났다. 홍보 담당 인원의 비중이 가장 큰 곳도 김해(17.8%)로 나타났다.

　　홍보 전담부서를 둔 재단은 성남, 수원, 화성, 김해, 창원 5곳이었으며 김해와 창원은 4가지 홍보 평가기준(홍보 담당 인원의 수, 홍보 업무의 수, 홍보 담당 인원의 비중, 홍보 전담부서의 유무) 모두 '강'으로 나타났다. 수원과 부평은 홍보 담당 인원수와 홍보 업무 수에서 '강'으로 나타나 홍보 분야에 강점을 갖고 있는 것으로 분석됐다.

3) 미션 · 비전, 인원, 예산, 사업, 홍보 부문 종합 분석

　　미션 · 비전, 인원, 예산, 사업, 홍보 담당 인원 수, 홍보 업무 수, 홍보 담당 인원의 비중, 홍보 전담부서 8개 부분을 종합적으로 분석한 결

과 성남과 수원, 화성이 6개 부문에서 '강'으로 나타났다.

성남은 미션·비전, 예산, 사업, 홍보 담당 인원 수, 홍보 업무 수, 홍보 전담부서 유무에서 '강'으로 나타났으며 수원은 인원, 예산, 사업, 홍보 담당 인원 수, 홍보 업무 수, 홍보 전담부서 유무에서 '강'으로 분석됐다. 화성은 미션·비전, 인원, 예산, 사업, 홍보 담당 인원 수, 홍보 전담부서 유무에서 '강'으로 나타났다.

성남, 수원, 화성은 모두 경기권에 위치한 재단으로 경기 지역 14개 재단 중 예산 상위권 3곳이 사업 수와 홍보 부문에서도 강세를 나타낸 것으로 파악되었다.

경기와 같이 14개 재단이 운영되고 있는 서울의 경우 예산 상위권 3곳인 강남, 성동, 성북의 경우 강남은 대부분 '약'으로 나타났으며 성동은 미션·비전과 인원 부문만 '강'으로, 성북은 인원, 예산, 사업 3개 부문만 '강'으로 나타나 경기권과 대조를 이뤘다.

수도권 외 지역에서는 김해가 인원, 예산, 홍보 담당 인원 수, 홍보 담당 인원의 비중, 홍보 전담부서 유무 5개 부문에서 '강'으로 나타났으며 창원이 홍보 담당 인원 수, 홍보 업무 수, 홍보 담당인원의 비중, 홍보 전담부서 4개 부문에서 '강'으로 나타났다. 전체 지역별로 보면 경남에 위치한 재단이 타 지역에 비해 전반적으로 강세를 보였다.

이처럼 같은 지역문화재단이라고 해도 사업 수나 인원 수에서 큰 차이가 났으며, 지역별로도 큰 차이를 보였다. 각 지자체에서 지역문화재단에 배정하는 예산 규모의 차이가 큰 것이 하나의 이유로 해석된다. 좀 더 확대 해석하면 지자체장이 지역문화예술 활성화와 문화예술 향유에 대해 의지가 강하면 그만큼 예산 배정의 비중이 크고 의지가 강하지 않으면 예산 배정의 비중이 작게 나타난다고 추론할 수 있다.

3. 지역문화재단의 문화민주주의 프로그램 분석

1) 문화민주주의 프로그램 분석 목적

앞서 우리는 지역문화재단의 미션·비전과 주요 사업, 조직과 인원, 예산과 사업, 홍보담당인원 등을 파악한 바 있다. 그 결과 예산과 조직 부문 등에서 지역문화재단들 사이에 너무나 큰 편차를 보이고 있음을 확인했다.

그렇다면 각 지역문화재단에서 운영하고 있는 프로그램은 어떤 차이를 보일까? 기본 현황에서 강세를 보인 지역문화재단이 프로그램 운영에서도 강세를 보일까? 어떤 프로그램을 운영하는 재단이 문화민주주의 요소(특징)에서 강세를 보일까?

각 지역문화재단의 누리집에 소개되어 있는 프로그램을 대분류, 중분류, 소분류로 나누어 문화민주주의 요소(특징)를 얼마나 많이 가지고 있는가를 알아보고자 하는 목적은 지역문화재단의 운영 활성화와 문화민주주의 프로그램의 관계가 어떤 상관성을 갖고 있는지를 알아보고자 함이다.

앞서 문화민주주의 특징이 '참여'와 '공유' '네트워크'에 있다는 것을 떠올린다면 문화민주주의 프로그램은 곧 주민 참여 프로그램으로 정의할 수 있다. 여기서 주민 참여는 '참여'로도 나타나고 '공유'로도 나타나고 '네트워크'로도 나타남은 물론이다.

이를 토대로 문화민주주의 정책과 지역문화재단의 운영활성화 관계에서 다음과 같은 가설이 가능하다.

가설 1 주민 참여 프로그램(문화민주주의 프로그램)이 많은 지역문화재단일수록 운영이 활성화된 곳일 것이다.

2) 문화민주주의 프로그램 분석 기준

이 장의 목적은 각 지역문화재단의 누리집에 소개되어 있는 프로그램을 대상으로 문화민주주의 요소를 분석하고 이를 통해 재단들이 운영에 어느 정도 문화민주주의를 반영하고 있는지를 알아보는 데 있다.

각 재단의 프로그램 분석을 위해 몇 가지 기준을 만들 필요가 있다.

먼저 문화민주주의 프로그램은 문화민주주의 요소가 담긴 것을 의미하는데 이를 구분하는 기준은 앞 장에서 다룬 문화민주주의 의제인 '참여' '공유' '네트워크'가 된다. 프로그램에 따라 '참여'와 '공유', '공유'와 '네트워크' 성격이 복합적으로 내재된 경우가 많은데 이런 경우 누리집의 프로그램 설명을 참고하여 성격이 강한 쪽으로 분류했다.

각 재단의 누리집 첫 화면의 상단(춘천은 왼편)에 위치한 주요 사업 및 재단 소개 등의 카테고리를 대분류라고 규정한다. 대분류의 카테고리

를 클릭하면 나타나는 프로그램을 중분류라고 규정한다. 중분류의 카
테고리를 클릭하면 프로그램 또는 사업내용을 볼 수 있는데 이를 소분
류라고 규정한다.

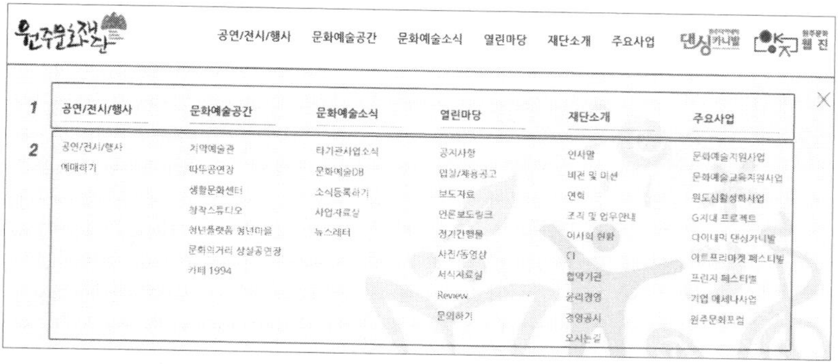

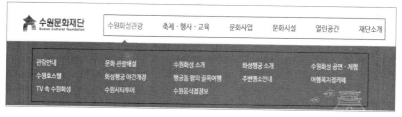

[그림 2] 원주문화재단의 누리집 첫 화면에서 대분류와 중분류의 카테고리의 예.
위 상단 박스가 대분류 카테고리이며 아래 박스가 중분류 카테고리이다.

[그림 3] 수원문화재단의 누리집 첫 화면에서 대분류와 중분류의 카테고리의 예.
위 상단 박스가 대분류 카테고리이며 아래 박스가 중분류 카테고리이다.

　　재단에 따라 중분류 프로그램과 소분류 프로그램이 애매한 곳도 있
다. 뿐만 아니라 어느 재단에서는 중분류에 포함된 것이 다른 재단에
서는 소분류에 포함되어 있는 곳도 있다. 소분류에서 더 세분화된 프

지역문화재단의 문화민주주의 프로그램 분석

로그램은 고정적인 프로그램이 아니거나 단편적인 프로그램이 많아 제외했다.

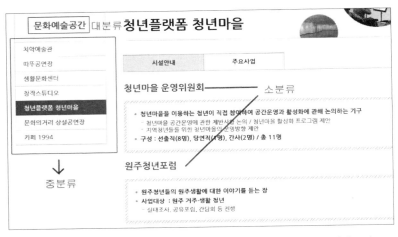

[그림 4] 원주문화재단의 누리집 대분류 카테고리와 중분류 카테고리,
그리고 중분류의 세부 프로그램인 소분류 카테고리의 예

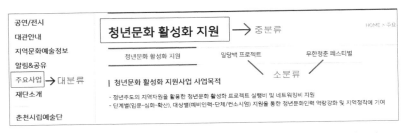

[그림 5] 춘천시문화재단의 누리집 대분류 카테고리와 중분류 카테고리,
그리고 중분류의 세부 프로그램인 소분류 카테고리의 예

이처럼 정형화된 틀이 없는 재단의 프로그램을 문화민주주의 요소에

제3장 지역문화재단의 문화민주주의 프로그램 분석

따라 분류하는 것은 어려운 일이다. 딱 맞아떨어지지 않은 부분도 많고 '공유'와 '네트워크'의 복합적인 요소를 가진 프로그램도 있기 때문이다.

중분류와 소분류의 프로그램을 분류하는 데 있어 문화민주주의 의제로 설정한 '참여' '공유' '네트워크'를 기준으로 하여 성격이 강한 쪽으로 분류했다.

페스티벌, 축제의 경우 시민 참여 성격이 강한 것은 문화민주주의 요소가 있는 프로그램으로 분류하고 관 주도가 강한 프로그램은 제외했다. 거리버스킹 경우 전문단체들이 출연하는 경우는 제외했고, 생활예술동아리 등이 참여하는 경우는 포함시켰다. 앞에서도 언급했지만 문화민주주의 특징이 일상생활 속에서 예술 참여, 생활예술동아리 참여, 아마추어들의 문화예술 활동 장려 등이 포함되어 있기 때문이다.

많은 지역문화재단들이 운영하고 있는 '꿈의 오케스트라'는 예술활동 참여라는 차원에서 '참여'로 분류했으며 창작활동 지원이나 문화예술교육도 '참여'로 분류했다.

생활문화센터는 네트워크 공간이기도 하지만 운영에서 공간을 기반으로 하는 공유라는 성격이 강해 '공유'로 분류했으며 생활문화센터 아카데미는 교육이라는 차원에서 '참여'로 분류했다. 이하 교육이 포함되는 프로그램은 대부분 '참여'로 분류했다.

미디어센터는 정보 공유의 플랫폼이라는 차원에서 '공유'로 분류했다. 그러나 미디어센터에서 진행하는 찾아가는 미디어교육 프로그램은 교육의 성격이 강해 '참여'로 분류했다.

'찾아가는 공연' 프로그램도 많은 재단에서 운영하고 있는데 이 프로그램도 문화예술 향유 확대라는 차원에서 '참여'로 분류했다.

전문예술단체 지원은 모든 재단의 고유 업무에 포함되어 변별력이 없고 문화민주주의 특징에서 아마추어 문화예술 활동의 지원에 더 무게를 두어 제외했다. 단 지역 생활문화, 생활예술동아리들의 문화예술 활동 지원은 '네트워크'로 분류했다.

생활문화센터, 연습공간, 창작공간, 레지던시공간 등은 시민들간의 네트워크, 예술가와 아마추어의 네트워크 성격도 강하지만 공간을 공유하는 것이므로 '공유'로 분류했다. 그러나 문화공간 중 재단의 누리집에서 네트워크 성격을 강조한 곳은 '네트워크'로 분류하기도 했다.

아트센터, 전시장 등 전문 공연과 전시 공간은 제외했으며 도심의 유휴공간을 활용한 생활예술 공연과 전시 공간은 '공유'에 포함했다.

콘텐츠 개발은 정보 공유 차원에서 '공유'로 분류했다.

매거진, 웹진, 뉴스레터, 온·오프라인 정보지는 정보 공유 차원에서 '공유'로 분류했다.

포럼, 위원회, 동아리 활동, 예술마을만들기는 '네트워크'로 분류했으며, 문화도시, 문화마을은 '공유'로 분류했다.

메세나, 기부, 후원도 문화민주주의 특징을 가진 요소이긴 하지만 재단에 따라 후원의 성격이 달라 모두 제외했다.

일부 프로그램은 네트워크 성격도 갖고 있고, 공유 성격도 갖고 있고, 일부 프로그램은 참여 성격을 갖고 있으면서 네트워크 성격도 갖고 있는 프로그램들이 많았다. 이에 대한 판단은 누리집 자료를 토대로 정하긴 했지만 해석은 자의적인 판단이 작용했음을 밝힌다.

다만 지역문화재단의 프로그램을 처음으로 문화민주주의 특징과 요소를 기준으로 분류하고 정리했다는 데 의미를 둘 수 있다.

3) 대분류와 중분류의 문화민주주의 프로그램

대분류의 카테고리는 재단에 따라 세부적으로 나눈 곳도 있고 간략하게 나눈 곳도 있다. 어떤 재단에서 중분류에 있는 카테고리가 어떤 재단에서는 대분류에 위치하고 있는 경우도 있다.

지역문화재단의 대분류 카테고리는 대부분 거의 동일하게 공연·전시/재단소개/열린마당(곳에 따라 열린 광장, 알림마당으로 표현) 등을 담고 있다. 특히 아트홀, 아트센터 등 문화예술시설을 운영하고 있는 재단들이 이에 해당한다.

문화예술교육, 예술교육, 문화사업, 문화진흥 등 표현의 차이가 있지만 대부분 재단들은 문화예술교육과 사업을 다루고 있다. 대분류에서 주요 사업, 문화정책, 문화사업 등 범주를 나타내는 재단들이 대부분이지만 포항, 천안 등은 생활문화를 내세우고 있다. 이는 '일상 속에서의 생활문화'를 강조하는 현 정부의 문화정책의 영향으로 보인다.

지역문화재단 모두 주요 사업, 문화예술교육, 문화정책 등과 같이 대분류 카테고리의 범주가 너무 넓어 문화민주주의 요소를 구분할 정도의 변별력은 크게 없는 것으로 나타났다.

중분류에서도 재단에 따라 축제, 문화정책사업, 예술교육프로그램 등과 같이 대분류 범주가 나타나기도 하지만 청년문화 활성화 지원, 생활문화동호회 지원, 정조대왕릉 행차 등과 같이 구체적으로 프로그램의 성격이 나타나는 것이 많다.

대분류와 중분류에서는 '참여'나 '공유' '네트워크'와 같이 문화민주주의 의제를 구체적으로 내포하고 있는 프로그램을 나누기보다 큰 틀에서 주민 참여 프로그램 즉 문화민주주의 프로그램의 수가 어느 정도 있는지 가늠해보고자 한다.

아래 [표 18] 지역문화재단 주요 카테고리와 주민 참여 프로그램은
각 문화재단 누리집을 분석, 정리한 것이다.

[표 18] 20개 지역문화재단 주요 카테고리와 문화민주주의 프로그램[6]

재단명	대분류(주요 카테고리)		중분류 (문화민주주의 프로그램)	
원주 문화재단	– 공연/전시/행 사 – **문화예술공간** – 문화예술소식 – 열린마당 – 재단소개 – **주요 사업**		– 문화예술공간 * 생활문화센터 * 창작스튜디오 * 청년플랫폼 청년 마을 * 문화의거리 상설 공연장 – 주요 사업 * 문화예술지원사업 * 문화예술교육지원 사업	* 원도심활성화사업 * G지대 프로젝트 * 다이내믹댄싱카니 발 * 아트프리마켓 페 스티벌 * 프린지 페스티벌 * 원주문화포럼
춘천시 문화재단	– 공연/전시 – 대관안내 – **지역문화예술 정보** – 알림&공유 – **주요 사업** – 재단소개 – 춘천시립예술 단	– 춘천문화예술 회관 – 춘천인형극장 – 축제극장 몸짓 – **아르숲 생활 문화센터** – **춘천공연예술 연습공간**	– 지역문화예술정 보 * 매거진 – 주요 사업 * 문화예술지원 * 찾아가는 작은 콘 서트	* 청년문화지원 * 문화예술교육 * 지역문화아카데미 * 지역과 문화포럼

6 20개 지역문화재단 누리집 자료 재구성(2019년 8월)

성남
문화재단
(성남
아트센터
누리집
중심)
	– 공연
	– 전시
	– **지원사업**
	– **문화예술교육**
	– 대관안내
	– 고객센터
	– 성남아트센터
	– **성남문화재단**
			– 지원사업
			* 독립운동가 웹툰
			  프로젝트
			* 성남문화예술지원
			  사업
			* 생활문화동호회
			  지원사업
			* 우리동네문화공동
			  체만들기
			* 공공예술창작소
			* 생활밀착형 문화
			  예술공동체 공간
			  조성
				– 문화예술교육
				* 아카데미
				* 악기랑
				* 성남미디어센터
				* 책테마파크
				* 기타사업
				
				– 성남문화재단
				* 예술사업

수원
문화재단
	– **수원화성관광**
	– **축제·행사·
	  교육**
	– **문화사업**
	– 문화시설
	– 열린공간
	– 재단소개
			– 수원화성관광
			* 화성행궁 야간개
			  장
			* 행궁동 왕의 골목
			  여행
			
			– 축제·행사·교
			  육
			* 수원화성문화제
			* 정조대왕릉 행차
			* 수원 문화재 야행
				– 문화사업
				* 책 문화사업
				* 문화예술창작지원
				* 시민문화 활성화
				* 공간 재생 사업
				* 문화예술교육지원
				  사업

화성시
문화재단
	– **공연·전시**
	– **교육**
	– **문화공간**
	– **문화진흥**
	– **아카이빙**
	– 알림마당
	– 열린마당
	– 재단소개
			– 공연·전시
			* 축제
			
			– 교육
			* 화성문예아카데미
			* 시립도서관문화프
			  로그램
			* 아트인큐베이터
			* 꿈다락토요문화학
			  교
			* 맞춤형 미디어교
			  육
			* 생활문화교육
				– 문화공간
				* 동탄복합문화센터
				* 미디어센터
				* 생활문화센터
				
				– 문화진흥
				* 지역네트워크-거
				  버넌스26
				* 지역예술지원
				* 콘텐츠개발
				* 문화활성화
				* 소통오리진
				
				– 아카이빙
				* 웹진

김해 문화재단	- 재단소개 **- 소속시설** **- 문화정책** - 문화기부	- 알림마당 **- 참여마당** - 정보공개	- 소속시설 * 김해서부문화센터 * 김해한옥체험관 - 문화정책 * 문화정책사업	- 참여마당 * 웹진 G+culture
창원 문화재단	- 공연·전시 - 티켓예매 **- 문화예술교육** **- 축제·문화사 업**	- 대관안내 **- 열린마당** - 창원문화재단 성산아트홀 3·15아트센터 **진해문화센터** 창원역사민속관	- 문화예술교육 * 전통문화아카데미 * 예술아카데미 * 수요문화대학 * 예술교육프로그램 * 전통문화교육 * 교육참여마당(문화 예술교육과 겹침)	- 축제·문화사업 * 창원문화페스타 * 꿈의 오케스트라 - 열린마당 * 재단NEWS
포항 문화재단	- 공연·전시 - 대관안내 **- 예술교육** **- 축제** **- 생활문화** **- 문화공간** **- 문화도시** **- 독립영화관** - 시립예술단 - 열린마당 - 재단소개 - 후원회		- 예술교육 * PHCF 예술아카 데미 * 예술교육 프로그 램 - 축제 * 포항거리예술축제 * 포항스틸아트페스 티벌 - 생활문화 * 구룡포 생활문화 센터 * 생활문화동아리역 량강화지원 * 거리공연 활성화 지원	- 문화공간 * 아르코공연연습센 터@포항 * 중앙아트홀(독립영 화전용관) - 문화도시 * 문화도시 조성 * 하드웨어 인프라 구축 * 소프트웨어 * 휴먼웨어 인프라 구축 - 독립영화관 * 인디플러스 포항
수성 문화재단	- 재단소개 **- 수성아트피아** - 범어도서관 - 용학도서관	- 고산도서관 **- 문화예술행사** - 문화메세나 - 열린마당	- 수성아트피아 * 예술아카데미 (수성아트피아 누리집 링크)	- 문화예술 행사 * 에스콜론
대구동구 문화재단	- 재단소개 **- 재단사업**	- 문화재단행사 **- 열린마당**	- 재단사업 * 아양아트센터	- 열린마당 * 소식지(동구동락)

금정
문화재단
	– 재단소개
	– 열린광장
	– **문화플랫폼**
	– **재단사업**
	– **문화시설**
	– 대관신청
			– 문화플랫폼
			* 예술분야 정보
			* 동네사람+이웃공
			  간
			
			– 재단사업
			* 축제
			* 생활문화
				* 네트워크
				* 청년문화
				
				– 문화시설
				* 금정예술공연지
				  원센터
				* 서동예술창작공
				  간
				* 섯골문화예술촌

강남
문화재단
	– 재단소개
	– **축제 · 행사**
	– **공연 · 전시 ·
	강좌**
	– **시설정보**
	– 대관 · 대실
	– **아카이브**
	– 열린광장
			– 축제 · 행사
			* 강남페스티벌
			* 국악 어울림 축제
			* 양재천 벚꽃길 축
			  제
			
			– 공연 · 전시 · 강
			  좌
			* 독립영화상영
			* 찾아가는 공연
			* 문화예술 강좌
				– 시설정보
				* 문화센터 평생
				  학습관
				
				– 아카이브
				* 재단소식지 문화
				  올림

성동 문화재단	– 공연/전시/행 사 – **강좌** – 대관 – **알림마당**	– 고객마당 – 도서관 – 재단소개	– 강좌 * 문화강좌(구민대 학)	–알림마당 * 뉴스레터

성북
문화재단
	– 재단소개
	– **문화공간**
	– **문화사업**
	– **예술교육**
	– **커뮤니티**
	– 자료실
	– 후원하기
	– 시설대관
			– 문화공간
			* 성북여성회관
			* 성북예술창작터
			* 아리랑시네센터
			* 미아리고개예술극
			  장
			* 미인도
			
			– 문화사업
			* 문화나눔
			* 문화공동체
				* 문화축제
				* 예술마을만들기
				
				– 예술교육
				* 여성회관 프로그
				  램
				* 지역문화예술교육
				* 교육프로그램
				
				–커뮤니티
				* 뉴스레터

고래 문화재단	**- 주요 사업** - 열린마당 - 자료마당 - 재단소개		- 주요 사업 * 고래관광 * 남구거리음악회 * 거리버스킹
부평구 문화재단	- 공연/축제 - 전시 **- 교육** - 대관 - 부평아트센터 **- 문화사랑방** **- 생활문화센터** - 도서관 **- 커뮤니티** - 재단소개	- 교육 * 예술교육소개(부 평아트센터 예술 교육프로그램, 부 평문화사랑방 예 술 교육프로그램) - 문화사랑방 * 부평문화사랑방 * 지하철 역사 문화 공간	- 생활문화센터 * 생활문화센터 공 감 168 - 커뮤니티 * 뉴스레터
목포 문화재단	- 재단소개 - 자료마당 **- 사업소개** - 알림마당 - 대관안내 - 후원안내		- 사업소개 * 문화예술프로그램
전주 문화재단	**- 재단사업** **- 시설·대관** **- 자료실** - 알림마당 - 전주문화재단		- 재단사업 * 거버넌스를 통한 정책개발 공동 실현 * 문화다양성 증진 * 지속가능한 예술생태계 조성 * 시민문화서비스 강화 - 시설·대관 * 팔복예술공장 * 전주시민놀이터 * 청년음악극장 * 동문길 60 * 전주공연예술연습공간 - 자료실 * 문화뉴스 클리핑@파발

천안 문화재단	– 재단소개 **축제/행사** **생활문화** – 천안예술의전 당 **문화+지식** – 커뮤니티		– 축제행사 * 천안흥타령춤축제 * 찾아가는 예술무대 – 생활문화 * 문화예술지원사업 * 생활문화페스티벌 * 청년문화인력 양성 – 문화+지식 * 천안문화예술뱅크 * 도솔문예	
청주시 문화산업 진흥재단	**문화예술** **문화산업** – 비엔날레 **공간소개** **정보마당** – 재단소개		– 문화예술 * 문화도시 예비사 업 * 청주문화재야행 * 동아시아문화도시 교류사업 * 젓가락페스티벌 * 무지개다리사업 * 꿈나무오케스트라 * 문화파출소 * 문화CSR * 동부창고	–문화산업 * 콘텐츠코리아랩 * 글로벌게임센터 * 공예디자인창조밸 트 * 젓가락연구소 * 스토리텔링공모전 * 지역특화소재콘텐 츠 – 공간소개 * 문화산업단지 * 에듀피아 * 북카페 씨아트 – 정보마당 * 문화10만인클럽 * 재단 발걸음 아카 이빙

　　원주는 대분류 문화예술공간 아래에 중분류 프로그램 중 생활문화센
터, 창작스튜디오, 청년플랫폼 청년마을, 문화의 거리 상설공연장 4개
프로그램과 대분류 주요 사업 아래 중분류 프로그램 중 문화예술지원
사업, 문화예술교육지원사업, 원도심활성화사업, G지대 프로젝트, 다

이내믹댄싱카니발, 아트프리마켓 페스티벌, 프린지 페스티벌, 원주문화포럼 등 8개 프로그램을 더해 모두 12개 프로그램이 문화민주주의 요소를 갖고 있다.

춘천은 대분류 지역문화예술정보 아래 중분류 프로그램 중 매거진 1개 프로그램과 대분류 주요 사업 아래 중분류 프로그램 중 문화예술지원, 찾아가는 작은 콘서트, 청년문화지원, 문화예술교육, 지역문화아카데미, 지역과 문화포럼 등 6개 프로그램, 등 7개 프로그램이 문화민주주의 프로그램에 해당한다. 춘천은 아르숲 생활문화센터와 춘천공연예술연습공간을 대분류에 포함해 놓았다.

성남은 대분류 지원사업 아래 중분류 프로그램 중 독립운동가 웹툰 프로젝트, 성남문화예술지원사업, 생활문화동호회지원사업, 우리동네 문화공동체만들기, 공공예술창작소, 생활밀착형 문화예술공동체 공간 조성 등 6개 프로그램이 해당되며 대분류 문화예술교육 아래 중분류 프로그램 중 아카데미, 악기랑, 성남미디어센터, 책테마파크, 기타사업 등 5개 프로그램을 더해 모두 11개 프로그램, 대분류 성남문화재단 아래 중분류 예술사업 1개 프로그램 등 모두 12개 프로그램이 해당한다.

수원은 대분류 수원화성관광 아래 중분류 프로그램 중 화성행궁 야간개장, 행궁동 왕의 골목여행 등 2개 프로그램이, 대분류 축제·행사·교육 아래 중분류 프로그램 중 수원화성문화제, 정조대왕릉 행차, 수원 문화재 야행(夜行) 3개 프로그램이, 대분류 문화사업 아래 중분류 프로그램 중 책문화사업, 문화예술창작지원, 시민문화 활성화, 공간 재생 사업, 문화예술교육지원사업 등 5개 프로그램 등 모두 10개 프로그램이 해당한다.

화성은 대분류 공연·전시 아래 중분류 축제 1개 프로그램과 대분류 교육 아래 중분류 프로그램 중 화성문예아카데미, 시립도서관문화프로그램, 아트인큐베이터, 꿈다락토요문화학교, 맞춤형 미디어교육, 생활문화교육 등 6개 프로그램, 대분류 문화공간 아래 중분류 프로그램 중 동탄복합문화센터, 미디어센터, 생활문화센터 3개 프로그램, 대분류 문화진흥 아래 중분류 프로그램 중 지역네트워크거버넌스26, 지역예술지원, 콘텐츠개발, 문화활성화, 소통오리진 5개 프로그램, 대분류 아카이빙 아래 중분류 웹진 1개 프로그램 등 모두 16개 프로그램이 해당한다.

김해는 대분류 소속시설 아래 중분류 중에서 김해서부문화센터, 김해한옥체험관 등 2개 프로그램이, 대분류 문화정책 아래 중분류 프로그램 중 문화정책사업 1개 프로그램, 대분류 참여마당 아래 중분류 프로그램 웹진 G+culture 1개 프로그램 등 모두 4개 프로그램이 해당한다.

창원은 대분류 문화예술교육 아래 중분류 프로그램 중 전통문화아카데미, 예술아카데미, 수요문화대학, 예술교육프로그램, 전통문화교육, 교육참여마당(문화예술교육과 겹치므로 항목에서는 제외) 등 5개 프로그램, 대분류 축제·문화사업 아래 중분류 프로그램 중 창원문화페스타, 꿈의 오케스트라 2개 프로그램, 대분류 열린마당 아래 중분류 프로그램 중 재단NEWS 1개 프로그램 등 모두 8개 프로그램이 해당한다.

포항은 대분류 예술교육 아래 중분류 프로그램 중 PHCF 예술아카데미, 예술교육프로그램 2개 프로그램, 대분류 축제 아래 중분류 프로그램 중 포항거리예술축제, 포항스틸아트페스티벌 2개 프로그램, 대분류 생활문화 아래 중분류 프로그램 중 구룡포생활문화센터, 생활문화동아리역량강화지원, 거리공연 활성화 지원 등 3개 프로그램, 대분류 문화공간 아래 중분류 프로그램 중 아르코공연연습센터@포항, 중앙아 트홀(독립영화전용관) 등 2개 프로그램, 대분류 문화도시 아래 중분류 프 로그램 중 문화도시 조성, 하드웨어 인프라 구축, 소프트웨어, 휴먼웨 어 인프라 구축 등 4개 프로그램, 대분류 독립영화관 아래 중분류 프로 그램 중 인디플러스 포항 1개 프로그램 등 모두 14개 프로그램이 해당 한다.

수성은 대분류 수성아트피아 아래 중분류 프로그램 중 예술아카데미 1개 프로그램이, 대분류 문화예술행사 아래 중분류 프로그램 에스콜론 1개 프로그램 등 모두 2개 프로그램이 해당한다.

대구 동구는 대분류 재단사업 아래 중분류 프로그램 중 아양아트센 터 1개 프로그램이, 대분류 열린마당 아래 중분류 소식지(동구동락) 1개 프로그램 등 모두 2개 프로그램이 해당한다.

금정은 대분류 문화플랫폼 아래 중분류 프로그램 중 예술분야 정보, 동네사람+이웃공간 2개 프로그램이, 대분류 재단사업 중 축제, 생활문 화, 네트워크, 청년문화 4개 프로그램이, 대분류 문화시설 아래 중분류 프로그램 중 금정예술공연지원센터, 서동예술창작공간, 섯골문화예술 촌 3개 프로그램 등 모두 9개 프로그램이 해당한다.

강남은 대분류 중 축제·행사 아래 중분류 프로그램 중 강남페스티 벌과 국악 어울림축제, 양재천 벚꽃길 축제 등 3개 프로그램, 대분류 공연·전시·강좌 아래 중분류 프로그램 중 독립영화 상영, 찾아가는 공연, 문화예술 강좌 등 3개 프로그램, 대분류 시설정보 아래 중분류 프로그램 문화센터 평생학습관 1개 프로그램, 대분류 아카이브 아래 중분류 프로그램 중 재단소식지 문화올림 1개 프로그램 등 모두 8개 프로그램이 해당한다.

제3장 지역문화재단의 문화민주주의 프로그램 분석

성동은 대분류 강좌 아래 중분류 프로그램 문화강좌 1개 프로그램, 대분류 알림마당 아래 중분류 프로그램 중 뉴스레터 1개 프로그램 등 모두 2개 프로그램이 해당한다.

성북은 대분류 문화공간 아래 중분류 프로그램 중 성북여성회관, 성북예술창작터, 아리랑시네센터, 미아리고개예술극장, 미인도 등 5개 프로그램이, 대분류 문화사업 아래 중분류 프로그램 중 문화나눔, 문화공동체, 문화축제, 예술마을만들기 4개 프로그램, 대분류 예술교육 아래 중분류 프로그램 중 여성회관 프로그램, 지역문화예술교육, 교육 프로그램 3개 프로그램, 대분류 커뮤니티 아래 중분류 프로그램 뉴스레터 1개 프로그램 등 13개 프로그램이 해당한다.

고래는 대분류 주요 사업 아래 중분류 프로그램 중 고래관광, 남구거리음악회, 거리버스킹 등 3개 프로그램이 해당한다.

부평은 대분류 교육 아래 중분류 프로그램 중 예술교육프로그램인 부평아트센터 예술교육프로그램, 부평문화사랑방 예술교육프로그램 등 2개 프로그램, 대분류 문화사랑방 아래 중분류 프로그램인 부평문화사랑방, 지하철 역사 문화공간 등 2개 프로그램, 대분류 생활문화센터 아래 중분류 프로그램인 생활문화센터 공감 168 1개 프로그램, 대분류 커뮤니티 아래 중분류 프로그램인 뉴스레터 1개 프로그램 등 모두 6개 프로그램이 해당한다.

목포는 대분류 사업소개 아래 중분류 프로그램인 문화예술프로그램 1개 프로그램이 해당한다.

전주는 대분류 재단사업 아래 중분류 프로그램 중 거버넌스를 통한 정책개발 공동실현사업, 문화다양성 증진사업, 지속가능한 예술생태계 조성, 시민문화서비스 강화 등 4개 프로그램, 대분류 시설·대관 아래 중분류 프로그램 중 팔복예술공장, 전주시민놀이터, 청년음악극장, 동문길 60, 전주공연예술연습공간 등 5개 프로그램, 대분류 자료실 아래 중분류 프로그램 중 문화뉴스 클리핑@파발 1개 프로그램 등 모두 10개 프로그램이 해당한다.

천안은 대분류 축제/행사 아래 중분류 프로그램 중 천안흥타령춤축제, 찾아가는 예술 무대 등 2개 프로그램, 대분류 생활문화 아래 중분류 프로그램인 문화예술지원사업, 생활문화 페스티벌, 청년문화인력 양성 3개 프로그램, 대분류 문화+지식 아래 중분류 프로그램인 천한문화예술뱅크, 도솔문예 2개 프로그램 등 모두 7개 프로그램이 해당한다.

청주는 대분류 문화예술 아래 중분류 프로그램 중 문화도시 예비사업, 청주문화재야행, 동아시아문화도시 교류사업, 젓가락페스티벌, 무지개다리사업, 꿈나무오케스트라, 문화파출소, 문화CSR, 동부창고 등 9개 프로그램, 대분류 문화산업 아래 중분류 중 콘텐츠코리아랩, 글로벌게임센터, 공예디자인창조밸트, 젓가락연구소, 스토리텔링공모전, 지역특화소재콘텐츠 등 6개 프로그램, 대분류 공간소개 아래 중분류 프로그램 중 문화산업단지, 에듀피아, 북카페 씨아트 3개 프로그램, 대분류 정보마당 아래 중분류 프로그램 중 문화10만인클럽, 재단 발걸음 아카이빙 등 2개 프로그램 등 모두 20개 프로그램이 문화민주주의 프로그램에 해당한다.

20개 지역문화재단 대분류의 문화민주주의 요소를 내포하고 있는 것을 분류하면 원주 2개, 춘천 4개, 성남 3개, 수원 3개, 화성 5개, 김해 3개, 창원 4개, 포항 6개, 수성 2개, 대구동구 2개, 금정 3개, 강남 3개, 성동 2개, 성북 4개, 고래 1개, 부평 3개, 목포 1개, 전주 3개, 천안 3개, 청주 4개로 정리된다.

문화민주주의 요소 5개 이상을 '강, 3~4개를 '중', 1~2개를 '약'으로 분류하면 [표 19]와 같다.

[표 19] 20개 지역문화재단 대분류 문화민주주의 프로그램의 비중

대분류 문화민주주의 프로그램의 비중		
강(5개 이상)	중(3~4개)	약(1~2개)
포항(6), 화성(5),	춘천(4), 창원(4), 성북(4), 청주(4), 성남(3), 수원(3), 김해(3), 금정(3), 강남(3), 부평(3), 전주(3), 천안(3)	원주(2), 수성(2), 대구동구(2), 성동(2), 고래(1), 목포(1),
2	12	6

[표 19]와 같이 지역문화재단의 대분류에서 문화민주주의 요소를 많이 담고 있어 '강'으로 분류된 곳은 포항과 화성 2곳이었다. 춘천, 창원, 성북, 청주, 성남, 수원, 김해, 금정, 강남, 부평, 전주, 천안이 '중'으로 나타났으며 원주, 수성, 대구동구, 성동, 고래, 목포가 '약'으로 분류됐다.

20개 지역문화재단 중분류의 문화민주주의 요소를 내포하고 있는 것을 분류하면 원주 12개, 춘천 7개, 성남 12개, 수원 10개, 화성 16개, 김해 4개, 창원 8개, 포항 14개, 수성 2개, 대구동구 2개, 금정 9개, 강남 8개, 성동 2개, 성북 13개, 고래 3개, 부평 6개, 목포 1개, 전주 10개, 천안 7개, 청주 20개로 정리된다.

문화민주주의 프로그램 11개 이상을 '강', 6개~10개를 '중', 5개 이하를 '약'으로 분류하면 [표 20]과 같다.

[표 20] 20개 지역문화재단 중분류 문화민주주의 프로그램의 비중

중분류 문화민주주의 프로그램의 비중		
강(11개 이상)	중(6~10개)	약(5개 이하)
청주(20), 화성(16), 포항(14), 성북(13), 성남(12), 원주(12)	수원(10), 전주(10), 금정(9), 창원(8), 강남(8), 춘천(7), 천안(7), 부평(6)	김해(4), 수성(2), 대구동구(2), 성동(2), 고래(3), 목포(1)
6	8	6

[표 20]과 같이 지역문화재단의 중분류에서 문화민주주의 프로그램을 많이 담고 있어 '강'으로 분류된 곳은 청주, 화성, 포항, 성북, 성남, 원주 6곳으로 나타났다. 수원, 전주, 금정, 창원, 강남, 춘천, 천안, 부평 등 8곳은 '중'으로 나타났으며 김해, 수성, 대구동구, 성동, 고래, 목포가 '약'으로 분류됐다.

'강'으로 분류된 지역문화재단들은 생활문화센터, 생활문화동호회지원사업, 우리동네문화공동체만들기, 공공예술창작소, 시민문화활성화, 공간재생사업, 지역네트워크거버넌스, 지역문화예술교육 등 문화민주주의 특징적 요소를 뚜렷이 담고 있었다.

4) 소분류의 문화민주주의 프로그램

이번에는 각 지역문화재단의 중분류 문화민주주의 프로그램 아래의 소분류 프로그램을 분석하고자 한다. 이를 분석하면 문화민주주의 프로그램의 유형과 운영의 정도를 파악할 수 있다. 본문에서는 편의상

제3장 지역문화재단의 문화민주주의 프로그램 분석

중분류와 소분류로 구분한다.

　대분류와 중분류에서는 여러 프로그램 중 문화민주주의 프로그램에 해당하는 프로그램들을 선별하여 분류하는 데 중점을 뒀다면 소분류에서는 이미 중분류 문화민주주의 프로그램에 포함된, 즉 문화민주주의 프로그램에 포함된 프로그램들이기 때문에 보다 구체적으로 '참여' '공유' '네트워크'로 나누었다.

　대분류와 중분류, 소분류 프로그램을 문화민주주의 프로그램 기준에 따라 분류해보는 것은 어느 재단이 얼마나 많은 문화민주주의 프로그램을 갖고 있고 실제로 운영하고 있느냐를 파악할 수 있다는 데 의미가 있다.

　소분류 프로그램의 문화민주주의 프로그램 분석은 각 재단이 문화민주주의 프로그램 중 '참여' 요소를 많이 갖고 있는지, '공유' 요소를 많이 갖고 있는지, 네트워크 요소를 많이 갖고 있는지 파악할 수 있다는 데 의미가 있다. 이는 다음 절인 4. 문화민주주의 의제로 본 지역문화재단 프로그램 분석의 토대가 된다.

　20개 지역문화재단 소분류 문화민주주의 프로그램 현황은 [표 21]과 같다.

[표 21] 20개 지역문화재단의 소분류 문화민주주의 프로그램[7]

재단명	참여	공유	네트워크

원주
문화
재단
	– 청년플랫폼 청년마을
	* G지대프로젝트(주요
	  사업과 겹침)
	* 청년문화축제
	* 청년사회진출지원사업
	
	– 문화예술교육지원사업
	* 꿈의 오케스트라–원주
	* 크리에이티브 마인드
	
	– 원도심활성화사업
	* 골목카니발
	* 원도심을 기행하다
		– 원도심활성화사업
		* 원도심레지던시 청년마
		  을
		
		– 청년플랫폼 청년마을
		* 청년마을 문화향유 프
		  로그램 "월간청년"
			– 청년플랫폼 청년마을
			* 청년마을 운영위원회
			* 원주청년포럼
			
			– 문화예술지원사업
			* 예술생태계 활성화 지
			  원사업
			* 문화예술활동 지원사
			  업
			* 생활문화지원사업

춘천시
문화재단
	– 문화예술지원
	* 생활예술지원
	* 시민모니터
	
	– 문화예술교육
	* 신나는 오케스트라
	
	– 지역문화아카데미
	* 학습실행공동체
	* 스터디투어
		– 매거진
		* 춘천문화놀이 매거진
		  P.O.T
			– 청년문화(활성화) 지
			  원
			* 일당백 프로젝트
			* 무한청춘 페스티벌
			* 청년문화 협의체

---

7 20개 지역문화재단 누리집 자료 재구성(2019년 8월)

제3장 지역문화재단의 문화민주주의 프로그램 분석

| 성남 문화재단 | - 예술사업
* 재능나눔 "나눔모락, 기쁨모락"

- 독립운동가웹툰 프로젝트
* 청소년 웹툰 공모전

- 성남문화예술지원 사업
* 모니터링 및 평가

- 생활문화동호회 지원 사업
* 문화공헌 프로젝트
* 생활문화동호회축제

- 아카데미
* 성인아카데미
* 어린이아카데미

- 기타사업
* 학교문화예술교육 지원
* 사회문화예술교육 지원
* 예술강사 육성 및 지원 | - 생활문화동호회 지원사업
* 사랑방문화공간

- 공공예술창작소
* 신흥공공예술창작소
* 태평공공예술창작소 | - 성남문화예술지원 사업
* 우리동네 예술프로젝트
* 청년 프로젝트

- 생활문화동호회 지원 사업
* 생활문화동호회한마당 |

수원 문화재단	– 화성행궁 야간개장 * 해설이 있는 고궁산책 – 정조대왕릉 행차 * 시민경연 퍼레이드 * 시민참여 퍼레이드 * 대동놀이 퍼레이드 – 수원문화재야행 * 수원 야경(夜景) * 수원 야로(夜路) * 수원 야사(夜史) * 수원 야시(夜市) – 책 문화사업 * 북스타트 사업 – 문화예술창작 지원 * 형형색색 문화예술 지 　원사업 – 시민문화 활성화 * 찾아가는 문화예술 – 　문화마중 * 시민문화 인큐베이팅 – 문화예술교육지원사업 * 시민 문화예술교육 * 찾아가는 문화예술교육 * 시민참여형 예술교육 　프로젝트		– 문화예술창작 지원 * 우리동네 예술프로젝 　트 지원사업 –시민문화 활성화 * 수원문화클럽 –문화예술교육지원사업 * 문화예술교육 학습개 　발 연구모임

화성시 문화재단	– 축제
	* 화성 뱃놀이 축제
	* 정조 효 문화제
	* 생활시장 화(華) 인(人)
	* 파크페스티벌
	* 병점로드 페스티벌
	* 봄사랑 가족축제
	
	– 화성문예아카데미
	* 음악 /* 미술
	* 무용/ * 인문예술
	* New 60/ * 조형예술
	* 어린이/ * 특강
	
	– 시립도서관 문화프로
	  그램
	* 문화교실
	* 방학특강
	* 야간문화프로그램
	* 재능기부프로그램
	* 체험형 동화구연
	* 어린이독서회
	* 도서관 현장학습
	
	– 생활문화교육
	* 생활문화기획학교
	* 오픈키친 특강
	* 목공 DIY 특강
	* 화성시생활문화 기획자
	  양성과정
	
	– 미디어센터
	* 맞춤형미디어교육
	* 찾아가는 미디어서비스
	
	– 지역예술지원
	* 지역예술활동 지원사업
	
	– 문화활성화
	* 찾아가는 공연장
		– 미디어센터
		* 마을미디어 운영지원
		* 미디어콘텐츠 제작지원
		* 미디어 공간 활성화 프
		  로그램 운영
		
		– 콘텐츠개발
		* 문화콘텐츠 개발
		* 코리요홍보사업
		
		– 웹진
		* 화분
		* 풍경
		* 감상여행
			– 미디어센터
			* 미디어 커뮤니티 활동
			  지원
			
			– 지역네트워크–거버넌
			  스26
			* 시민 협치 네트워크
			  구축
			* 화성시민 문화향수 실
			  태조사
			
			– 콘텐츠개발
			* 화성예술플랫폼
			
			– 문화활성화
			* 생활문화동호회 활성
			  화

지역문화재단의 문화민주주의 프로그램 분석

김해 문화재단	- 문화정책사업 * 꿈의 오케스트라 '김해' * 지역문화 전문인력 양성과정 * 문화특화지역조성사업 미래하우스집들이〈책다방〉 * 2019 생활문화축제 즐거운 생활		- 문화정책사업 * 무지개다리사업 * 김해생활문화동호회 프로필북
창원 문화재단	- 예술교육프로그램 * 어린이-인형극 * 청소년-뮤지컬 * 성인-낭독반 - 전통문화교육 * 전통문화여행(창원의집 & 창원역사민속관 투어) - 교육참여마당 * 예술아카데미 * 수요문화대학 * 특별강좌		
포항 문화재단	- 예술교육프로그램 * 시민 연기예술 아카데미 * 꿈의 오케스트라 * 꿈다락 토요문화학교 - 포항스틸아트페스티벌 * 아트크루즈투어 * 아트버스투어 - 소프트웨어 * 문화창업 지원 - 휴먼웨어 인프라 구축 * 시민인문 아카데미 - 예술아카데미 * 행복수성아카데미	- 구룡포생활문화센터 * 아라예술촌 - 하드웨어 인프라 구축 * 포항문화예술창작지구 '꿈틀로' * 구룡포 문화특화마을 - 소프트웨어 * 지역특화프로그램 발굴·육성 * 문화아카이브 구축 * 포항학 발굴	

수성문화 재단 (수성 아트피아 누리집 참조)	– 예술아카데미 * 행복수성아카데미 * 공연아카데미 * 인문아카데미 * 음악실기아카데미 * 전통실기아카데미 * 미술실기아카데미 * 어린이예술도시		
대구동구 문화재단		아양아트센터 * 문화센터	
금정 문화재단	– 축제 * 금정산성축제	– 예술분야정보 * ART人fo – 동네사람×이웃공간 * 이웃집예술가 * 우리동네 문화예술공간 – 생활문화 * 미로놀이터	– 네트워크 * 금정문화공간 네트워 　크 ST.ART! 청년문화 * 금정문화여지도
강남 문화재단	– 강남페스티벌 * 강남페스티벌 패션쇼 * 고교모델콘테스트 – 문화예술강좌 * 문화예술교육프로그램 　E.A.T – 찾아가는 공연 * 선정릉 우리국악 한마 　당	– 문화센터 평생학습관 * 신사문화센터 * 논현1문화센터 * 논현2문화센터 * 압구정평생학습관 * 청담평생학습관 * 청담문화센터 * 삼성1문화센터 * 삼성2문화센터 * 대치평생학습관 * 대치1문화센터 * 대치2문화센터 * 대치4문화센터 * 역삼1문화센터 * 역삼2문화센터 * 도곡1문화센터 * 도곡2문화센터 * 개포2문화센터 * 세곡문화센터	

성동 문화재단	– 문화강좌 ＊ 구민대학(교양대학, 노 　인대학, 문화대학, 여 　성대학, 특강)		
성북 문화재단	– 성북여성회관 ＊ 생활문화아카데미 – 문화나눔 ＊ 반반한 이동극장 – 문화축제 ＊ 성북 세계음식축제 누 　리마실 ＊ 성북 문화바캉스 ＊ 성북 책모꼬지 ＊ 성북진경 페스티벌 – 지역문화예술교육 ＊ 성북진경아카데미 ＊ 꿈의 오케스트라 ＊ 문예체 멘토링 ＊ 미술관 속 영화관 – 교육프로그램 ＊ 우리동네 보물찾기 ＊ 예술과 어울림 ＊ 청바지 프로젝트 ＊ 어린이미술관	– 미아리고개예술극장 ＊ 창작플랫폼 M.A.P. ＊ 축제 : 미아리고개예술 　극장편 – 문화나눔 ＊ 드림(꿈, 드리다)서재	– 문화공동체 ＊ 공유성북 원탁회의 ＊ 성북 시각예술 네트워 　크 ＊ 달달한 포럼 ＊ 지역공동체 – 예술마을만들기 ＊ 정릉 ＊ 미아리고개 ＊ 성북삼선 ＊ 장위석관월곡
고래 문화재단	– 고래관광 ＊ 울산고래축제	– 고래관광 ＊ 고래문화마을	

부평구 문화재단	– 예술교육(부평아트센 터 예술교육프로그램) * 어린이연극학교 * 청소년음악학교 * 지역에서 예술하기 * 청년예담 : 청년, 예술 을 담다 * 연극으로 하는 비폭력 대화 – 예술교육(부평문화사 랑방 예술교육프로그 램) * 그림책놀이터 * 몸으로 표현하는 드로 잉–감각 이미지연구소 * 나도 미디어 아티스트! * 어디어디 숨었나! * 느린 연극교실 * 어린이연극놀이교실 * 도깨비 놀기 좋은 날		
목포 문화재단	– 문화예술프로그램 * 꿈의 오케스트라 목포 * 문화교육 사랑방 * 꿈다락토요문화학교 (울동네 역사 놀이터) * 플레잉 패밀리 오케스 트라	– 문화예술프로그램 * 웹툰창작체험관 – 문화예술프로그램 * 계간지 '예향'	

전주 문화재단	– 시민 문화서비스 강화 * 생활문화 지원사업 * 문화소외계층 지원사업	– 거버넌스를 통한 정책 개발 공동실현 * 온·오프라인 문화벗 담 발간사업 * 문화콘텐츠 창의뱅크 – 문화다양성 증진 * 문화공간 운영사업 – 지속가능한 예술생태계 조성 * 전주 백인의 자화상 * 문화예술의거리 운영사 업	– 거버넌스를 통한 정책 개발 공동실현 * 문화담론공유형성사 업 – 문화다양성 증진 * 교류사업
천안 문화재단	– 문화예술 지원사업 * 청년 문화활동 지원 * 시민 참여형 문화매개 인력 양성		– 문화예술지원사업 * 생활문화동아리 활동 지원 * 지역공동체와 문화예 술단체 협력 – 생활문화 페스티벌 * 생활문화동호회 프로 그램 지원 – 청년문화인력 양성 * 문화기획 인력 네트워 크 구축

제3장 지역문화재단의 문화민주주의 프로그램 분석

| 청주시
문화산업
진흥재단 | - 문화도시 예비사업
* 시민아이디어공모
* 문화10만인 페스타
* 청년기획자

- 무지개다리사업
* 학교안 다양성 사업
* 찾아가는 문화다양성
　연수프로그램

- 문화파출소
* 장르별 문화예술교육
　프로그램
* 문화예술치유 프로그
　램 기획 및 운영 | - 문화도시 예비사업
* 문화10만인클럽(중분
　류 문화10만인클럽과
　겹침)
* 문화10만인 기록프로
　젝트
* 기록문화다이어리
* 문화10만인 플랫폼

- 무지개다리사업
* 영상아카이빙

- 문화파출소
* 지역주민 대상 자율
　프로그램 기획 및 운
　영

- 동부창고
* 청주공연연습공간
* 청주생활문화센터

- 북카페 씨아트
* 상상다락방
* 콘서트 무대 | - 문화도시 예비사업
* 포럼
* 살롱
* 도시락토크

- 동아시아문화도시
* 동아시아문화도시
　교류사업

- 무지개다리사업
* 마을공동체사업
* 충청권 정책포럼

- 동부창고
* 커뮤니티플랫폼

- 재단 발걸음 아카이빙
* 우리동아리뽐내기
* 해외통신원 |

[표 21]과 같이 20개 지역문화재단 소분류 문화민주주의 프로그램을 분류한 결과는 다음과 같다.

원주는 중분류 문화예술교육지원사업 중 소분류에 속하는 '꿈의 오케스트라-원주', '크리에이티브 마인드' 2개 프로그램, 중분류 원도심 활성화사업 중 '골목카니발', '원도심을 기행하다', '원도심레지던시 청년마을' 3개, 중분류 청년플랫폼 청년마을 중 '청년마을 운영위원회', '원주청년포럼', 청년마을 문화향유프로그램 "월간 청년", G지대프로젝트(주요 사업과 겹침, 여기서는 반영 안 함), '청년문화축제', '청년사회진출지원사업' 등 5개, 중분류 문화예술지원사업 중 '예술생태계 활성화지원사업', '문화예술활동 지원사업', '생활문화지원사업' 등 3개 모두 13개 프로그램이 문화민주주의 요소를 담고 있다.

춘천은 중분류 문화예술지원 중 소분류에 속하는 '생활예술지원', '시민모니터' 2개 프로그램, 중분류 문화예술교육 중 '신나는 오케스트라' 1개, 중분류 지역문화아카데미 중 '학습실행공동체', '스터디투어' 2개, 중분류 청년문화지원 중 '일당백프로젝트', '무한청춘페스티벌', '청년문화협의체', 3개 중분류 매거진 중 소분류 '춘천놀이문화 매거진 P.O.T' 1개 등 모두 9개 프로그램이 있다.

성남은 중분류 예술사업 중 소분류 '재능나눔 "나눔모락 기쁨모락"' 1개, 중분류 독립운동가 웹툰 프로젝트교육 중 소분류 '청소년 웹툰 공모전' 1개, 중분류 성남문화예술지원사업 중 소분류 '우리동네 예술프로젝트', '청년 프로젝트', '모니터링 및 평가' 등 3개, 중분류 생활문화 동호회 지원사업 중 소분류 '문화공헌 프로젝트', '생활문화동호회축제', '사랑방문화공간', '생활문화동호회한마당' 등 4개, 중분류 공공예술창작소 중 소분류 '신흥공공예술창작소', '태평공공예술창작소' 2개, 중분류 아카데미 중 소분류 '성인아카데미', '어린이아카데미' 2개, 중분류 기타사업 중 소분류 '학교문화예술교육지원', '사회문화예술교육지원', '예술강사 육성 및 지원' 3개 등 모두 16개 프로그램이 있다.

수원은 중분류 화성행궁 야간개장 중 소분류 '해설이 있는 고궁산책' 1개, 중분류 정조대왕릉 행차 중 소분류 '시민경연 퍼레이드', '시민참여 퍼레이드', '대동놀이 퍼레이드' 3개, 중분류 수원문화재야행 중 소분류 '수원 야경(夜景)', '수원 야로(夜路)', '수원 야사(夜史)', '수원 야시(夜市)' 4개, 중분류 책 문화사업 중 소분류 '북스타트 사업' 1개, 중분류 문화예술창작 지원 중 소분류 '형형색색 문화예술지원사업', '우리동네 예술프로젝트지원사업' 2개, 중분류 시민문화 활성화 중 소분류 '찾아가는 문화예술–문화마중', '시민문화 인큐베이팅', '수원문화클럽' 등 3개, 중분류 문화예술교육지원사업 중 소분류 '시민 문화예술교육', '찾아가는 문화예술교육', '시민참여형 예술교육 프로젝트', '문화예술교육 학습개발연구모임' 등 4개 모두 18개 프로그램이 있다.

화성은 중분류 축제 중 '화성 뱃놀이축제', '정조 효 문화제', '생활시장 화(華) 인(人)', '파크페스티벌', '병점로드 페스티벌', '봄사랑 가족축제' 등 6개, 중분류 화성문예아카데미 중 '음악', '미술', '무용', '인문예술', 'New 60', '조형예술', '어린이', '특강' 아카데미 등 8개, 중분류 시립도서관문화프로그램 중 '문화교실', '방학특강', '야간문화프로그램', '재능기부프로그램', '체험형 동화구연', '어린이독서회', '도서관 현장학습' 등 7개, 중분류 생활문화교육 중 소분류 '생활문화기획학교', '오픈키친 특강', '목공 DIY 특강', '화성시생활문화기획자 양성과정' 등 4개, 중분류 미디어센터 중 소분류 '맞춤형 미디어교육', '미디어 공간 활성화 프로그램 운영', '마을미디어 운영지원', '미디어콘텐츠 제작지원', '찾아가는 미디어서비스', '미디어 커뮤니티 활동 지원' 등 6개, 중분류 지역네트워크거버넌스26 중 소분류 '시민 협치 네트워크 구축', '화성 시민 문화향수 실태조사' 등 2개, 중분류 지역예술지원 중 소분류인 '지역예술활동 지원사업' 1개, 중분류 콘텐츠개발 중 소분류 '코리요홍보사업', '문화콘텐츠 개발', '화성예술플랫폼' 등 3개, 중분류 문화활성화 중 소분류 '생활문화동호회 활성화', '찾아가는 공연장' 2개, 중분류 웹진 등 소분류 '화분', '풍경', '감상여행' 3개 등 모두 42개 프로그램이 있다.

김해는 중분류 문화정책사업 중 소분류 '꿈의 오케스트라 '김해', '지역문화전문인력 양성과정', '문화특화지역조성사업 미래하우스집들이〈책다방〉', '2019생활문화축제 즐거운 생활', '무지개다리사업', '김해생활문화동호회 프로필북' 등 6개 프로그램이 있다.

창원은 중분류 예술교육프로그램 중 소분류 '어린이-인형극', '청소년-뮤지컬', '성인-낭독반' 3개, 중분류 전통문화교육 중 소분류 '전통문화여행(창원의집 & 창원역사민속관 투어)' 1개, 중분류 교육참여마당 중 소분류 '예술아카데미', '수요문화대학', '특별강좌' 3개 등 모두 7개 프로그램이 있다.

포항은 중분류 예술교육 프로그램 중 소분류 '시민 연기예술아카데미', '꿈의 오케스트라', '꿈다락 토요문화학교' 등 3개, 중분류 포항스틸아트페스티벌 중 소분류 '아트크루즈투어', '아트버스투어' 등 2개, 중분류 하드웨어 인프라 구축 중 소분류 '포항문화예술창작지구 - '꿈틀로', '구룡포 문화특화마을' 2개, 중분류 소프트웨어 중 소분류 '문화창업 지원', '지역특화프로그램 발굴 육성', '문화아카이브 구축', '포항학 발굴' 등 4개, 중분류 휴먼웨어 인프라 구축 중 소분류 '시민인문 아카데미' 1개, 중분류 구룡포생활문화센터 중 소분류 '아라예술촌' 1개 등 모두 13개 프로그램이 있다.

수성은 수성문화재단 수성아트피아 누리집과 연계하여 중분류 예술아카데미 중 소분류 '행복수성아카데미', '공연아카데미', '인문아카데미', '음악실기아카데미', '전통실기아카데미', '미술실기아카데미', '어린이예술도시' 등 7개 프로그램이 있다.

대구동구는 중분류 아양아트센터 중 소분류 '문화센터' 1개가 있다.

금정은 중분류 예술분야 정보 중 소분류 'ART人 fo' 1개, 중분류 축제 중 '금정산성축제' 1개, 중분류 생활문화 중 소분류 '미로놀이터' 1개, 중분류 동네사람×이웃공간 중 소분류 '이웃집예술가', '우리동네 문화예술공간' 2개, 중분류 네트워크 중 소분류 '금정문화공간 네트워크 ST.ART!' 1개, 중분류 청년문화 중 소분류 '금정문화여지도' 1개 등 모두 7개 프로그램이 있다.

강남은 중분류 강남페스티벌 중 소분류 '강남페스티벌 패션쇼', '고교모델콘테스트' 2개, 중분류 문화예술강좌 중 소분류 '문화예술교육프로그램 E.A.T.' 1개, 중분류 찾아가는 공연 중 소분류 '선정릉 우리국악한마당' 1개, 중분류 문화센터 평생학습관 중 소분류 신사문화센터, 논현1문화센터, 논현2문화센터, 압구정평생학습관, 청담평생학습관, 청담문화센터, 삼성1문화센터, 삼성2문화센터, 대치평생학습관, 대치1문화센터, 대치2문화센터, 대치4문화센터, 역삼1문화센터, 역삼2문화센터, 도곡1문화센터, 도곡2문화센터, 개포2문화센터, 세곡문화센터 등 18개 등 모두 22개 프로그램이 있다.

성동은 중분류 문화강좌 중 소분류 '구민대학' 1개가 있다.

성북은 중분류 성북여성회관 중 소분류 '생활문화아카데미' 1개, 중분류 문화나눔 중 '반반한이동극장', '드림(꿈, 드라다)서재' 등 2개, 중분류 문화축제 중 소분류 '성북 세계음식축제 누리마실', '성북문화바캉스', '성북책모꼬지', '성북진경페스티벌' 등 4개, 중분류 지역문화예술교육 중 소분류 '성북진경아카데미', '꿈의 오케스트라', '문예체 멘토링', '미술관 속 영화관' 4개, 중분류 교육프로그램 중 '우리동네보물찾기', '예술과 어울림', '청바지프로젝트', '어린이미술관' 4개, 중분류 문화공동체 중 '공유성북원탁회의', '성북시각예술네트워크', '달달한 포럼', '지역공동체' 4개, 중분류 예술만들기 중 '정릉', '미아리고개', '성북삼선', '장위석관월곡' 4개, 중분류 미아리고개예술극장 중 소분류 '창작플랫폼 M.A.P.', '축제:미아리고개예술극장편' 2개 등 25개 프로그램이 있다.

고래는 중분류 고래관광 중 소분류 '울산고래축제', '고래문화마을' 등 2개가 있다.

부평은 중분류 예술교육 소개 중 부평아트센터 예술교육프로그램의 소분류 '어린이연극학교', '청소년음악학교', '지역에서 예술하기', '청년예담 : 청년, 예술을 담다', '연극으로 하는 비폭력대화' 등 5개, 중분류 예술교육 소개 중 부평문화사랑방 예술교육프로그램의 소분류 '그림책놀이터', '몸으로 표현하는 드로잉−감각이미지연구소', '나도 미디어아티스트!', '어디어디 숨었나!', '느린 연극교실', '어린이연극놀이교실', '도깨비 놀기 놓은 날' 등 7개 등 모두 12개 프로그램이 있다.

목포는 중분류 문화예술프로그램 중 소분류 '꿈의 오케스트라 목포', '문화교육 사랑방', '꿈다락토요문화학교(울동네 역사 놀이터)', '플레잉 패밀리 오케스트라', '웹툰창작체험관', 계간지 '예항' 등 6개 프로그램이 있다.

전주는 중분류 거버넌스를 통한 정책개발 공동실현 중 소분류 '문화담론공유형성사업', '온 · 오프라인 문화벗담 발간사업', '문화콘텐츠 창의뱅크' 3개, 중분류 문화다양성 증진 중 소분류 '교류사업', '문화공간 운영사업' 2개, 중분류 지속가능한 예술생태계 조성 중 소분류 '전주 백인의 자화상', '문화예술의거리 운영사업' 2개, 중분류 시민 문화서비스 강화 중 소분류 '생활문화 지원사업', '문화소외계층 지원사업' 2개 등 모두 9개 프로그램이 있다.

천안은 중분류 문화예술지원사업 중 '청년 문화활동 지원', '시민 참여형 문화매개인력 양성', '생활문화동아리 활동 지원', '지역공동체와 문화예술단체 협력' 등 4개, 중분류 생활문화페스티벌 중 소분류 '생활문화동호회 프로그램 지원' 1개, 중분류 청년문화인력 양성 중 소분류 '문화기획 인력 네트워크 구축' 1개 등 모두 6개 프로그램이 있다.

청주는 중분류 문화도시 예비사업 중 소분류 '시민아이디어공모', '문화 10만인 페스타', '청년기획자', '기록문화다이어리', '포럼', '살롱', '도시락토크', '문화10만인 기록프로젝트', '문화10만인 플랫폼' 등 9개, 중분류 동아시아문화도시 중 소분류 '동아시아문화도시 교류사업' 1개, 중분류 무지개다리사업 중 소분류 '학교안 다양성 사업', '찾아가는 문화다양성 연수 프로그램', '영상 아카이빙', '마을공동체사업', '충청권 문화포럼' 등 5개, 중분류 문화파출소 중 소분류 '장르별 문화예술교육 프로그램', '지역주민 대상 자율 프로그램 기획 및 운영', '문화예술치유 프로그램 기획 및 운영' 3개, 중분류 동부창고 중 소분류 '청주공연연습 공간', '청주생활문화센터', '커뮤니티플랫폼' 3개, 중분류 북카페 씨아트 중 소분류 '상상다락방', '콘서트 무대' 2개, 중분류 재단발걸음 아카이빙 중 소분류 '우리동아리 뽐내기', '해외통신원' 2개 등 모두 25개 프로그램이 있다.

20개 지역문화재단의 소분류 프로그램 중 문화민주주의 요소를 내포하고 있는 것을 분류하면 원주 13, 춘천 9개, 성남 16개, 수원 18개, 화성 42개, 김해 6개, 창원 7개, 포항 13개, 수성 7개, 대구동구 1개, 금정 7개, 강남 22개, 성동 1개, 성북 25개, 고래 2개, 부평 12개, 목포 6개, 전주 9개, 천안 6개, 청주 25개로 정리된다.

20개 기초문화재단이 운영하고 있는 소분류 문화민주주의 프로그램이 20개 이상은 '강'으로, 11~19개는 '중', 10개 이하는 '약'으로 분류하면 [표 22]와 같다.

[표 22] 20개 지역문화재단 소분류 문화민주주의 프로그램의 비중

소분류 문화민주주의 프로그램의 비중		
강(20개 이상)	중(11~19개)	약(10개 이하)
화성(42), 성북(25), 청주(25), 강남(22),	수원(18), 성남(16), 원주(13), 포항(13), 부평(12)	춘천(9), 전주(9), 창원(7), 수성(7), 금정(7), 김해(6), 목포(6), 천안(6), 고래(2), 대구동구(1), 성동(1),
4	5	11

이상 지역문화재단 소분류 문화민주주의 프로그램의 문화민주주의 요소를 분석한 결과 '강'으로 분류된 곳은 4곳으로 화성이 42개로 압도적으로 많았고 그 다음으로 성북과 청주가 각각 25개, 강남이 22개로 뒤를 이었다.

'강'으로 분류된 지역문화재단들의 프로그램은 청년마을 운영위원회, 생활문화지원사업, 사랑방문화공간, 시민문화 인큐베이팅, 시민협치 네트워크 구축, 지역예술활동 지원, 우리동네 문화예술공간, 공유성북 원탁회의, 커뮤니티플랫폼 등 문화민주주의 특징적 요소를 다양하게 보여주고 있다.

문화민주주의 요소를 '중'으로 분류된 지역문화재단들은 5곳이었다. 수원이 18개로 가장 많았고 그 뒤를 이어 성남이 16개, 원주와 포항이 각각 13개, 부평이 12개였다.

'약'으로 분류된 지역문화재단은 11곳으로 전주 9개, 춘천 8개, 창원 7개, 수성 7개, 금정 7개, 김해 6개, 목포 6개, 천안 6개, 고래 2개, 대구 동구 1개, 성동 1개 등 모두 한자리 수에 그쳤다.

 '약'으로 분류된 지역문화재단들 중에는 사업 수가 적어 '약'으로 분류된 곳도 있었지만 비슷한 프로그램이 다른 재단에서는 소분류 프로그램으로 분류된 것이 중분류 프로그램으로 분류된 곳도 있었다.

4. 문화민주주의 의제로 분석한 지역문화재단 프로그램

 이 절에서는 20개 지역문화재단의 대분류와 중분류, 소분류 문화민주주의 프로그램을 모두 대상으로 하여 문화민주주의 핵심 요소이자 의제로 설정한 '참여' '공유' '네트워크' 카테고리로 나누어 보고자 한다. 이 작업이 필요한 이유는 지역문화재단에 따라 중분류와 소분류 프로그램이 명확한 기준에 따라 나누어져 있지 않기 때문이다. 그래서 총체적으로 지역문화재단이 참여 프로그램이 많은지, 공유프로그램이 많은지, 네트워크 프로그램이 많은지 살펴보려면 대분류와 중분류, 소분류 프로그램 모두 대상으로 하는 것이 적절하다.

1) 참여 의제로 분석한 프로그램

 원주의 참여 의제 프로그램으로는 일상의 문화적 가치발견과 문화기획 역량강화로 지역문화인력 양성을 목적으로 하는 'G지대 프로젝트', '다이내믹댄싱카니발', '아트프리마켓 페스티벌', '프린지 페스티벌'이 있다. 문화예술교육지원사업으로 소외계층 아동, 청소년을 위한 '꿈의 오케스트라', 청소년 문화예술교육사업인 '크리에이티브 마인드', 원도심활성화사업인 '골목카니발'과 '원도심을 기행하다'도 참여 의제에 해당한다. 청년문화 활성화를 위해 청년이 직접 만드는 축제인 '청년문화축제', 창업, 창직 지원을 위한 '청년사회진출지원사업'도 참여 기반 강화를 위한 프로그램이다. 종합하면 원주의 참여 의제 프로그램은 모두 10개 프로그램이 해당한다.

춘천의 참여 의제 프로그램에는 문화예술지원사업으로 '생활예술지원' '시민모니터'가 있다. '생활예술지원' 프로그램은 동호회 및 아마추어 예술인 활동 지원을 통해 시민들의 생활 속 문화예술 활동 참여 기회를 늘린다는 목적을 갖고 있으며 특히 어르신 동호회 활동 지원을 통한 실버문화 창출 및 활성화를 목적으로 한다.

'찾아가는 작은 콘서트'도 시민 참여를 위한 프로그램으로 참여 의제에 해당하며 문화예술교육 사업인 '신나는 오케스트라'는 사회교육프로그램으로 참여 의제에 속한다. 지역문화아카데미 프로그램 중 학습소모임을 지원하는 교육과정인 '학습실행공동체'와 현장체험형 교육과정인 '스터디투어'도 참여 의제에 해당하여 모두 6개 프로그램이 포함된다.

성남의 참여 의제 프로그램으로는 예술사업 중 '재능나눔 "나눔모락, 기쁨모락"'이 있으며 독립운동가웹툰프로젝트인 '청소년 웹툰공모전'이 있다. 성남문화예술지원사업으로는 '모니터링 및 평가'도 시민참여프로그램으로 참여 의제에 해당한다. 생활문화동호회 지원사업으로 '문화공헌 프로젝트', '생활문화동호회축제' 그리고 아카데미 프로그램 중 '성인아카데미', '어린이아카데미'도 참여 의제에 해당한다. 기타사업으로 '학교문화예술교육 지원', '사회문화예술교육 지원', '예술강사 육성 및 지원'이 있는데 이들 프로그램 역시 수강생들의 참여를 전제로 한 것이다. 따라서 성남의 참여 의제 프로그램은 모두 10개가 된다.

수원의 참여 의제 프로그램으로는 화성행궁 야간개방 프로그램인 '해설이 있는 고궁산책', 그리고 역시 수원화성관광 프로그램인 '행궁동 왕의 골목여행'이 있다. 수원화성문화제의 대표적인 프로그램인 정조대왕릉 행차 프로그램 중 '시민경연 퍼레이드', '시민참여 퍼레이드', '대동놀이 퍼레이드'도 참여 의제에 해당한다. 수원문화재야행 프로그램인 '수원 야경(夜景)', '수원 야로(夜路)', '수원 야사(夜史)', '수원 야시(夜市)'도 시민 참여를 기본으로 하는 프로그램으로 참여 의제에 해당한다. 책문화사업인 '북스타트사업'도 시민 참여를 위한 프로그램으로 이에 해당되며, 문화예술창작지원 프로그램인 '형형색색 문화예술 지원사업'도 참여 의제에 해당한다. 또 시민문화 활성화 프로그램 중 '찾아가는 문화예술−문화마중', '시민문화 인큐베이팅', 문화예술교육지원 사업인 '시민 문화예술교육', '찾아가는 문화예술교육', '시민참여형 예술교육프로젝트'도 참여 의제에 맞는 프로그램이다. 종합하면 수원의 참여 의제 프로그램은 모두 16개이다.

화성의 참여 의제 프로그램으로는 축제 중 '화성뱃놀이축제', '정조효 문화제', '생활시장 화(華) 인(人)', '파크페스티벌', '병점로드 페스티벌', '봄사랑 가족축제'가 있다. 교육프로그램인 화성문예아카데미 중 '음악', '미술', '무용', '인문예술', 'NEW60', '조형예술', '어린이', '특강'이 참여 의제에 해당한다. 화성의 경우 시립도서관 문화프로그램 중 참여 의제에 해당하는 것이 있는데 '문화교실', '방학특강', '야간문화프로그램', '재능기부프로그램', '체험형 동화구연', '어린이독서회', '도서관현장학습' 등이다. 생활문화교육 프로그램 중 '생활문화기획학교', '오픈키친 특강', '목공 DIY 특강', '화성시생활문화기획자 양성과정'도 참여 의제에 해당한다. 미디어센터의 '맞춤형 미디어교육'과 '찾아가는 미디어서비스', 지역예술지원 프로그램인 '지역예술활동 지원사업', 문화활성화 프로그램인 '찾아가는 공연장'도 시민 참여를 전제로 하여 추진되는 프로그램이다. '아트인큐베이터'는 문화 향유 기회가 적은 문화소외계층 아동들을 대상으로 한 문화예술교육 프로그램으로 참여 의제에 해당하며 '꿈다락 토요문화학교' 역시 교육프로그램으로 참여 의제에 해당한다. 종합하면 화성의 참여 의제 프로그램은 모두 31개이다.

김해의 참여 의제 프로그램으로 문화정책사업 중 '꿈의 오케스트라 김해', 지역문화 활성화를 목적으로 한 '지역문화전문인력양성사업', '문화특화지역조성사업 미래하우스집들이 〈책다방〉', '2019 생활문화축제 즐거운 생활' 등 모두 4개 프로그램이 있다(김해문화재단의 경우 2019년 9월 1일 이후 누리집이 개편되었으나 누리집 참고 기준을 8월 한 달로 했기 때문에 8월에 맞춰 정리하였다).

창원의 참여 의제 프로그램으로는 문화예술교육 프로그램 중 '전통문화아카데미' '예술아카데미' '수요문화대학' '예술교육프로그램' '전통문화교육'이 있으며 프로그램 중 하나인 '예술교육프로그램'에는 '어린이-인형극', '청소년-뮤지컬', '성인-낭독반'이 있다. 또 전통문화교육프로그램에는 '전통문화여행(창원의 집 & 창원역사민속관 투어)'가 있다. 또 축제·문화사업 중 '창원문화페스타', '꿈의 오케스트라'도 참여 의제에 해당한다. 종합하면 창원의 참여 의제 프로그램은 모두 9개이다.

포항의 참여 의제 프로그램으로는 예술교육 중 'PHCF 예술아카데미'와 예술교육프로그램 중 '시민 연기예술아카데미', '꿈의 오케스트라', '꿈다락 토요문화학교'가 있다. 축제 중 포항거리예술축제, 포항스틸아트페스티벌의 '아트크루즈투어'와 '아트버스투어'도 참여 의제에 해당한다. 문화도시 조성 프로그램 중 소프트웨어의 '문화창업지원', 휴먼웨어 인프라 구축의 '시민인문 아카데미'도 참여 의제에 포함된다. 포항의 참여 의제 프로그램은 모두 9개이다.

수성의 참여 의제 프로그램으로는 대분류 수성아트피아의 별도 누리집 예술아카데미 프로그램이 있다. 이 프로그램에는 '예술', '행복수성', '공연', '인문', '음악실기', '전통실기', '미술실기아카데미'와 '어린이예술도시' 등 모두 8개 프로그램이 있다.

대구동구의 참여 의제 프로그램은 없었다.

금정의 참여 의제 프로그램으로는 '금정산성축제' 1개가 있다.

강남의 참여 의제 프로그램은 축제 · 행사 중 '강남페스티벌' 중 '강남페스티벌 패션쇼', '고교모델콘테스트'가 있다. 이는 강남 지역의 패션산업 활성화를 목적으로 한 것으로 지역 단체의 참가가 전제되어 참여 의제에 해당한다. 그 외 '국악 어울림 축제', '양재천 벚꽃길 축제'도 시민 참여 프로그램으로 참여 의제에 포함된다. 공연 · 전시 · 강좌 중 '찾아가는 공연'인 '선정릉 우리국악 한마당'도 시민들을 찾아가는 형식으로 참여 의제에 포함된다. 이를 종합하면 강남의 참여 의제 프로그램은 5개이다.

성동의 참여 의제 프로그램은 강좌 중 문화강좌로 평생교육기관 성격의 '구민대학'이 있다. 구민대학 내 '교양대학' '노인대학' '문화대학' '여성대학' '특강' 등의 프로그램이 있지만 '구민대학'이 소분류로 분류되어 참여 의제 프로그램은 1개가 된다.

성북의 참여 의제 프로그램은 성북여성회관의 '생활문화아카데미'가 해당한다. 문화사업 중 문화나눔 프로그램인 '반반(半半)한 이동극장'은 문화적으로 소외된 지역주민을 찾아가 공연, 체험, 전시, 영화 관람 등의 기회를 제공하는 문화사업으로 참여 의제에 해당한다. 문화축제 중에는 다국가 문화다양성을 추구하는 '성북 세계음식축제 누리마실', 초등학교 운동장에 대형 풀장을 설치, 주민들이 참께 즐길 수 있는 '성북 문화바캉스', 성북구민으로 이루어진 한책추진단이 직접 추천, 토론, 투표하여 올해의 한 책을 선정하는 '성북 책모꼬지', '성북진경 페스티벌'도 참여 의제에 포함된다.

지역문화예술교육 프로그램 중 주민이 직접 참여하는 '성북진경아카데미'. '꿈의 오케스트라', 지역 내 문예체 전공 대학생들과 문화 소외 아동청소년을 매칭하여 주는 '문예체 멘토링', 지역주민 및 문화 소외 계층에게 문화 참여 기회를 제공하는 '미술관 속 영화관'도 참여 의제 프로그램이다.

'교육프로그램' 중 역사문화예술 탐방교육프로그램인 '우리동네 보물찾기', 학교문화예술교육프로그램인 '예술과 어울림', 청소년들의 발랄한 아이디어와 고유의 시선을 통해 창의적으로 해석된 역사 콘텐츠를 발굴하여 보급하는 '청바지프로젝트', 어린이 미술교육프로그램인 '어린이 미술관'도 참여 의제에 해당한다. 종합하면 성북의 참여 의제 프로그램은 모두 14개이다.

고래의 참여 의제 프로그램으로는 고래관광 부문의 '울산고래축제' 1개가 있다.

부평의 참여 의제 프로그램으로는 교육 부문 중 예술교육으로 부평아트센터 예술교육프로그램인 '어린이연극학교', '청소년음악학교', '지역에서 예술하기', '청년예담:청년, 예술을 담다', '연극으로 하는 비폭력대화' 그리고 부평문화사랑방 예술교육프로그램인 '그림책놀이터',

'몸으로 표현하는 드로잉-감각이미지연구소', '나도 미디어 아티스트!', '어디어디 숨었나!', '느린 연극교실', '어린이연극놀이교실', '도깨비 놀기 좋은 날' 등 12개가 있다.

목포의 참여 의제 프로그램으로는 사업소개 중 문화예술프로그램인 '꿈의 오케스트라 목포', '문화교육 사랑방', '꿈다락토요문화학교(울동네 역사 놀이터)', '플레잉 패밀리 오케스트라' 등 4개가 있다.

전주의 참여 의제 프로그램으로는 생애주기별 문화예술 교육을 지원하는 시민 문화서비스 프로그램인 '생활문화 지원사업'과 '문화소외계층 지원사업' 2개가 있다.

천안의 참여 의제 프로그램으로는 축제행사 중 '천안흥타령춤축제', '찾아가는 예술무대', 생활문화 프로그램인 '생활문화페스티벌', '청년 문화인력 양성', 문화예술지원사업인 '청년 문화활동 지원', '시민 참여형 문화매개인력 양성' 등 6개가 있다.

청주의 참여 의제 프로그램으로는 문화예술 중 문화도시 예비사업으로 '시민아이디어공모', '문화 10만인 페스타', '청년기획자'가 있으며 '청주문화재야행', 그리고 무지개다리사업으로 '학교안 다양성 사업', '찾아가는 문화다양성 연수프로그램'이 있다. 문화파출소 프로그램인 '장르별 문화예술교육프로그램'과 '문화예술치유 프로그램 기획 및 운영' 등 모두 8개가 있다.

지역문화재단 참여 의제 프로그램은 재단에 따라 큰 편차를 보였다. 화성이 31개로 가장 많았으며 수원이 16개로 뒤를 이었다. 참여 의제 프로그램이 1~5개인 곳도 7곳이나 되었다. 참여 의제 프로그램이 11개 이상은 '강', 6~10개는 '중', 5개 이하는 '약'으로 정하고 분류하면 [표 23]과 같다.

[표 23] 20개 지역문화재단 참여 의제 프로그램의 비중

참여 의제 프로그램의 비중		
강(11개 이상)	중(6~10개)	약(5개 이하)
화성(31), 수원(16), 성북(14), 부평(12)	원주(10), 성남(10), 창원(9), 포항(9), 청주(8), 수성(7), 춘천(6), 천안(6)	강남(5), 김해(4), 목포(4), 전주(2), 금정(1), 성동(1), 고래(1), 대구동구(0)
4	8	8

2) 공유 의제로 분석한 프로그램

원주의 공유 의제 프로그램으로는 문화예술공간 중 '생활문화센터', '창작스튜디오'가 있다. 원도심활성화사업 중 '원도심레지던시청년마을'도 공유 의제를 담고 있다. 이 공유 의제는 주로 공간의 공유에 해당한다. 특히 '원도심레지던시 청년마을'은 지역문화인력 양성을 위한 교육프로그램이지만 네트워크 프로그램이면서 공간을 공유하는 프로그램으로 세 가지 성격 중 공유 성격이 강해 공유 의제에 포함했다. 청년 플랫폼 청년마을 프로그램 중 청년마을 문화향유 프로그램인 "월간 청년"도 정보 공유 프로그램으로 공유 의제에 해당한다. 따라서 원주의 공유 프로그램은 4개이다.

춘천의 공유 의제 프로그램은 지역문화예술정보 중 '매거진'이 있다. 매거진은 정보를 공유하는 매체로 공유 의제에 포함된다. 춘천의 경우 대분류에 있는 '아르숲 생활문화센터'와 '춘천공연예술연습공간'도 다른 카테고리와 달리 프로그램 성격이 분명해 공간의 공유 의제에 포함했다. 종합하면 춘천의 공유 프로그램은 3개이다.

성남의 공유 의제 프로그램으로는 생활문화동호회 지원사업 중 '사랑방문화공간'이 있다. 또 문화예술을 매개로 지역과 소통이 가능한 예술가, 기획자, 지역주민이 함께 공공예술을 모색하는 공간인 공공예술창작소로 '신흥공공예술창작소', '태평공공예술창작소'가 있다. '생활밀착형 문화예술공동체 공간 조성'도 공간의 공유 의제에 포함된다. 문화예술교육 부문 중 '성남미디어센터'는 시민들의 배움과 만남, 창작과 소통의 공간이다. 교육 성격도 있어 참여 의제도 포함하고 있지만 소통의 공간이라는 성격이 공유 의제를 더 강하게 나타낸다. '책테마파크'도 공간의 공유 의제에 포함된다. 종합하면 성남의 공유 프로그램은 6개이다.

수원의 공유 의제 프로그램으로는 문화사업 중 '공간재생사업' 1개가 있다. '공간재생사업'은 수원의 원도심 지역주민과 문화예술 활동가의 공동프로젝트다.

화성의 공유 의제 프로그램으로는 문화공간 부문의 '동탄복합문화센터', '생활문화센터'가 있다. 역시 문화공간 부문의 미디어센터 프로그램인 '마을미디어 운영지원', '미디어콘텐츠 제작지원', '미디어공간 활성화 프로그램 운영'도 공유 의제에 포함된다. 문화진흥 부문 콘텐츠 개발 중 '코리요홍보사업', '문화콘텐츠 개발'도 정보 공유 의제에 포함되며 '소통오리진'도 정보 공유 프로그램이다. 또 아카이빙의 '화분', '풍경', '감상여행' 3개의 웹진도 공유 의제에 포함된다. 종합하면 화성의 공유 프로그램은 11개이다.

김해의 공유 의제 프로그램으로는 소속시설 부문의 '김해서부문화센터', '김해한옥체험관'이 있다. 이 2개 사업은 공간 공유 의제에 해당한다. 참여마당 부문 웹진 'G+culture'도 정보 공유 의제에 포함되며 김해의 공유 프로그램은 모두 3개이다.

창원의 공유 의제 프로그램으로는 대분류에 있지만 프로그램 성격이 뚜렷한 진해문화센터가 포함되며 열린마당 부문의 '재단NEWS'도 정보 공유 의제에 해당한다. 창원의 공유 프로그램은 2개이다.

포항의 공유 의제 프로그램으로는 대분류의 독립영화관 '인디플러스 포항'이 해당한다. 생활문화 부문 구룡포 생활문화센터인 '아라예술촌', 문화공간 부문 '아르코공연연습센터@포항'과 '중앙아트홀(독립영화전용관)'도 공간 공유 의제에 해당한다. 또 문화도시 조성 프로그램 중 하드웨어 인프라 구축 프로그램인 '포항문화예술창작지구-'꿈틀로'', '구룡포문화특화마을' 역시 공간 공유 의제에 해당하며, 소프트웨어 프로그램인 '지역특화프로그램 발굴·육성', '문화아카이브 구축', '포항학 발굴'도 정보 공유 의제이다. 종합하면 포항의 공유 프로그램은 모두 9개이다.

수성의 공유 의제 프로그램은 문화예술행사 부문 '에스콜론' 1개가 있다. '에스콜론'은 계간으로 만드는 웹진으로 정보 공유 프로그램에 해당한다.

대구동구의 공유 의제 프로그램으로는 재단사업 부문 '아양아트센터' 1개가 있다.

금정의 공유 의제 프로그램으로는 문화시설 부문의 '금정예술공연지원센터', '서동예술창작공간'과 '섯골문화예술촌'이 있다. '서동예술창작공간'은 서동전통시장 지역주민과 예술가가 함께 공유하는 문화예술 창작공간이다. '섯골문화예술촌'은 지역 예술인 창작레지던시 공간이다. 문화플랫폼 부문의 예술분야 정보 프로그램인 'ART人fo', 동네사람×이웃공간 프로그램인 '이웃집예술가', '우리동네 문화예술공간', 그리고 생활문화 프로그램인 '미로놀이터'가 공유 의제 프로그램이다. 종합하면 금정의 공유 프로그램은 7개이다.

강남의 공유 의제 프로그램으로는 문화센터와 평생학습관이 주류를 이룬다. 신사문화센터, 논현1문화센터, 논현2문화센터, 압구정평생학습관, 청담평생학습관, 청담문화센터, 삼성1문화센터, 삼성2문화센터, 대치평생학습관, 대치1문화센터, 대치2문화센터, 대치4문화센터, 역삼1문화센터, 역삼2문화센터, 도곡1문화센터, 도곡2문화센터, 개포2문화센터, 세곡문화센터 등 모두18개이다.

성동은 공유 의제 프로그램으로는 알림마당 부문 '뉴스레터' 1개가 있다.

성북의 공유 의제 프로그램으로는 문화공간 부문의 '성북여성회관', '성북예술창작터' '아리랑시네센터'가 있다. 미아리고개예술극장 프로그램인 '창작플랫폼 M.A.P.'와 '축제 : 미아리고개예술극장편'도 공유 의제 프로그램에 해당한다. 마을과 사람을 잇는 미아리고개 도시재생 공간인 '미인도'도 공간 공유 의제를 갖고 있다. 문화사업 부문 문화나눔 프로그램인 '드림(꿈, 드리다)서재'도 북카페의 활용 등으로 공간 공유 의제에 해당한다. 커뮤니티 부문의 뉴스레터도 정보 공유 프로그램이다. 종합하면 성북의 공유 프로그램은 모두 8개이다.

고래의 공유 의제 프로그램으로는 남구거리음악회 부문의 '거리버스킹' 프로그램 1개가 있다. '거리버스킹'은 도심공간을 문화예술 공간으로 만들고자 예술동아리 및 거리예술가를 발굴, 지원하여 거리예술을 활성화하고자 하는 프로그램이다.

부평의 공유 의제 프로그램으로는 '문화사랑방' 부문의 '부평문화사랑방'과 '지하철 역사 문화공간'이 있다. 지역주민들을 위한 문화예술 향유 공간으로 지역주민 밀착형 커뮤니티 공간이다. '생활문화센터' 부문 '생활문화센터 공감 168'도 역시 지역주민이 자유롭게 이용할 수 있는 생활문화공간이다. 보통 문화센터는 교육이 주 목적이어서 참여 의제로 포함했지만 부평의 경우 이용 공간을 강조하여 공유 의제에 넣었다. 종합하면 부평의 공유 프로그램은 모두 3개이다.

목포의 공유 의제 프로그램으로는 사업소개 부문 문화예술프로그램인 '웹툰창작체험관'이 있다. '웹툰창작체험관'은 공간 공유 성격을 가지고 있어 공유 프로그램에 해당한다. 문화예술프로그램 중 계간지 '예항'도 정보 공유 프로그램이다. 목포의 공유 프로그램은 2개이다.

전주의 공유 의제 프로그램으로는 재단사업 부문 거버넌스를 통한 정책개발 공동실현 프로그램 중 '온·오프라인 문화벗담 발간사업'과 '문화콘텐츠 창의뱅크'가 있다. '문화콘텐츠 창의뱅크'는 시민의 발굴된 아이디어를 상용 가능한 콘텐츠로 성장시키고 이를 공유하는 플랫폼형 창의뱅크로 공유 의제에 해당한다. 문화다양성 증진 프로그램 중 '문화공간 운영사업'도 공유 의제 프로그램이다. 레지던시 공간인 '팔복예술공장', 24시간 개방형 생활예술 거점 공간인 '전주시민놀이터', 프로·아마추어 공연단체 연습·공연공간인 '청년음악극장', 지역예술가와 함께 하는 문화예술공간 '동문길 60', '전주공연예술연습공간'도 공유 의제를 담고 있는 프로그램이다. 자료실 부문의 '문화뉴스 클리핑@파발'도 공유 의제 프로그램이다. 종합하면 전주의 공유 프로그램은 모두 9개이다.

천안의 공유 의제 프로그램으로는 문화+지식 부문의 '천안문화예술

전주문화재단 팔복예술공장은 25년간 방치된 폐산업시설을 문화로 재생하는 사업으로 문화소외지역인 팔복동에 구축한 지역예술인과 주민을 위한 예술플랫폼이다.(사진 제공 전주문화재단)

뱅크'와 '도솔문예'가 있다. 문화예술정보에 대한 시민 접근성 향상을 목적으로 하여 공유 의제에 포함되어 모두 2개 프로그램이 해당한다.

청주의 공유 의제 프로그램으로는 문화예술 부문의 문화도시 예비사업인 '문화10만인 기록프로젝트'와 '기록문화다이어리', '문화10만인 플랫폼'이 있다. '문화10만인 기록프로젝트'는 시민기록물을 수집하여 정보를 공유하며, '기록문화다이어리'는 일상문화활동 기록장을 제작하여 배포하는 프로그램이다. 문화예술 부문의 무지개다리사업 중 '영상아카이빙'도 정보 공유 의제에 해당한다. 문화파출소 중 '지역주민 대상 자율 프로그램 기획 및 운영프로그램'도 역시 공유 프로그램이다. '문화파출소'는 비어있는 치안센터 공간에 문화예술의 숨길을 더해 지역주민이 문화예술을 배울 수 있는 공간이다. 동부창고의 '청주공연연습공간', '청주생활문화센터'도 공간 공유 프로그램이다. 북카페 씨아트의 '상상다락방'과 '콘서트 무대' 역시 공간 공유 의제를 포함하고 있으며 공간 소개 부문의 '문화산업단지'와 '에듀피아'도 공유 의제에 해당한다. 정보마당 부문 '문화10만인클럽'도 정보 공유 의제에 해당하여 종합하면 청주의 공유 프로그램은 모두 12개이다.

공유 의제 프로그램은 주로 창작 공간 운영을 하는 곳과 매거진, 뉴스레터 등 정보 공유 프로그램이 주류를 이루었다. 지역문화재단 중 강남이 18개로 가장 많았으나 강남은 문화센터와 평생학습관이 전체를 차지해 프로그램의 다양성 부문에서는 한계를 보였다. 그 다음으로 청주가 12개, 화성이 11개, 포항이 9개로 그 뒤를 이었다.

기초문화재단들은 대체로 참여 의제 프로그램에 비해 공유 의제 프로그램이 훨씬 적어 공유 프로그램을 제대로 운영하고 있지 못한 것으로 나타났다. 공유 의제 프로그램의 비중을 프로그램 10개 이상을 '강'으로, 5~9개를 '중'으로, 4개 이하를 '약'으로 분류하면 [표 24]와 같다.

[표 24] 20개 지역문화재단 공유 의제 프로그램의 비중

공유 의제 프로그램의 비중		
강(10개 이상)	중(5~9개)	약(4개 이하)
강남(18), 청주(12), 화성(11)	포항(9), 전주(9), 성북(8), 금정(7), 성남(6)	원주(4), 춘천(3), 김해(3), 부평(3), 창원(2), 목포(2), 천안(2), 수원(1), 수성(1), 대구동구(1), 성동(1), 고래(1)
3	5	12

3) 네트워크 의제로 분석한 프로그램

원주의 네트워크 의제 프로그램으로는 문화예술공간 부문 청년플랫폼 청년마을 중 '청년마을 운영위원회'와 '원주청년포럼'이 있다. 또한 주요 사업 부문 중 지역 현안에 대한 담론의 장을 마련함으로써 문화 거버넌스 강화 및 시의성 있는 문화정책을 개발하는 '원주문화포럼'도 네트워크 의제에 해당한다. 주요 사업 부문 문화예술지원사업인 '예술 생태계 활성화 지원사업'과 '문화예술활동 지원사업', '생활문화지원사업'도 문화예술활동 네트워크 기반 강화를 위한 성격을 감안하여 네트워크 의제에 포함했다. 종합하면 원주의 네트워크 의제 프로그램은 모두 6개이다.

춘천의 네트워크 의제 프로그램으로는 주요 사업 부문의 청년문화지원 중에서 '일당백 프로젝트'와 '무한청춘 페스티벌', '청년문화 협의체'가 있다. '일당백 프로젝트'는 프로젝트를 통한 청년 문화인력의 성장 및 네트워크 기반 마련을 목적으로 한 프로그램이다. '무한청춘 페스티벌'은 지역자원과 연계한 청년 주도의 기획-네트워킹-실행 과정 지원을 통한 청년문화 역량강화를 위한 프로그램이다. '청년문화협의체' 운영은 춘천형 청년문화플랫폼 구축을 목표로 하고 있는 프로그램이다. 주요 사업 부문의 '지역과 문화포럼'은 시기별 지역의 문화이슈를 점검하고 의제를 발굴하여 시의성 있는 정책 생산과 중장기 비전, 미션 수립을 목적으로 하는 프로그램이다. 따라서 춘천의 네트워크 프로그램은 모두 4개이다.

성남의 네트워크 의제 프로그램으로는 지원사업 부문의 성남문화예술지원사업 프로그램인 '우리동네 예술프로젝트'와 '청년프로젝트'가 있다. '우리동네 예술프로젝트'는 지역의 문화커뮤니티 구축을 목적으로 하며 이를 위한 프로그램으로 예술가와 주민의 협력을 바탕으로 한 프로그램이며 '청년프로젝트'는 청년 예술가들의 도시문화 만들기 프로젝트이다. 또 생활문화동호회 지원사업인 '생활문화동호회한마당'도 네트워크 기반 강화 프로그램이다. 생활문화동호회 지원사업은 2018년까지 운영해 온 사랑방문화클럽 지원사업을 2019년부터 성남에서 활동하는 모든 생활문화동호회 지원으로 확대한 것이다. 그리고 지원사업 부문 '우리동네문화공동체만들기'도 네트워크 의제 프로그램에 해당한다. 성남의 네트워크 프로그램은 모두 4개이다.

수원의 네트워크 의제 프로그램으로는 문화예술창작지원 프로그램인 '우리동네 예술프로젝트 지원사업'과 시민문화 활성화 프로그램인 '수원문화클럽', 문화예술교육지원사업인 '문화예술교육 학습개발연구모임' 등 3개가 있다.

화성의 네트워크 의제 프로그램으로는 문화진흥 부문의 지역네트워크거버넌스26 프로그램인 '시민 협치 네트워크 구축'과 '화성시민 문화 향수 실태조사'가 있다. 또한 콘텐츠개발 프로그램 중 '화성예술플랫폼'도 네트워크 프로그램에 해당한다. '화성예술플랫폼'은 지역 내 예술가 간 네트워크를 확산시키기 위한 프로그램이다. 문화활성화 프로그램 중 '생활문화동호회 활성화'도 네트워크 기반의 프로그램이다. 종합하면 화성의 네트워크 프로그램은 모두 4개이다.

김해의 네트워크 의제 프로그램으로는 문화정책 부문의 문화정책사업인 '무지개다리사업'과 '김해생활문화동호회프로필북' 등 2개가 있다. 무지개다리사업은 지역 내 이주민 단체, 문화단체 등과 지역사회 간 네트워크를 구축하여 문화다양성을 확산하고자 하는 사업이다.

창원의 네트워크 의제 프로그램은 없는 것으로 나타났다.

포항의 네트워크 의제 프로그램으로는 생활문화 부문 '생활문화동아리역량강화지원' 1개가 있다.

수성, 대구동구의 네트워크 의제 프로그램은 없는 것으로 나타났다.

금정의 네트워크 의제 프로그램으로는 재단사업 부문의 네트워크 프로그램인 '금정문화공간 네트워크 ST.ART!'가 있다. 또 청년문화 프로그램인 '금정문화여지도'는 청년문화 네트워크 구축을 목적으로 청년예술가와 기획인 네트워크로 네트워크 의제 프로그램이다. 금정의 네트워크 의제 프로그램은 2개이다.

강남, 성동의 네트워크 의제 프로그램은 없는 것으로 나타났다.

성북의 네트워크 의제 프로그램으로는 문화사업 부문의 문화공동체 프로그램 중 다수가 있다. '공유성북 원탁회의'는 성북의 문화생태계 조성을 위해 성북을 기반으로 하는 문화예술인, 공간 운영자, 단체 관계자들이 모여 정보를 나누고 실행하는 온·오프라인 네트워크다. '성북시각예술네트워크'는 성북예술창작터를 중심으로 시각예술 기관 및 단체(갤러리 디렉터 및 큐레이터), 예술가, 미술기획자와 함께 성북동 미술 네트워크의 협력방안을 논의하는 협의체다. 도서관과 협동조합 성북신나가 만나 휴먼라이브러리라는 형식으로 진행하는 '달달한 포럼' 청년들을 사회적경제 주체로 지역경제 활성화를 추구하는 '지역공동체'도 네트워크 의제 프로그램이다. 예술마을만들기 프로그램도 네트워크 의제 프로그램이다. '정릉예술마을만들기'는 유네스코 세계문화유산인 정릉과 정릉시장, 정릉종합사회복지관, 국민대, 서경대 2개 대학교 등 지역의 역사문화자원과 문화기반시설을 이용하여 청년, 예술가, 기획자, 마을계획단 등 다양한 사람들이 만나 공동체 축제를 기획, 운영하며 도시문화공동체를 만들어가는 것을 목적으로 하고 있다. '미아리고개예술마을만들기'는 예술가, 주민, 청년, 1인 생활자 등 지역에 살고 있는 다양한 그룹들이 만나 미아리고개만의 일상문화를 만들어 가고 있다. '성북삼선예술마을만들기'는 성북과 삼선 지역의 역사문화공간을 활용하는 주민 주도의 예술마을만들기를 목적으로 한다. '장위/석관/월곡예술마을만들기'는 다른 지역에 비해 문화생활 만족도가 낮은 지역적 특성을 해소하고 성북문화재단의 공간, 사람, 예산과 월장석 친구(네트워킹)들의 문화예술 재능을 서로 공유하고 협력하여 예술을 통한 지역의 문화 환경을 만들어 가고 있다. 종합하면 성북의 네트워크 프로그램은 모두 8개이다.

고래, 부평, 목포는 네트워크 의제 프로그램이 없는 것으로 나타났다.

전주의 네트워크 의제 프로그램으로는 재단사업 부문의 거버넌스를 통한 정책개발 공동실현 프로그램 중 '문화담론공유형성사업'이 있다. 이 프로그램은 시민위원회 '똑똑'을 통해 예술가, 시민, 전문가 집단의 네트워킹으로 다양한 문화수요를 반영하고, 적극적 문화정책 제안 및 담론문화 조성을 목적으로 하는 것으로 네트워크 의제 프로그램에 해당한다. 재단사업 부문의 문화다양성 증진 프로그램 중 '교류사업'도 네트워크 기반 확대를 위한 프로그램이다. '교류사업'은 문화예술인·단체의 국내외 교류를 통한 문화다양성 증진을 목적으로 한다. 종합하면 전주의 네트워크 의제 프로그램은 2개이다.

천안의 네트워크 의제 프로그램으로는 생활문화 부문 문화예술지원사업 프로그램인 '생활문화동아리 활동 지원'과 '지역공동체와 문화예술단체 협력' 사업이 있다. 또 생활문화 부문 생활문화 페스티벌 프로그램 중 '생활문화동호회 프로그램 지원'도 이 있다. 이 프로그램은 천안시 생활문화동호회 프로그램 지원으로 생활문화 동호회간의 네트워킹 기반 마련 및 인프라 구축을 위한 것이다. 생활문화 부문 청년문화인력 양성 프로그램인 '문화기획 인력 네트워크 구축'도 네트워크 프로그램이다. 종합하면 전안의 네트워크 프로그램은 모두 4개이다.

청주의 네트워크 의제 프로그램은 문화예술 부문 문화도시 예비사업 중 매주 다양한 주제로 개최하는 '포럼', 지역활동가와 기획자, 예술가 교류 모임인 '살롱', 지역 유관기관 단체와 점심시간 모임인 '도시락토크'가 있다. 또 동아시아문화도시 프로그램인 '동아시아문화도시 교류사업'도 네트워크 의제 프로그램에 해당한다. 문화예술 부문 무지개다리사업 중 '마을공동체사업'과 '충청권 정책포럼'도 네트워크 의제 프로그램이다. 또 동부창고의 '커뮤니티플랫폼'과 정보마당 부문 재단발걸음 아카이빙 중 '우리동아리뽐내기'와 '해외통신원'도 네트워크 기반 확대 프로그램이다. 종합하면 청주의 네트워크 프로그램은 모두 9개이다.

지역문화재단들의 네트워크 의제 프로그램 역시 공유 의제 프로그램과 마찬가지로 편차가 심하고 프로그램도 적은 것으로 나타났다.

지역문화재단들이 커뮤니티 공간과 네트워크 구축에 대해 관심 갖기 시작한 것은 최근 4~5년 사이 지방분권이 강조되면서부터였다. 그러나 대부분 지역문화재단들은 네트워크 의제 프로그램 도입을 아직 본격적으로 하지 못한 것으로 나타났다.

네트워크 의제는 지역 내 커뮤니티를 강조하고 활성화하는 것으로 청주가 9개로 가장 많았다. 그 뒤를 이어 성북이 8개였는데 프로그램의 다양성 측면에서는 성북이 더 뚜렷하게 나타났다. 원주도 네트워크 프로그램이 다양하여 6개가 있었다. 창원, 수성, 대구동구, 고래, 부평, 목포는 네트워크 프로그램이 없었다. 이는 문화재단의 규모와 사업 수 차이에 그 원인이 있다고 판단되며 일부 규모가 큰 재단의 경우는 프로그램 구성에서 지향하는 바가 다르기 때문인 것으로 보인다.

네트워크 의제 프로그램의 비중을 프로그램 5개 이상을 '강'으로, 3~4개를 '중'으로, 2개 이하를 '약'으로 분류하면 [표 25]와 같다.

[표 25] 20개 지역문화재단 네트워크 의제 프로그램의 비중

네트워크 의제 프로그램의 비중		
강(5개 이상)	중(3~4개)	약(2개 이하)
청주(9), 성북(8), 원주(6)	춘천(4), 성남(4), 화성(4), 천안(4), 수원(3)	김해(2), 금정(2), 전주(2), 포항(1), 창원(0), 수성(0), 대구동구(0), 강남(0), 성동(0), 고래(0), 부평(0), 목포(0),
3	5	12

5. 문화민주주의 프로그램과 지역문화재단의 활성화

1) 문화민주주의 요소 '강' '중' '약'이 주는 시사점

지역문화재단의 문화민주주의 프로그램의 비중을 분석한 결과 앞 절에서 보았듯이 지역문화재단 간 편차가 심한 것을 알 수 있었다. 대체로 중분류에서 '강'으로 나타난 지역문화재단들이 소분류에서도 '강'으로 나타나고 '참여' '공유' '네트워크' 의제 프로그램에서도 '강'으로 나타나는 것을 알 수 있었다.

중분류에서 '강'으로 나타난 청주는 소분류에서도 '강'으로 나타났으며 '참여' 프로그램은 '중' '공유' 프로그램은 '강' '네트워크' 프로그램은 '강'으로 나타났다.

중분류에서 '강'으로 나타난 화성은 소분류와 '참여' '공유'에서 '강'으로 나타났으며 '네트워크' 프로그램만 '중'으로 나타났다.

성북은 중분류, 소분류, '참여' '네트워크' 프로그램에서 '강'으로 나타났으며 '공유'만 '중'으로 나타났다.

중분류와 소분류에서 문화민주주의 프로그램이 20개가 넘는 원주,

성남, 수원, 화성, 포항, 강남, 성북, 청주가 전반적으로 '네트워크' 프로그램에서 '강' 또는 '중'으로 나타났다.

재단의 규모가 작은 곳은 사업(프로그램) 종류와 수도 적고, 사업(프로그램) 종류와 수가 적다 보니 다양한 주민 참여 프로그램을 진행하는 데에는 한계를 보였다. 수성, 대구동구, 고래, 목포가 그런 범주에 들었다.

지역별로 보면 서울 지역에서는 성북이 '참여' '공유' '네트워크' 전 부문에서 강세를 보였으며 강남은 '공유' 부문에서 '강'으로 나타났다. 같은 서울 지역이지만 성동은 프로그램 수가 적어 성북, 강남에 비해 큰 편차를 보였다.

하지만 같은 경기권인 성남, 수원, 화성은 '참여' '공유' '네트워크' 전 부문에서 큰 편차 없이 모두 강세를 보였다.

수도권을 제외한 지역에서는 강원권의 원주와 춘천이 중분류와 소분류 프로그램에서 각각 25개, 14개로 '중'으로 나타났으며 영남권과 호남권에 비해 다양한 프로그램을 갖고 있었다.

부산과 울산, 대구는 광역시의 규모임에도 불구하고 각 권역의 기초자치단체 지역문화재단인 금정과 고래, 수성과 대구동구는 예산과 조직규모, 사업(프로그램) 수에서 약세를 보였다. 이중에서 금정은 예산과 조직규모에 비해서는 다양한 사업(프로그램)을 갖고 있으며 전체 사업(35개)에서 문화민주주의 프로그램(16개)의 비중이 높은 편이었다.

신설 지역문화재단들은 조직 규모나 사업(프로그램) 수가 비교적 적고 다양하지 못한 한계를 갖고 있는데 포항의 경우 설립한 지 3년이 되지 않지만 문화민주주의 프로그램은 중분류 14개, 소분류 13개 등 다양하게 갖고 있는 것으로 나타났다.

문화민주주의 프로그램과 지역문화재단의 활성화

2) 문화민주주의 요소가 강하면 운영 활성화?

지역문화재단의 운영 활성화에 영향을 끼치는 지표는 예산, 조직규모, 사업(프로그램)수 등 여러 가지가 있다. 이 글에서는 '참여' '공유' '네트워크' 의제로 표현되는 주민 참여 프로그램을 문화민주주의 요소가 담긴 프로그램이라고 했다.

이 문화민주주의 프로그램을 많이 진행하는 지역문화재단이 주민 참여가 활발할 것이라는 것은 자연스레 추론할 수 있다. 그렇다면 앞에서 제시한 가설 1 "주민 참여 프로그램(문화민주주의 프로그램)이 많은 지역문화재단일수록 운영이 활성화된 곳일 것이다"라는 긍정적 상관성을 갖고 있다고 할 수 있다.

지역문화재단 중 '참여' '공유' '네트워크' 프로그램이 20개가 넘는 원주, 성남, 수원, 화성, 강남, 성북, 청주가 주민 참여 프로그램을 다양하게 진행하고 있으며 따라서 운영이 활성화된 곳이라고 할 수 있다.

원주는 '참여' 프로그램에서 '중' '네트워크' 프로그램에서 '강'으로 나타났으며, 성남은 '참여' '공유' '네트워크' 전 부문에서 '중'에 위치했다.

수원 역시 '참여'에서 '강' '네트워크'에서 '중'으로 나타났으며 청주는 '참여'에서 '중' '공유'와 '네트워크'에서는 '강'으로 나타났다.

또 홍보 전담부서를 두고 있는 성남, 수원, 화성, 김해, 창원 중 화성은 중분류와 소분류, '참여' '공유'에서 '강'으로 나타났으며 '네트워크'에서만 '중'으로 나타났다. 성남, 수원도 전 분야에서 '강' '중'에 위치했다.

홍보 전담부서를 두고 있다는 것은 그만큼 지역주민들과 소통에 비중을 두고 문화예술 향유 정보를 적극적으로 공유하는 시스템을 갖추고 있다는 것을 의미한다.

제4장

문화민주주의에 입각한
정책 특성화 방안

앞에 제시한 지역문화재단의 대분류, 중분류, 소분류 프로그램 중 문화민주주의 의제를 담은 프로그램이 많은 지역문화재단이 주민 참여도가 높은, 즉 운영 활성화가 된 곳임을 분석했다.

본 장에서는 앞으로의 지역문화재단의 효율적인 운영은 문화민주주의 정책을 기반으로 해야 하며 더 나아가 시민민주주의에 입각한 뉴거버넌스를 도입하는 것이 바람직한 특성화 방안임을 제시하고자 한다.

1. 참여, 공유, 네트워크로 결합한
   문화예술놀이터가 되어야

문화민주주의 정책이 활성화되려면 시민민주주의가 전제되어야 한다. '자발적 참여'를 강조하는 시민민주주의가 문화민주주의를 꽃피우는 동력이라고 할 수 있다. 또 한편으로는 시민민주주의가 활성화되려면 문화민주주의의 다양성이 바탕이 되어야 한다. 말하자면 문화민주주의와 시민민주주의는 서로 상호 발전적인 연결고리를 갖고 있다.

시민민주주의는 '시민적 가치'에 입각하여 시민적 참여를 존중하는 정치체제로 시민의 자발적 참여와 책임에 충실한 민주주의다. 이를 바탕으로 보면 시민참여, 시민권, 시민윤리가 시민민주주의의 핵심 요건이다.[1] 그러므로 시민민주주의는 단순한 참여를 넘어 사회적 책임과 권리를 주장한다.

이러한 시민민주주의를 가능하게 할 시민들의 참여와 연대의 힘, 사

---

1 송호근, 「이행기, 무엇을 해야 하나―시민민주주의의 조건」, 한국정치학회 · 한국
   사회학회 주최 시국대토론회 발표논문, 2017, 44~45쪽.

회적 민주성과 공공성은 문화민주주의 발전 없이는 불가능하다.[2] 이와 같은 문화민주주의와 시민민주주의의 특성을 감안하면 문화민주주의에 입각한 정책과 특성화 방안은 기본적으로 참여와 책임이 두 개의 기둥임을 짐작할 수 있다.

앞서 문화민주주의 정책 의제를 참여, 공유, 네트워크라고 했다. 이 정책적 의제는 자발적 참여와 사회적 책임을 바탕으로 한 것이며 현재 지방자치단체들이 강조하는 지방분권정책, 문화분권화 이념과도 일치한다. 특히 지역문화재단의 문화민주주의 정책을 효율적으로 추진하기 위해선 기초자치단체의 정책 역시 문화예술과 교육, 복지 분야의 통합행정이 전제되어야 한다.

거버넌스 차원에서 되짚어보면 지방자치제 실시 초기에는 지역 문화예술시설과 문화예술교육은 지방자치단체에서 운영하거나 시설관리공단 등에 위탁 운영, 관리해왔다. 그 후 문화예술시설과 문화예술교육 등은 전문 집단이 맡는 것이 바람직하다는 인식에서 문화재단이 설립되고 지역문화재단에서 문화예술정책에 따른 운영과 관리를 전담해왔다. 그러나 지역문화재단은 별도의 법인이긴 하지만 지방자치단체의 예산 지원을 받으며 직접적인 영향관계에 있다. 사실상 지방자치단체의 문화예술정책이 지역문화재단에서 구체화하는 것이 가장 이상적이고 현실적으로도 그렇게 되어야 하는 것이 마땅하다.

그러므로 지역문화재단의 문화예술정책에서 문화민주주의 정책을 반영하고자 하면 먼저 지방자치단체의 문화예술정책에서 문화민주주

---

2 김인춘, 「문화민주주의와 시민민주주의: 스웨덴 민주주의와 대중시민교육(Folk-bildning」, 『스칸디나비아연구』, 19, 2017, 122쪽.

의 정책을 반영해야 한다. 지방자치단체의 문화예술정책이 문화민주주의 정책을 반영하고 있지 못한 상황에서 지역문화재단만이 독자적으로 문화민주주의 정책을 시행하는 것은 거의 불가능하다.

지방자치단체에서 지역문화재단을 만든 궁극적 목적 중 하나는 시민들의 문화예술 활동 지원이다. 더 구체적으로 말하면 시민들의 문화예술 활동 참여다. 문화예술시설로 공연장과 전시장을 만들어놓았는데 시민들이 찾지 않으면 지역문화재단 입장에서는 목적사업의 실패라고 할 수 있다.

지역문화재단들은 설립 초기부터 지역문화예술 진흥과 시민들의 문화예술 활동 참여를 주요 목표로 실행 방안을 모색해왔다. 거버넌스 구축도 그 실행 방안 중 하나라고 할 수 있다.

지방자치단체 문화정책을 수행하는 지역문화재단은 지방자치단체를 중심으로 한 거버넌스를 유지했다. 이 거버넌스는 공적 체제와 사적 체제가 어우러지는 네트워크를 만든다. 사적 체제는 시민집단의 참여를 의미한다. 이런 거버넌스 역시 시민사회의 활성화를 북돋우지만 이는 거버넌스 제도권 내의 활성화에 한정된 것일 뿐 제도권 밖의 활성화를 의미하지 않는다.[3] 이에 대해 정부주도형 거버넌스, 하향식 정책 추진시스템이라는 비판이 제기되면서 새로운 모델의 필요성이 제기되었다.

이에 따라 시민사회 중심 거버넌스가 도입되었다. 시민들이 개인이나 NGO와 같은 시민단체로서 제도적으로 참여하는 시민사회 중심 거

---

3   주성수, 『시민참여와 민주주의』, 아르케, 2006, 27~30쪽.

버넌스는 참여와 공동체주의가 핵심을 이루고 있다.[4] 그러나 이런 거버넌스도 운영의 효율성을 살리지 못하면 하나의 제도적 틀에 불과하다.

거버넌스는 파트너쉽과 네트워크가 잘 작동되어야 하는데 이런 한계를 극복하기 위해 모색한 것이 뉴거버넌스다.[5] 뉴거버넌스 논리의 핵심은 정부 역할은 축소되고 자율적 네트워크의 역할이 증가하는 것에 있다.[6] 뉴거버넌스는 지방자치단체와 지역문화재단, 시민단체 외 지역 내 대학교와 전문가 집단이 참여하는 체제로 의사결정구조가 수평적인 것이 특징이다.

이런 뉴거버넌스는 참여 기회의 균등, 정보접근권의 공유, 협업을 위한 네트워크를 지향하는데 이는 문화민주주의의 이념과 일치한다. 지역 내 시민 참여 활성화는 시민민주주의 이념과도 일치하여 지역문화재단의 운영 특성화 전략으로 주목할 필요가 있다.

문화민주주의의 핵심 의제 중 하나인 공유도 시민민주주의와 뉴거버넌스에서 확장해 접근하는 것이 특성화 전략의 하나라고 할 수 있다.

문화민주주의에서 공유는 정보의 공유, 공간의 공유 차원에서 다뤄지고 있다. 정보의 공유는 이용자 입장에서는 정보접근권 문제로 문화예술 콘텐츠와 프로그램에 대한 향유와 활동 참여의 기회를 의미한다. 지역문화재단 입장에서는 홍보의 문제와 직결된다. 즉 지역문화재단이 홍보를 소홀히 하는 것은 시민들의 정보접근권을 침해하는 것이다.

---

4 김석준 외, 『뉴거버넌스 연구』, 대영문화사, 2000, 82~83쪽.
5 김석준 외, 앞의 책, 149~163쪽.
6 이서화 · 장영호, 「뉴거버넌스적 관점에서 지역활성화를 위한 주민 대상 마을만들기 교육사업 연구」, 『한국디자인문화학회지』, 21(2), 2015, 466쪽.

공간의 공유는 크게는 문화예술시설 공간의 공유를 의미하며, 작게는 지역 내 자투리 공간을 활용한 커뮤니티 공간, 회의실, 연습실 등의 공간 공유를 의미한다.

이런 정보의 공유와 공간의 공유는 앞으로 시간과 공간을 초월한 유비커터스 체제하에 더욱 원활히 이뤄지도록 하는 것이 필요하다.

문화민주주의 핵심 의제 중 하나인 네트워크는 오프라인에서의 네트워크와 온라인에서의 네트워크 차원에서 논의할 수 있다. 오프라인 네트워크로는 예술동아리, 지역의 포럼, 연구회 등이 있다. 오프라인 네트워크 관리는 특히 인터넷 이용이 원활하지 않은 노년층의 지속가능한 참여활동에 있어 중요하다. 초기 단계의 오프라인 네트워크는 개인들이 모인 예술동아리가 하나의 네트워크로 존재한다. 오프라인 네트워크가 활성화되면 예술동아리들끼리 연합체로 활동하면서 협업이 이루어지는 시스템이 가능해진다.

온라인 네트워크로는 SNS와 지역문화재단의 누리집 등이 있다. SNS를 지역문화재단 중심에서 보면 이용자도 SNS 네트워크를 활용하고 지역문화재단도 SNS 네트워크를 활용하는 입장이다. 그러므로 SNS 네트워크 관리는 지역문화재단 입장에서도 매우 중요한 부분이다.

또한 지역문화재단 입장에서는 누리집을 통한 회원 네트워크 관리도 시민민주주의에 입각하여 접근해야 한다. 공유에서와 마찬가지로 전자플랫폼 구축으로 유비쿼터스 체제를 지향해야 한다. 지역문화재단 간 전자플랫폼이 활성화되면 빅데이터 활용이 가능해진다. 이를 토대로 이용자들의 프로그램 선호도를 분석하고 이에 따라 프로그램을 구성하는 등 이용자 중심으로 운영하는 것이 문화민주주의와 시민민주주의에 입각한 지역문화재단 정책 특성화 방안의 시작이다.

2. 참여 : 거버넌스에서 뉴거버넌스로

문화민주주의 정책에서 참여 의제는 문화권, 즉 문화기본권과 직접적 관련이 있다. 여기서 문화권은 개인으로서 문화예술 향유에 참여할 기회는 물론 문화예술 활동에 참여할 권리를 포함한다. 시민 입장에서 참여 의제는 일상 속에서의 예술 활동을 의미하며 문화예술 향유의 기회 균등과 스스로 창작과 체험 활동을 하는 것을 의미한다. 즉 문화예술 향유로서의 참여, 문화예술 활동으로서의 참여 두 가지로 나눌 수 있다. 참여 의제로서의 문화권은 문화접근권, 문화복지권 등을 모두 포함하는 포괄적 개념을 갖고 있다.

문화민주주의에서 참여가 기회의 균등, 문화소외와 격차 해소를 위한 참여라면 시민민주주의에서 참여는 보다 더 적극적인 참여, 공동체에 대한 책임의식을 가진 참여, 자발적 참여를 의미한다. 여기에는 시민윤리도 뒤따른다. 문화소외 해소를 넘어 공동체적 운영, 공동체에 대한 헌신까지 포함한 참여가 시민민주주의에서 말하는 참여다.[7] 즉 마

7 송호근, 『촛불의 시간—군주·국가의 시간에서 시민의 시간으로』, 북극성, 2017,

을공동체 경우도 지방자치단체가 만들어줘서 운영하는 것이 아니라 시민들 스스로 만들고 스스로 운영하며, 문제가 생겨도 먼저 내부에서 해결책을 모색하는 사회적 책임의식을 가진 참여를 말한다.

일부에서는 이를 '혁신'이라고 규정하고 있다. 과거 형식대로 성과지표를 정하고 그것을 달성하였다고 억지 통계로 만든 결과를 성과라고 내세우기보다는 문화 또는 문화서비스의 가치에 대한 인식의 틀을 새롭게 하는 것이 지역문화재단의 바람직한 혁신의 시작[8]이라고 강조하기도 한다.

참여와 공유, 네트워크 특성화에 앞서 필요한 것이 지역문화재단이 펼칠 문화서비스의 가치에 대한 인식인데 문화서비스에서는 기존의 가치체계로는 이해되지 않은 현상들을 이해하기 위한 새로운 인식의 틀이 필요하다.[9]

그 새로운 인식을 위한 제도적 틀이 바로 뉴거버넌스다. 뉴거버넌스의 제도적 정착을 위해 전제 되어야 할 요건 중 하나가 지방자치단체와 지역문화재단 사이의 문화분권화이다. 문재인 정부 들어 지역 균형발전을 위한 지방분권화가 요구되듯이 지역문화재단의 운영에도 문화분권화가 요구되고 있다. 지방정부와 지역문화재단 간 분권화는 지원과 육성이라는 지원정책에 따른 규제적 속성과 집권적 속성을 어떻게 개선할 것인가에 대한 고민이 요구되는데 이는 결국 문화거버넌스 구

120~125쪽.

8 김해보, 「가치 중심의 혁신을 위한 공공 문화서비스의 거치와 거래 방식에 대한 새로운 인식틀 제안 - 지역문화재단의 공공혁신을 중심으로」, 『문화정책논총』 19, 2008, 198쪽.

9 위의 논문, 199~201쪽.

축을 통해 가능하다.[10]

현실에서는 문화분권화의 걸림돌이자 장애요인이 항상 존재한다. 그 중 하나가 지역문화재단의 재정 문제이다. 지역문화재단은 자체 기금을 보유하고 있으나 기금만으로는 운영이 불가능하다. 실질적으로는 자치단체의 보조금에 의해 운영되고 있는데 이런 구조는 지역문화재단의 자치단체에 대한 의존도가 커지고 자율성은 약화될 수밖에 없다.[11]

지역문화재단 운영에 있어 자율성 약화, 독립성 저해 요소의 극복은 문화민주주의와 시민민주주의에 입각한 뉴거버넌스로 가능하다.

뉴거버넌스에서 가장 중요한 요소는 시민의 참여다. 뉴거버넌스에서는 지역문화재단의 목적사업과 주민 대상 프로그램 운영 과정에 지방자치단체를 비롯하여 지역 내 대학과 기업, 시민단체들이 의사결정체로서 참여하는 구조를 갖는다. 이 과정에서 지역문화재단에서 운영할 프로그램이나 새로운 프로젝트는 시민들의 자발적 참여에 의해 제안되고 이뤄지는 것이 중요하다. 지역문화재단이나 지방자치단체가 프로그램을 제시하고 여기에 시민 참여가 이뤄지는 구조가 아니다. 이 같은 구조에서는 '시민 참여'가 아니라 '시민 동원'이다. 진정한 시민 참여는 시민이 제안하고 시민이 만들고 이 과정에서 지역 내 대학교와 관련 기업, 전문 예술가집단, 시민단체가 협업체제를 이루는 것이다. 이 시스템에서는 지역문화재단은 지역문화예술 활동의 허브로서 기능

---

10 류춘호, 「지방정부의 문화정책 실태와 정책방향－부산문화재단을 중심으로」, 2011, 240쪽.

11 양효석, 「지원정책 변화의 중심에 선 문화재단」, 『Weekly@예술경영』 36호, 2009.7, 97쪽.

하게 된다. 그러므로 지역문화재단은 협업할 수 있는 민간단체를 발굴하고 네트워킹하여 지역문화 거버넌스가 생성될 수 있는 시민생태계를 만드는 작업을 병행해야 한다.[12]

실제 협력적 거버넌스가 민관 협력으로 이뤄지는 것을 '민관협치'라고 한다. 지방자치단체 중에는 서울특별시가 선도적으로 추진하고 있다. 서울특별시는 이미 '서울특별시 민관협치 활성화를 위한 기본조례'까지 만들었는데 이 조례는 특히 민과 관의 상호협력을 강조하고 있다. '민관협치'에서 '민'은 단순히 시민, 시민조직만을 의미하는 것이 아니라 지역의 전문조직, 기업, 대학 등도 포함된 조직을 말한다. 이 '민관협치'에서 만들어낸 구체적 성과는 최근 기초자치단체에서 추진하고 있는 '마을만들기'다. 마을만들기의 구체화는 마을공동체이다. 이는 주민들의 필요에 따라 지역의 인적, 물적 자원을 활용하여 주민이 직접 계획하여 공동체를 만드는 마을 관리운영 거버넌스다. 마을공동체의 핵심은 지역주민 참여와 신뢰 형성이다.[13] 협치의 성공적 추진을 위해서는 참여자 스스로 의사결정력을 가져야 하는 것이 중요하다.

지역문화재단의 참여 의제를 담은 프로그램은 크게 문화예술교육과 생활예술문화 체험, 두 개 분야로 나눌 수 있다. 또 민관협치를 바탕으로 한 뉴거버넌스에 따른 협업의 사례에서도 특성화 전략을 찾아볼 수 있다.

---

12 박현숙 · 김태영, 「문화예술기관의 재정력에 미치는 영향요인연구 : 지역문화재단을 중심으로」, 『한국정책학회 동계학술발표논문집』, 2015, 390~415쪽.
13 라미경, 「민관협치를 바탕으로 한 시민정치―서울시 사례를 중심으로」, 『NGO연구』 12(1), 2017, 89쪽.

1) 민관협치에 따른 문화예술교육 활성화

문화예술교육은 문화예술 참여의 전 단계로 문화예술에 대한 이해를 높이고 관심을 지속할 수 있는 기능을 한다. 학계와 연계한 문화예술교육이 문화예술에 대한 관람을 증가시킨다는 연구 사례가 이를 뒷받침한다. 1992년 인구조사 자료를 바탕으로 미국 국립예술기금(NEA, National Endowment for the Arts)의 연구보고서에 따르면 예술교육이 관람에 긍정적 영향을 끼칠 뿐 아니라 둘 사이의 관계는 어떤 다른 예측치보다 4배 강하게 나타났다.[14]

이런 문화예술교육은 학교를 기반으로 한 아동·청소년 대상과 일반인 대상으로 나눌 수 있다. 학교를 기반으로 문화예술교육이나 일반인들을 대상으로 한 문화예술교육 모두 지역문화환경과 특색을 살린 참여형 프로그램으로 구성하는 것이 바람직하다는 것을 앞 장에서 살펴보았다. 단순 강좌식이 아닌 지역 기관과의 연계형 프로그램의 대표적 사례로 영국의 문화예술교육 프로그램을 들 수 있다.

영국의 예술위원회와 교육부는 문화예술교육 과목을 수강하는 청소년들을 위해 음악 및 무용프로그램에 공동으로 자금을 지원한다.[15] 예술위원회는 예술강사를 발굴하고 학교 프로그램에 지원하고, 교육부는 학교 문화예술교육을 외부 전문강사에게 개방하고 우수 학생들에게는

---

14 Bonita M. Kolb, 『새로운 문화소비자를 위한 문화예술기관의 마케팅(*Marketing Cultural Organisations*)』, 이보아·안성아 역, 김영사, 2004, 80쪽.

15 John Sorrell & Paul Roberts & Darren Henley, 『문화예술교육은 왜 중요한가(*The Virtuous Circle: Why Creativity and Cultural Education Count*)』, 오수원 역, 열린책들, 2015, 30쪽.

전문직인 문화예술 활동을 할 수 있도록 장학금을 지원한다.

영국의 문화예술교육은 학교, 지역, 사회, 소도시 등의 다양한 영역에서 연계형으로 진행된다. 잉글리시 헤리티지의 '유적학교' 프로그램은 8개 지역 12개 학교가 참여하여 지역 유적에 대한 구체적 교육프로그램을 공유하고 있다.[16]

지역문화재단의 문화예술교육은 문화센터형 강좌를 벗어나 지역의 문화예술관련 단체와 교육기관, 지역예술가들이 참여한 가운데 아동·청소년, 지역주민이 프로그램을 만드는 것이 바람직하다.

초기 문화예술교육은 문화민주주의, 문화권(cultural right), 문화에 대한 권리(right to culture), 문화 리터러시(culture literacy), 문화복지, 창의성교육 등의 가치체계에 뿌리를 두고 있다. 이런 취지를 감안하면 지금까지 문화예술교육이 학교 및 사회시설, 문화기반시설을 중심으로 이뤄졌다면 앞으로의 문화예술교육은 지역을 기반으로 지역의 문화적 특성을 고려한 프로그램으로 구성되는 것이 바람직하다.[17]

지역문화재단의 문화예술교육 프로그램 특화 방안으로 고령화 시대 대비 노년층 대상 프로그램 개발을 들 수 있다.

앞에서 표본 선정한 20개 지역문화재단에도 노년층을 대상으로 한 전문 문화예술교육 프로그램은 많지 않았다. 그중 사례를 찾아보면 춘천시문화재단의 문화예술지원사업으로 어르신 동호회 활동 지원이 있고, 부평구문화재단이 연령대별 예술교육프로그램이 있다. 또 성남문화재단과 전주문화재단의 생애주기별 문화예술교육프로그램이 있다.

---

16 위의 책, 63쪽.

17 최현묵, 『문화예술교육과 지역문화 정책』, 해조음, 2011, 60~61쪽.

성남문화재단의 '노년층 생애주기별 프로그램'은 사회문화예술교육 지원사업의 하나로 만 60세 이상 어르신들이 문화예술교육 활동을 경험할 수 있다. 어르신들이 직접 성남아트센터를 방문하기 어려운 점을 감안해 지역의 거점 공간 역할을 하고 있는 문화공간 '다말마켓' 등과 연계해 운영한다. 어르신들이 생활권 내 문화공간에서 문화예술교육 활동에 참여할 수 있도록 한 것이다. 프로그램은 공예 및 미술심리 상담으로 구성된 '잊혀진 기억 조각 이어가기' '내 마음도 챙겨주세요' 등이 있다. '잊혀진 기억 조각 이어가기'는 기억을 담은 옷이나 천으로 소품이나 액세서리를 만들거나 추억의 향 등으로 기억을 떠올려보기, 문패 만들기 등의 내용으로 구성되어 있다. 분당구 백현동 계단밑테이블에서 진행하는 '내 마음도 챙겨주세요'는 내 마음을 대변해줄 분노 캔들 만들기, 내 몸을 챙겨줄 건강밥상 차리기, 나를 위한 선물 만들기 등을 통해 성취감을 느끼도록 한다.[18]

충주중원문화재단은 한국문화원연합회가 주관하는 '2018 어르신문화프로그램 사업 공모'에 선정되어 앞으로 충주생활문화센터에서 어르신 마술수업, 스마트폰 및 사진수업을 매주 1회씩 연 30회 진행한다.[19] 충주중원문화재단은 2019년에도 어르신문화프로그램사업에 선정되어 4~11월 매주 수요일 충주생활문화센터에서 진행하고 있다.

문화예술교육 외에도 문화예술프로그램 공유, 문화생산을 통한 노년

---

18 「성남문화재단, '노년층 생애주기별 프로그램' 진행 만 60세 이상 어르신 대상 생활밀착형 문화예술교육 활동」, 『이뉴스투데이』, 2017.09.07.

19 「충주중원문화재단, '어르신문화프로그램 사업' 공모 선정」, 『충북일보』 2018.03. 20.

층 문화예술프로그램도 있다. 성북문화재단의 '서울노인영화제'는 영화를 매개로 노인감독에게는 주체적이고 주도적인 문화생산 활동 기회를 제공하고 젊은 감독에게는 다양한 시선으로 참여할 기회를 제공함으로서 세대 간 소통에 기여하는 문화축제 프로그램이다.

노년층을 대상으로 한 문화예술교육 프로그램은 가장 기본적인 권리인 문화권을 비롯, 문화예술향유권과 문화접근권, 문화복지권과도 직접적 관련이 있는 문화민주주의 정책 의제이다.

중앙정부 차원에서도 노년층을 대상으로 한 문화예술교육정책은 문화체육관광부가 2018년 1월 발표한 '문화예술교육 종합계획'에서 구체적으로 제시되고 있다. 이 자료에서 문화체육관광부는 문화정책 추진 전략으로 수요자 중심 교육 다각화를 밝히고 있는데 이 중 생애주기별 맞춤형 문화예술교육 확대 부분에 고령사회에 대비하는 문화예술교육 지원 부분이 있다. 구체적 내용을 살펴보면 은퇴를 맞이하는 50~64세 생애전환기 중장년층에 대한 문화예술교육 신규 지원으로 미디어를 활용한 노인 문화예술교육 확대, 참여 활동 강화, 독거노인 등 탈시설 어르신을 대상으로 한 문화예술교육 프로그램 지원 등을 주 내용으로 담고 있다.[20]

문화체육관광부와 한국문화예술교육진흥원은 이동형 문화예술교육 프로그램인 '움직이는 예술정거장'을 운영하고 있다. '움직이는 예술정거장'은 예술버스와 버스로 접근이 어려운 산간지역까지 찾아갈 수 있는 예술트럭으로 전국 곳곳을 찾아가 다양한 문화예술교육 프로그램을 제공한다. 이외 병원선과 연계한 예술선도 섬마을 주민들을 찾아가

---

20 문화체육관광부, 『문화예술교육 종합계획(2018~2022)』, 2018, 19~21쪽.

문화예술교육 프로그램을 제공한다. 예술버스 프로그램으로는 스마트기와 연극, 음악 등을 연계한 복합 문화예술교육 프로그램 '좀비 버스터즈 미디어밴드'와 일상의 물건을 예술 활동 소품으로 활용해보는 '일상 한 스푼, 재미 한 스푼' 등이 있다. 예술트럭의 프로그램으로는 지역 어르신들이 전문 퍼거션 밴드로부터 라틴 타악기 연주와 댄스를 배우는 '쿠바로 가는 타임머신' 등이 있다. 예술선 프로그램으로는 '섬마을 음악다방' 등이 있다.[21]

이러한 문화예술교육, 특히 찾아가는 예술문화교육은 일회성이 아닌 지속적이고 체계적인 것이 중요하다.

캔 파운데이션에서 운영하는 '아트버스 캔버스(CANbus)' 프로그램은 연속성을 가지고 있는 것이 특징이다. 2009년부터 시작된 아트버스는 문화나눔 희망지역 어린이들을 대상으로 예술체험 프로그램을 제공한다. 문화예술 체험기회가 부족한 환경의 어린이들이 예술가들과 함께 일정기간 예술창작활동을 함으로써 긍정적인 사고와 창의적 자기표현 능력을 기를 수 있도록 돕고 있다. 최근에는 기업과 함께 프로그램을 진행하는데 삼성전자, 한국수자원공사, 신한은행 등이 참여했다. 보통 한 대상지역에서 3~4회 프로그램으로 진행한다.[22]

수원시가 협력하고 한국수출입은행이 후원한 '아트버스 캔버스'는 다문화 가정 초등학생 30명을 대상으로 2016년 11월 23일~12월 8일 매주 목요일 수원시 글로벌청소년 드림센터에서 진행했다. 아트버스 캔버스의 찾아가는 예술체험프로그램은 2009년~2016년 기준 전국

---

21 「문화예술 싣고 전국 달린다… 움직이는 예술정거장」, 『연합뉴스』, 2017.07.14.
22 캔 파운데이션 누리집(http://www.can-foundation.org/index.php) 참고.

117곳, 32만 7,000여 킬로미터를 달리며 67명의 미술가와 함께 4,200여 명의 청소년들에게 예술체험의 기회를 제공했다.[23]

일반인들을 대상으로 한 문화예술교육의 방안으로 직장인 예술동아리 강좌 프로그램이 있다. 지역문화재단의 문화예술교육프로그램 중에는 직장인들을 대상으로 한 예술체험 프로그램이 많지 않았다. 특히 직장인들을 대상으로 한 문화예술교육프로그램도 찾아가는 예술강좌 형식이 바람직하다. 지역에 기반을 둔 문화예술인이 직장에 찾아가 퇴근 후 동아리 강좌를 운영하는 방식은 지역문화재단과 기업 협치로 가능하다.

소규모 직장, 자영업자 등에 대한 문화예술교육 지원 사업으로는 문화체육관광부가 문화예술교육 종합계획(2018~2022)에서 밝힌 '저녁에 만나는 예술학교' 등 시간특정형 문화예술교육 프로그램을 들 수 있다.[24] 특히 산업단지 직장인 경우 산업단지공단 지부와 지역문화재단의 연계가 효율적이다.

찾아가는 문화예술교육프로그램의 경우 소외계층을 대상으로 하는 경우가 많은데 이 대상의 범위를 노년층, 직장인, 주부모임 등으로 확대해서 일상생활 속에서 문화예술교육을 체험할 기회를 제공하는 것이 바람직하다.

---

23 「수원시, 예술창작 프로그램 아트버스 캔버스 진행」, 『이뉴스투데이』, 2016.11. 23.

24 문화체육관광부, 『문화예술교육 종합계획(2018~2022)』, 2018, 21쪽.

2) 뉴거버넌스에 따른 생활예술문화 체험 확대

참여 의제를 포함한 생활예술문화 체험 프로그램으로는 마을축제와 문화강좌가 있다. 마을축제 경우 대부분 지방자치단체가 중심이 되어 진행하는 것이 보통이다. 이 경우 지역주민은 소극적 참여, 단순 구경 꾼 차원에 머물 뿐이다.

성북문화재단의 문화축제는 지역주민이 기획 단계부터 참여하여 문화재단과 함께 만드는 것이 특징이다. '성북 책모꼬지' 경우 성북구와 동덕여대가 공동주최하고 성북문화재단과 책읽는성북추진협의회, 성북작은도서관네트워크, 한책추진단이 주관하는 축제다. 여기서 선정하는 올해의 한 책은 성북구민으로 이뤄진 한책추진단이 직접 추천·토론·투표하는 과정을 거친다. 이것이 가능한 배경에는 성북구의 문화정책과 성북문화재단의 문화정책이 모두 문화민주주의 정책이념을 근간으로 하고 있다는 공통성이 있다.

불특정다수를 대상으로 한 축제보다 세대별 맞춤형 축제가 운영의 효율성을 더 기대할 수 있다. 구로문화재단의 '구로청소년극장축제'가 그 예이다. '구로청소년극장축제'는 제작 과정에 지역 청소년들이 참여한다.

지역문화재단의 문화강좌로는 문화센터의 교육강좌와 평생교육원 형식의 강좌 프로그램이 있다. 이와 같은 강좌프로그램은 일방통행식 강의에 머무는 경우가 많다. 지역문화재단의 교육강좌프로그램에 적극적 참여를 유도하는 방안의 예로 성북문화재단의 '성북진경 아카데미'를 들 수 있다. '성북진경 아카데미'는 아동·청소년, 가족, 각계각층 지도자, 공무원, 기업, 다문화가정 등 대상별 맞춤프로그램이다. 이들 대상에 맞게 성북의 역사문화공간 및 문화예술에 대한 전문교육을 탐방, 인문 강연, 공연 등 다양한 형식으로 구성된 문화예술교육프로그램이다.

생활예술문화 체험은 주로 동아리 활동을 통해 경험하는 경우도 많다. 성남문화재단의 사랑방문화클럽은 아마추어 예술인들과 전문 예술인들이 지역별, 장르별 모임을 가지며 교류와 강습, 공동작업 등을 하는 대표적 프로그램이다. 성남문화재단은 2019년부터 사랑방문화클럽 회원 뿐 아니라 성남에서 활동하는 모든 생활문화동호회를 지원 대상으로 확대했다.

지역문화재단의 생활예술문화 프로그램도 단순히 전문 예술인들이 아마추어 예술인들을 가르치고 체험하게 하는 것이 아니라 지역 특색을 기반으로 지역의 고유문화를 발굴하여 생활예술문화 활동으로 연계하는 것이 바람직하다.

3) 뉴거버넌스에 따른 다자간 협업

'민관협치'를 바탕으로 한 뉴거버넌스 하에 협업은 지역문화재단을 중심으로 지역의 다양한 계층, 전문가들이 참여한 협업, 지역문화재단과 지역문화재단 간의 협업, 지역문화재단과 지역 내 대학과의 협업, 지역문화재단과 지역 내 기업과의 협업, 지역문화재단과 지역 내 다수 기관들의 다자간 협업 등 다양한 방법으로 추진되고 있다.

지역문화재단을 중심으로 지역의 다양한 계층, 전문가들이 참여한 협업 사례로 대표적인 모델은 '마을만들기'이다. '마을만들기'는 종래의 전통적 지역개발 방식인 하향식 개발정책의 한계와 폐해를 인식하고 지역주민 스스로 자신과 마을의 복리와 후생을 늘릴 수 있는 뉴거버넌스 지역 개발의 대안적 방법이다. 실제 사례로 성북구의 마을만들기 교육사업인 '도시아카데미'를 들 수 있다. '도시아카데미'는 단순히 성북구에 거주하는 구민들만으로 운영하는 것이 아니라 관련 공무원과 구의원을 교육에 참가시킴으로써 주민, 공무원, NGO, 구의원 등 다양한 집단의 협의 과정을 도출했다. 이런 협의 과정을 거쳐 지역 개발과 마을디자인 등 도시 계획에 구체적 대안을 제시한 것이 협업의 성과로 평가된다.

지역문화재단과 지역문화재단 간의 협업 사례로는 김해문화재단 김해문화의전당과 안산문화재단의 미술작품교류전을 들 수 있다. 김해문화재단 김해문화의전당은 2018년 5월 10일부터 31일까지 안산문화재단과 미술작품교류전으로 'INTER-CITY展'을 개최했다.[25] 이 같은 전시는 안산문화재단과 김해문화재단 공동 주관으로 마련한 것이며 경기권과 경상권 작가들의 상호 방문 전시로 미술교류의 장을 넓히고자 했다.

지역문화재단과 지역 내 대학과의 협업 사례로는 성북문화재단과 지역 내 동덕여대의 지역협력사업을 공동 추진하는 협약을 들 수 있다.[26] 협력의 방안은 동덕여대에서 3억 원의 재정을 투입하고 성북문화재단은 지역의 수요에 맞는 프로젝트 개발 및 실행을 하는 것이다. 여기에

---

25 「김해문화의 전당, 안산─김해 미술교류전 개최… 10일부터 이달 31일까지」, 『쿠키뉴스』, 2018.05.09.

26 「동덕여대, 성북문화재단과 지역협력사업 공동 추진」, 『매일경제』, 2017.09.29.

동덕여대 공공문화예술 연계 전공 학생들이 기획 단계에 참여해 지역 사회협력 활동을 했다.

지역문화재단과 기업의 협업 사례로는 성남문화재단과 ㈜네오트랜스와 지역 문화 활성화를 위한 공동 문화사업교류협약을 들 수 있다.[27] 협약은 다양한 문화예술행사를 공동으로 추진하는 것인데 예를 들면 매달 마지막 주 화요일 판교역 썬큰광장에서 판교역 문화마당을 공동으로 진행하는 것 등이다.

다자간 협업의 예는 충북문화재단 사례에서 찾아볼 수 있다. 충북문화재단은 충북도와 청주시문화산업진흥재단, 충주중원문화재단, 충북예총, 충북민예총 등 9개 기관과 협약을 맺고 광역 거버넌스 구축에 나섰다.[28] 이 기관들이 맺은 광역 클러스터는 '충북문화예술 광역클러스터'로 각 기관이 보유하고 있는 문화예술 정보 및 인프라를 공유하고 사업 공유 및 협력체계를 구축하는 것이다. 같은 도 내 문화예술기관들이 협력체계를 구축하는 것은 콘텐츠 개발뿐 아니라 정책 수립에 있어서도 상호 자문을 통해 일관성을 가질 수 있다는 데 의의가 있다. 그리고 기관들끼리 공동 연구사업도 추진하는 것도 시너지 효과를 거둘 수 있는 부분이다.

---

27 「성남문화재단, 네오트랜스와 지역문화 활성화 위한 공동문화사업 교류 협약」, 『기호일보』, 2018.03.01.

28 「충청북도, 충북문화예술 광역클러스터 구축」, 『충북일보』, 2018.05.29.

3. 공유 : 정보·공간 중심에서 유비쿼터스 체제로

　문화민주주의 정책에서 공유 의제는 문화권, 정보접근권과 직접적 관련이 있다. 공유 의제는 콘텐츠 생산자(지역문화재단, 지역예술단체) 입장에서는 정보 공유를 위한 홍보가 포함되며 콘텐츠 이용자(문화예술 소비자, 지역주민) 입장에서는 참여 기회 확보를 위한 정보접근권의 문제다. 참여 기회를 균등하게 제공하는 것은 문화민주주의의 핵심 요소이다. 참여 기회가 균등하게 이뤄지지 않으면 일차적으로 문화소외가 일어난다.

　정보의 공유에서 중요한 부분 중 하나는 세대별 맞춤형 정보의 공유를 위한 홍보의 차별화다. 예를 들어 하나의 프로그램, 하나의 콘텐츠를 홍보하더라도 SNS를 자주 이용하거나 스마트폰으로 정보 검색을 하는 젊은 세대들을 대상으로는 SNS 홍보에 주력하고, 팸플릿을 보며 정보를 찾는 노년층을 대상으로는 인쇄물 홍보에 주력하는 것이 바람직하다. 특히 고령화사회로 접어든 한국 사회에서는 노년층을 대상으로 하는 공유 전략이 더욱 절실한 과제다.

　정보의 공유는 곧 지식의 공유로 이어지고 이러한 공유가 확산되면

자연스레 그것은 네트워크화된다. 바람직한 지식 공유 과정은 주체 간 신뢰를 바탕으로 공공의 가치를 추구하고 상호 호혜적 관계를 구축한다. 이 관계는 자발적 참여를 이끌어내며 이런 관계가 집단화되면 네트워크화된다. 이러한 지식 공유 네트워크는 오프라인 공간을 토대로 한 네트워크로도 나타나고, 온라인 공간을 토대로 한 네트워크로도 나타난다.[29] 이것이 더 확장되면 그것이 곧 유비쿼터스 체제가 된다.

공간의 공유는 기본적으로 문화예술 향유를 위한 문화예술시설 공간 공유 외 예술동아리 활동을 위한 공간 공유, 지역 내 문화정책 협의 등 회의를 위한 공간 공유, 지역 내 전문 예술가들의 작업 활동을 위한 공간 공유 등으로 나눠볼 수 있다. 공간의 공유는 문화예술 활동의 지속적인 유지를 위한 기반으로서 중요성을 갖고 있다.

공유의 문제는 4차 산업혁명 시대에 돌입하여 더 중요해지고 있다. 현재 일부 기관에서 시범적으로 시행되고 있는 유비쿼터스 체제를 지역문화재단에도 도입하는 것을 적극적으로 추진해야 한다. 유비쿼터스 혁명은 정보혁명의 연장선상에 있으며 물리적 공간과 가상공간을 통합한 새로운 유비쿼터스 공간의 창조와 언제, 어디서나 제한 없이 접속 가능한 것을 지향한다.[30]

유비쿼터스 체제는 정보의 공유 부문에서 가장 혁신적 진척을 이룰 것으로 기대된다. 지금은 단순히 콘텐츠와 프로그램의 정보 공유를 하지만 이 시스템이 도입되면 자신이 선호하는 프로그램 위주로 정보를

---

29 강주희 · 전수환, 「문화예술 활성화를 위한 지식 공유 네트워크 운영 방안」, 『예술경영연구』14, 2009, 188~189쪽.

30 임은모, 『유비쿼터스 세상』, Jinhan M&B, 2005, 18쪽.

제공받을 수 있으며 지역문화재단 입장에서는 시민들이 세대별로 어떤 프로그램을 선호하는지, 공연과 전시 참여 시간대는 언제가 가장 많이 참여할 수 있는 시간대인지를 파악할 수 있게 된다. 문화예술교육도 지금처럼 강좌를 찾아다니거나 오프라인 공간에 모여 하는 것이 아니라 각각의 집에서도 영상을 통해 가능하다.

1) 세대 · 계층 · 지역별 정보 공유의 다양한 사례

정보 공유는 콘텐츠 생산자(지역문화재단, 지역예술단체)에서부터 시작된다. 특히 지역문화재단은 지역주민들의 문화예술 향유와 참여를 목적으로 존재한다. 생산한 콘텐츠를 널리 알리기 위해 홍보에 주력해야 한다. 그러나 앞서 살펴보았듯이 지역문화재단들은 홍보인력과 역할에서 큰 편차를 보였다. 홍보인력이 많은 곳이 역할도 많이 하는 것으로 나타났다.

지역문화재단은 인원 규모에 관계없이 홍보 전문인력이 최소 1명 이상은 확보되어야 한다. 바람직한 형태는 홍보 전담부서를 두는 것이다. 표본 조사한 20개 지역문화재단 중 홍보 전담부서가 없는 곳이 15곳으로 전체 75%나 되었다.

이런 조직의 업무역할을 살펴보면 홍보 업무를 하면서 다른 업무도 함께 하는 구조를 가지고 있다. 한 예로 원주문화재단 경우 경영지원팀의 팀원이 SNS 홍보관리도 하면서 직원연수 지원업무도 맡고 있다. 강남문화재단 경우 경영지원팀의 팀원이 총괄서무도 맡으면서 재단 홈페이지 관리와 홍보를 겸하고 있다. 또 문화예술팀 팀원이 종합 홍보마케팅과 사업 광고 및 디자인을 맡고 있다.

반면 홍보팀은 없지만 한두 명이 홍보 업무를 전담하거나 몇 개 팀에서 각각 관련 업무 홍보를 담당하는 곳도 있다. 부평문화재단의 경우는 기획조정팀의 팀원이 재단 홍보 업무 및 관리, 시민 기자단 관리, 보도자료 아카이빙, 온·오프라인 마케팅 계획 작성 및 운영을 담당하고 있으며 또 다른 팀원이 재단 온·오프라인 홍보와 재단 홈페이지 운영을 담당하고 있다. 성북문화재단의 경우도 문화정책팀의 팀원이 정책과 홍보를 맡고 있어 홍보에 전념할 수 있는 구조를 가지고 있다.

포항문화재단은 문화기획팀의 팀원이 대내외 홍보를 전담하고 있으며 축제운영팀의 팀원이 시민축제기획단 육성 및 운영 업무를 하면서 홈페이지 및 SNS 관리를 겸하고 있다. 또 공연전시팀의 팀원이 공연 기획 및 홍보를 담당하면서 다른 업무도 병행하고 있다.

지역문화재단은 홍보 전담인력을 두는 것을 넘어 새로운 홍보 채널과 네트워크를 적극적으로 활용할 수 있도록 전문화해야 한다. 이러한 전문화는 자료를 업데이트하듯이 홍보 담당자가 전문 교육을 주기적으로 받을 수 있도록 해야 가능하다.

미디어 환경의 변화로 홍보 채널은 갈수록 늘어나고 다양화되는 추세다. 이런 미디어 환경의 변화는 더욱더 홍보의 전문성을 요구하고 있다. 기존의 신문과 방송 외 SNS도 홍보의 한 영역이 되었다.

지역문화재단의 홍보는 전 세대, 계층을 대상으로 하는 만큼 세대별, 계층별 홍보전략을 갖추어야 한다. 20~30대 젊은 세대 대상으로는 SNS 홍보가 효과적이겠지만 고령화시대에 노년층을 위한 홍보는 팸플릿(인쇄물)이 효과적이라는 건 누구나 공감한다. 그러나 적극적으로 실천하는 재단은 아직 많지 않다. 대부분 지역문화재단은 팸플릿의 배포도 공연장 로비와 전시장 로비에 비치하는 수준이다. 노년층을 대상으로 한 홍보를 할 경우 팸플릿을 어르신 쉼터와 주민자치센터 등에 비치하는 등 접근성을 높이는 방안을 모색해야 한다.

가장 중요한 부분은 기초자치단체의 문화정책에 대주민 홍보와 지역 주민의 문화예술 참여에 대한 의지가 얼마나 담겨 있느냐이다. 또 그 것이 지역문화재단의 문화정책에 얼마나 반영되고 어느 정도 맥을 같이하느냐이다.

지역문화재단은 아니지만 지방자치단체와 산하 문화예술시설이 특화된 홍보와 기획으로 주민 참여를 이끌어낸 성공적인 사례로 충북 음성군 음성문화예술회관의 기획공연을 들 수 있다.

음성군은 2017년 유키 구라모토를 초청해 '유키 구라모토 송년 콘서트'를 가졌다. 12월 14일 음성문화예술회관 대공연장에서 가진 이 콘서트는 티켓 가격이 R석 2만 원, S석 1만 5천 원이었다. 이 내용이 국내 인기 커뮤니티 사이트에 게재되자 누리꾼들이 뜨거운 반응을 보였다. "항공료, 체제비만 해도 만만치 않을 텐데 지자체에서 문화예산에 신경을 쓰나 봅니다(푸른**)", 이런 반응에서 보듯이 지자체의 의지가 크게 작용한 것을 알 수 있다. 포털 사이트 실시간 검색어에 '음성문화예술회관'이 오르기도 했다. 그런데 이런 콘서트가 1회성으로 끝난 것이 아니라 조지 윈스턴, 조수미, 김범수 등 국내외 유명 아티스트들의 공연도 있었다. 군 지역에 세계적인 아티스트들이 와서 공연하는 것은 이례적인 일이다. 이와 관련 온라인 커뮤니티에서는 "미스터리한 섭외의 신이 있다"는 소문이 돌 정도였다. 공연이 소문나면서 다른 지역에서 원정 관람 오는 경우도 있다. 군 관계자는 전체 관람객의 20% 정도가 타 지역민들이라고 설명한다. 심지어 인터넷 예매로 인해 정작 음성군민들은 공연을 보지 못했다는 지적도 있어 티켓 판매 방법까지 개선했다고 한다.[31] 언론에서도 수도권보다 문화 혜택이 적은 지방에서도 질 좋은 공연을 저렴하게 관람할 수 있다는 걸 보여주는 좋은 사례로 평가하고 있다.

음성문화예술회관이 처음부터 이렇게 질 좋은 공연을 유치하고 화제를 불러일으키지는 않았다. 음성문화예술회관 누리집을 보면 회관안내/공연&전시/티켓예매/아카데미/대관안내/열린마당 등 메뉴 카테고리는 다른 재단이나 문화예술회관과 크게 다를 바 없다. 오히려 극히 평범하다. 이 경우는 제도나 시스템보다 정책의 결정과 담당자의 정보 공유 능력이 효과를 발휘한 것이다. 홍보기획 담당자의 의견을 음성군의 담당 책임자가 수용한 것인지, 음성군의 담당 책임자가 바뀌어 정책을 바꾼 것인지는 정확하게 밝혀지지 않았다. 중요한 것은 누군가 그런 기획을 했고, 그 기획이 수용되고 실현되어 홍보가 잘 되었다는 것이다.

이처럼 공연과 전시의 홍보는 기획 단계에서부터 시작되는 것이다. 지역문화재단과 지자체의 문화예술시설 홍보 담당자는 기획공연 부서 담당자와도 긴밀한 교류를 해야 하는 것을 이런 사례들이 증명하고 있다.

---

31 「유키 구라모토 음성 공연… 누리꾼들 실화냐」, 『충북일보』, 2017.11.26; 「미스테리한 섭외의 신이 있다고 소문난 충북 음성군 예술회관의 놀라운 근황」, 『중앙일보』, 2017.11.29; 「1만5000원짜리 유키 구라모토 콘서트, 음성군만 가능?」, 『오마이뉴스』, 2017.12.29; 「음성문화예술회관 공연티켓 판매 방법 개선」, 『중부매일』, 2017.12.20.

2) 세대 · 계층 · 지역별 공간 공유의 다양한 사례

공간 공유는 지역문화재단의 문화예술시설 공간 공유와 주민자치회관 등 지역 내 공공장소의 공간 공유, 그리고 공공부지의 유휴공간 활용 등을 대상으로 한다. 특히 공간 공유는 주민 참여의 장이자, 소통의 장으로 의미가 있다.

지역문화재단은 공연장과 전시장을 가진 문화예술시설의 공유 뿐만 아니라 지역 내 자투리 공간이라도 활용할 수 있으면 개발해 주민들의 커뮤니티공간으로 활용하는 것이 바람직하다. 구와 군 단위를 담당하는 문화예술시설이 접근성이 떨어지는 곳에 위치할 경우 지역주민들의 참여가 쉽지 않기 때문이다.

주민 참여를 위한 공간 공유의 사례로는 금정문화재단의 '서동예술창작공간'과 지역 예술인 창작레지던시 공간인 '섯골문화예술촌'이나 구로문화재단의 '신도림예술공간 고리', '문화철도 959'를 들 수 있다. 신도림 예술공간 고리는 문화예술과 관련된 다양한 소모임들의 교류 활동 공간이며 문화철도 959는 1호선 신도림역 유휴공간을 활용한 복합문화공간이다.

성남문화재단의 신흥공공예술창작소, 태평공공예술창작소와 성북문화재단의 성북예술창작터, 청소년문화공유센터 등도 지역 내 새로운 공간을 개발하여 문화예술 활동 거점으로 활용하는 사례다. 특히 성북문화재단의 경우 번듯한 공연장이 없는 환경이었던 동네 곳곳에 지역 특화된 공유공간을 만들어 지역주민들의 문화예술 활동 참여 기회를 제공하고 있다. 이런 시도는 굳이 지역문화재단의 공연장과 전시관을 찾지 않더라도 지역 내 가까운 곳에서 문화예술 활동을 공유할

금정문화재단 서동예술창작공간은 금정구 서동 전통시장 중심에 위치하고 있다는 것이 특별한 의미를 지닌다. 지역주민과 예술가들이 함께 소통하는 문화예술창작공간으로, 접근성이 좋아 시장을 오고 가며 들를 수 있다는 게 장점이다.(출처 : 금정문화재단)

성남문화재단의 태평공공예술창작소와 신흥공공예술창작소. 작은 공간이라도 주민들의 접근성이 좋은 주택가의 공간을 지역주민들의 문화예술활동 공간으로 개발한 사례다.(출처 : 성남문화재단)

수 있도록 한 것이다.

문화체육관광부의 '2018년 유휴공간 활용 문화예술교육센터(꿈꾸는 예술터'지원사업도 공간 공유의 적절한 사례로 들 수 있다.

'꿈꾸는 예술터' 사업은 핀란드의 아난탈로 아트센터를 벤치마킹하여 지역에서 창의적 문화예술교육프로그램을 쉽게 접할 수 있도록 공간을 조성, 운영하는 것이다. 핀란드 아난탈로 아트센터는 헬싱키시에서 운영하는 아동청소년 예술교육센터로 지난 1987년 폐교된 초등학교 건물을 예술교육센터로 개조하여 이동청소년을 비롯, 가족 단위를 대상으로 특화된 예술교육프로그램을 제공하고 있다. 문화부는 이런 지원사업 공모를 하여 폐교 예정인 옛 영성여중 건물을 문화예술교육센터로 조성하겠다고 한 성남시와 성남문화재단, 그리고 전주산업단지 내 폐공장을 활용해 문화예술교육센터를 만들겠다고 한 전주시와 전주문화재단을 선정했다.[32]

지역문화재단은 기존 보유한 문화예술시설 공간의 활용으로 공유를 적극화하는 것 외에도 외부 공간을 활용하는 방안도 바람직하다. 다음 사례는 지역 예술가들의 공간 활용 사례로 지역문화재단들도 참고할 만하다.

서울 양천구 목동의 영진목욕탕은 34년째 영업을 해온 동네 목욕탕이다. 한때 네 곳이나 되던 이 동네 목욕탕이 하나하나 사라지고 영진목욕탕 하나 남았다. 이 목욕탕은 2015년 8월 1일부터 5일까지 물을 받지 않았다. 대신 남탕과 여탕에 미술품을 전시해 갤러리로 변신했다. 이 지역에 자리잡고 주민들과 축제, 전시 등 다양한 활동을 하고 있는 예술모임 '플러스마이너스 1도씨'가 '목2동 주민들의 기억'을 바탕으

---

32 「한국형 아난탈로 꿈꾸는 예술터 본격화 … 경기 성남·전북 전주시 선정」, 『파이낸셜뉴스』, 2018.3.30.

서울시 마포구에 위치한 행화탕 외부 모습. 평소엔 카페로 운영하며 작가들에게 전시를 위한 대관을 하거나 기획전시를 하고 있다.

로 한 전시회를 가진 것이다. 마을 구성원들이 만든 목욕탕 전시회다.[33] 영구적 변신은 아니지만 지역의 공간을 활용하여 문화예술 활동의 기회를 만든 것이다. 이런 시도는 훗날 새로운 기획의 모티브가 되기도 한다.

서울시 마포구 아현동 행화탕은 1958년 들어서 지은 지 60년이 된 동네 목욕탕이다. 한동안 유휴공간으로 방치되어 있던 이곳을 2016년 1월 문화예술콘텐츠랩 '축제행성'이 복합문화예술공간으로 탈바꿈시켰다. '축제행성'은 '예술로 목욕합니다'라는 모토로 행화탕에서 공연과 전시를 선보였다. '예술로 목욕하는 날'은 2017년 문화가 있는 날 지역 특화프로그램으로 선정되었다. 5월부터 10월까지(7월은 제외) 5차례

33 「34년째 영업 중인 서울 양천구 목2동 영진목욕탕이 남탕과 여탕에 목욕물 대신 미술품을 채웠다」, 『한겨레』, 2015.08.02.

행화탕은 내부 디자인은 크게 바꾸지 않고 예전 목욕탕 당시의 타일 벽면을 그대로 살려두었다.

매달 마지막 수요일 다채로운 문화행사를 선보인다. 문화가 있는 날은 문화체육관광부가 주최하고 문화가 있는 날 사업추진단과 한국문화예술위원회가 공동 주관하는 사업이다. 6월의 행사인 '예술로 목욕하는 날' 관객이 직접 참여하고 경험하는 프로그램이 주를 이룬다. '별빛 소나타-에튀드'는 관객참여형 전시로 성신여대 서비스디자인공학과 이향은 교수와 전공 학생 54명이 기획한 커뮤니티아트 전시다.[34]

행화탕 외 다른 목욕탕의 변신 사례도 있다. 지은 지 50년이 넘은 서울 종로구 계동의 중앙탕은 2016년 안경 브랜드 매장으로 바뀌었다. 이 매장은 소문이 나 여행객이 들르는 명소가 됐다. 전북 군산 근대역

---

34 「6월 문화가 있는 날, 아현동 행화탕에서 예술꽃 핀다」, 『문화뉴스』, 2017.06.21; 「문화예술공간 행화탕, '예술로 목욕합니다' 'SPACE×PEOPLE×ART'… 젊은 창작자들의 다양한 예술목욕 영업 개시」, 『KNS뉴스통신』, 2017.12.21.

서울 성수동에 위치한 대림창고 외부 전경. 예전 창고 분위기를 그대로 두어 건물의 역사성을 살렸다는 평가를 받고 있다.

사박물관 앞 48년 된 영화목욕탕은 2015년 '이당미술관'으로 거듭났다. 군산 영화동은 근대역사문화권으로 재조명되어 2016년에만 3만여 명이 찾았을 정도로 주목을 받았다. 더 일찍이 목욕탕이 갤러리로 바뀐 곳도 있다. 부산 감천문화마을의 건강탕도 2012년 8월 목욕탕 컨셉트의 카페와 갤러리로 바꾸어 감천문화마을의 명소가 되었다. 이 외에도 서울 성수동 유송사우나는 사진가 한강 씨의 작업실 '싸우나스튜디오'로 활용되고 있다.[35]

도시 속의 폐공간, 유휴공간의 활용은 서울 성수동의 낡은 공장과 창고의 공간재생 사례에서도 볼 수 있다.

서울 성수동 대림창고는 1970년대 정미소로 운영되다가 1990년대부터 20여 년 동안은 물건 보관 창고로 사용되었다. 이 창고가 2011년 복

35 「미술관으로 공연장으로⋯ 목욕탕의 즐거운 변신」, 『중앙일보』, 2017.07.17.

대림창고 내부에 전시된 작품. 평소 카페로 운영하며 벽면과 내부 곳곳에 작품을
전시하고 있다. 벽면도 별도로 인테리어를 하지 않고 시멘트 벽면 그대로 두었다.

합문화공간으로 탈바꿈했다. 40년이 넘은 외벽과 녹슨 철문, '대림창
고'라는 간판까지 보존되어 낡은 창고 분위기를 그대로 자아낸다. 이
낡은 창고가 복합문화공간으로 탈바꿈한 후 전시회, 콘서트 등 다양한
문화행사가 열리고 있다. 2015년 12월 7일엔 서울시립교향악단이 '서
울시향의 창고음악회 : 클래식 팩토리'를 열었다.[36]

    대림창고의 서울시향의 창고음악회는 서울특별시와 성동구, 성동문
화재단이 공동주최 사업으로 진행되었다. 지역문화재단이 외부 공간
을 문화예술시설로 구입하는 투자를 하지 않더라도 문화예술 활동을
공유할 수 있는 사례라고 할 수 있다.

---

36 「서울시향, 성수동 대림창고 콘서트 클래식 팩토리」, 『뉴시스』, 2015.12.07.

4. 네트워크 : 단순·개별형에서 복합형으로

　문화민주주의 정책에서 네트워크 의제 역시 문화권, 문화접근권과 직접적인 관련이 있다. 네트워크 의제는 지역문화재단과 이용자(문화예술 소비자, 지역주민) 모두 참여와 지속가능성을 전제로 하고 있다. 네트워크 의제는 이용과 활용에 따라, 지역문화재단의 이용자 대상 활동, 타 기관과의 연대에 따라 참여 네트워크와 관리 네트워크로 나눌 수 있다.

　참여 네트워크는 지역문화재단을 중심으로 한 예술동아리, 포럼, 문화사랑방 등으로 구체화되며, 관리 네트워크는 지역문화재단이 이용자들을 대상으로 한 SNS 플랫폼, 누리집 플랫폼 등으로 구체화된다. 또한 지역문화재단이 타 기관과의 협업 및 공동사업을 위한 기관 대 기관의 네트워크 구축 등으로 구체화된다.

　문화예술동아리 활동은 아마추어 문화예술동호인들의 대표적인 커뮤니티다. 문화민주주의 정책에서 보자면 문화예술 소비자에서 문화예술 생산자로서의 활동이다. 문화예술동아리 활동은 개인생활의 문화예술화를 넘어 사회생활의 문화예술화를 의미한다. 문화예술동아리 활동은 문화공동체에 소속되면 그 폭을 더 넓힐 수 있다. 예를 들어 연극동아리 활동을 하는데 환경 문제를 다루는 연극 단체에 들어가 문화적 의미와 창의력을 표현하면서 환경운동을 펼칠 수 있다.[37] 개인적인 활동과 하나의 동아리에서 활동이 점조직 중심이라면 협회나 연합회에서의 활동은 망조직 중심이라고 할 수 있다. 시민민주주의에서의 네트워크는 점조직 중심에서 망조직 중심으로 확장하는 것이다.

현대 네트워크 사회는 오프라인과 온라인에서 공히 활발하게 진행되고 있다. 경우에 따라서는 온라인에서 더 활발하게 일어난다. 이런 네트워크가 지속적으로 유지되기 위해선 상호 신뢰성이 보장되어야 하고 개방적인 커뮤니케이션 여건이 마련되어야 한다. 아마추어는 예술 소비자 입장에서 또 생산자 입장에서, 예술 전문가는 생산자 입장에서, 또 교육자 입장에서 네트워크를 확장하는 것은 문화민주주의와 시민민주주의 확산에 직접적으로 영향을 끼친다.[38]

지역문화재단 입장에서는 자체 사업 중심에서 시민 예술동아리와 공동 주최의 사업, 또는 지역 내 예술가들과 시민 예술동아리의 협업 유도, 지역문화재단 간의 공동사업 추진 등이 참여와 공유, 네트워크 활성화를 위한 특성화 전략이다.

지역문화재단과 타 기관들과의 상호 협력 및 공동사업을 위한 네트워크로는 전략적 맞춤 협력 네트워크가 적절한 방안으로 평가되고 있다. 전략적 맞춤이란 공동의 목표 달성을 위해 기관과 기관이 상호 협력관계를 구축하는 것이다. 예를 들어 지역문화재단과 인근 지역문화

---

37 이흥재, 『현대사회와 문화예술 ─ 그 아름다운 공진화』, 푸른길, 2012, 206~209쪽.
38 위의 책, 2012, 248~251쪽.

재단이 정책 목표를 공유하면서 필요한 자원과 노력을 상호 협업을 통해 시너지 효과를 얻는 것이 전략적 맞춤 협력 네트워크다.[39]

1) 참여 네트워크의 다양한 사례

오프라인에서의 참여 네트워크는 '생활문화공동체'로 구체화된다. 생활문화공동체란 지역의 역사, 사회적 현상과 문제에 대해 주민들이 공동체 구성원으로 문화예술 활동의 주체가 되어 활동하는 것을 말한다. 생활문화공동체 활동은 문화공동체 개념을 공간적으로는 지역단위 안에서 네트워크화하고 내용면에서는 체험활동과 소비활동을 네트워크화한 것이다.[40]

지역문화재단의 참여 네트워크 사례로는 원주문화재단의 'G지대프로젝트'가 있다. 'G지대프로젝트'는 청년마을을 중심으로 한 청년문화플랫폼과 커뮤니티 비즈니스 모델을 만들기 위한 지역 청년들의 네트워크 구축을 목적으로 하고 있다. 원주문화재단의 문화도시 네트워크 프로그램인 '100인 원탁회의'도 시민 참여를 목적으로 한 참여 네트워크 프로그램이다.

춘천시문화재단의 청년문화인력 네트워크 기반 마련을 목적으로 한 프로그램인 '일당백 프로젝트'와 춘천형 청년문화플랫폼 구축을 목적

---

39 박치성 외, 「문화예술지원체계 네트워크 거버넌스에 대한 탐색적 연구」, 『한국정책학회보』 26(3), 2017, 282~283쪽.
40 이흥재, 앞의 책, 2014, 222~224쪽.

으로 한 '청년문화협의체'도 적절한 사례이다.

성남문화재단의 '사랑방문화클럽'과 '우리동네 문화공동체 만들기'도 참여 네트워크의 대표적 사례다. '사랑방문화클럽'은 2006년 실태조사를 통해 성남시 1,103개의 시민문화예술 동호회를 발굴하고 그중 120여 개를 네트워크화하여 지원하면서 시작되었다. '사랑방문화클럽'은 '2010 민관협력 우수사례 공모대회'에서 시민 주체 생활문화공동체 활성화에 대한 기여를 평가받아 대상(국무총리상)을 받았으며, 문화체육관광부가 주최한 '2012 지역·전통 문화 브랜드 공모'에서 대상을 받았다. '우리동네 문화공동체 만들기'는 지역주민 스스로 사업을 발전시킬 수 있는 기반을 제공하여 자체적으로 문화공동체를 이어갈 수 있도록 지원하는 제도이다. 아파트와 공단을 대상으로 공모를 하여 선정된 지역에 대해 공공 예술기획단을 구성해 벽화와 조각, 놀이공간, 커뮤니티공간 등 문화환경 개선 사업을 지원하는 프로그램이다.

화성시문화재단의 '생활문화동호회 활성화사업'도 참여 네트워크의 사례다. 이 사업은 신규 동호회 발굴과 육성을 통해 생활문화동호회 연합네트워크를 구축하는 것을 목적으로 한다.

최근 지역문화재단의 네트워크는 청소년과 청년네트워크와 지역주민들의 예술동아리 네트워크에 집중되어 있다.

지역문화재단이 추구해야 할 앞으로의 참여 네트워크는 1인 가구를 대상으로 한 네트워크와 고령화시대에 적합한 노년층을 공동체에 포함시키는 네트워크, 그리고 문화적 소외계층을 위한 네트워크에 집중하는 것이다.

노년층을 대상으로 한 네트워크와 문화적 소외계층을 대상으로 한 네트워크는 초기에 추진동력을 갖기 어렵기 때문에 정착할 때까지 네트워크 관리와 지원이 뒤따라야 한다. 지역문화재단에서는 지역 예술가와 문화기획자, 문화활동가를 선정하여 노년층 네트워크, 소외계층 네트워크의 멘토와 멘티시스템으로 지속가능한 지원체계를 만드는 것이 바람직하다.

지역적으로는 농산어촌과 같은 소외지역의 주민들이 문화생활을 향유할 수 있는 네트워크 구축을 지원하는 것도 참여 네트워크의 확장 방안이다. 농산어촌 주민들이 문화생활에 참여하기엔 경제적, 시간적, 공간적으로 어려움이 많다. 이들이 문화예술활동 참여를 원활하게 할 수 있는 네트워크를 만들기 위해선 무엇보다 먼저 지역 내 문화기반시설이 필요하다. 이런 하드웨어는 철저히 지역 문화 환경에 맞게 설치해야지 자칫 잘못하면 주민문화복지에 기여하기보다 이질적인 애물덩어리가 될 수 있다. 단계적으로 교류형 → 참가형 → 창조형으로 프로그램을 구성하여 지원하는 것이 지속가능성을 높일 수 있는 방안이다.[41]

문화를 통한 지역재생정책도 참여 네트워크를 이루는 한 축이다. 지역 축제의 경우 프로그램 수를 늘릴 것인가, 참여자의 만족도를 높일 것인가에 대한 목표 설정이 지역 시민들의 참여 네트워크를 구축할 수 있는냐, 없느냐 관건이 된다. 지역 축제도 관 주도 형식을 벗어나 시민참여형, 시민주도형으로 바뀌어야 문화민주주의와 시민민주주의에 입각한 참여 네트워크를 구축할 수 있다.

---

41 위의 책, 2014, 226~227쪽.

2) 관리 네트워크의 다양한 사례

지역문화재단의 관리 네트워크는 온라인 중심으로 이뤄지고 있다. 각 지역문화재단은 누리집 플랫폼을 기본으로 하고 SNS 플랫폼 강화에도 집중하고 있다. SNS 플랫폼은 페이스북, 인스타그램 등이 있다.

누리집 플랫폼과 SNS 플랫폼 관리는 지역문화재단의 홍보 업무에 속한다. 즉 네트워크 관리는 전문적인 홍보 영역이다. 그런데 지역문화재단의 홍보 담당 인원과 전체 인원 중 홍보인원의 비중에서 큰 편차를 보이고 있음을 확인했다.[42]

지역문화재단이 '주민 참여'란 문화민주주의와 시민민주주의 정책 실현을 위해서는 홍보 인력의 전문화와 기본 인력 확보가 전제되어야 한다. 전체 정원이 50~60명 규모에서 홍보 인력이 2~3명에 불과한 지역문화재단은 문화민주주의 정책 도입이 미흡한 곳이라고 할 수 있다.

20개 지역문화재단 중 홍보 업무로 SNS홍보, 온라인 홍보라고 구체적으로 밝히고 있는 곳은 원주, 성남, 수원, 화성, 김해, 창원, 포항, 금정, 고래, 부평, 전주 11곳으로 절반을 넘었다. 나머지 9개 지역문화재단도 실재로는 하고 있을 터인데 누리집에 구체적으로 밝히고 있지 않은 것으로 보인다. 다만 누리집에 밝히지 않은 것은 그만큼 비중을 두고 있지 않다고 해석할 수 있다.

홍보 업무 중 특히 SNS 홍보는 홍보 전담부서에서만 담당하는 것이

---

[42] 표본 선정 20개 지역문화재단 중 절반 가까운 9곳이 홍보인원 4명 이하였으며, 6곳은 홍보인원이 10명 이상이었다. 20개 지역문화재단의 정원 대비 홍보인원의 비중이 9% 이하인 곳은 10곳이나 되었다. 반면 15% 이상인 곳은 4곳이었다.

아니다. 공연 담당, 기획 담당 등 연관 부서와 협업이 중요하다. 홍보 포인트를 잘 짚어내려면 홍보하고자 하는 콘텐츠에 대해 깊은 이해가 전제되어야 한다.

SNS플랫폼 관리를 맡은 홍보 담당자는 뉴미디어로서의 SNS 특성과 메커니즘에 대한 전문적인 지식을 가져야 한다. 지역문화재단에서는 이를 위한 홍보 담당자의 재교육이 필수적이다.

수원문화재단의 경우 전 직원들을 대상으로 홍보 역량 강화 및 소통 활성화를 위한 SNS 활용 교육을 실시하기도 했다. 수원문화재단은 SNS 전문교육 강사를 초빙해 SNS 마케팅 성공 사례를 들은 후 페이스북 친구맺기 등 기본적인 소통방법과 효과적인 글쓰기 교육을 받았다.[43]

SNS 홍보의 관건은 지속적으로 이어져야 한다는 것이다. 지역문화재단의 SNS 시스템이 기관을 기반으로 한 페이지든, 프로그램을 소개하는 페이지든 팔로워들과 네트워크를 구축해야 프로그램 홍보도 효과적이고 참여율도 높일 수 있다. 궁극적 목적은 SNS 네트워크 구축이다.

관리는 4차 산업혁명 시대, 고령화시대, 1인 가구시대에 맞춰 고객 맞춤형 시스템으로 개편이 요구된다. 20개 지역문화재단의 누리집에서는 아직까지 위와 같은 시대적 트렌드를 반영하고 있지 않았다. 현재 지역문화재단의 누리집은 문화민주주의 정책 이념을 반영했다고 할 정도로 주민 참여의 장이나 네트워크가 구축되어 있지 않다. 일방적 정보전달 수준이다.

앞으로 지역문화재단의 디지털플랫폼은 사물인터넷의 발달 추세에

---

43 「수원문화재단, 직원 소통활성화 SNS 활용교육」, 『기호일보』, 2013.08.14.

맞춰 빅데이터 활용체제로 개편해야 한다.

디지털화의 가장 혁신적인 현상은 개인화, 즉 개인 중심 사회로 전환이며 이에 따른 새로운 생활양식이 등장하고 있다. 대중들은 일대 일 또는 일대 다수라는 새로운 방식으로 시간과 거리를 초월한 인간관계를 형성하고 있다.[44]

이런 현상을 반영하자면 지역문화재단의 누리집은 지역주민들의 문화예술 활동의 허브가 되어야 한다. 문화공간과 문화공간을 잇는 네트워크화를 구축해야 한다. 그것이 문화민주주의와 시민민주주의에 입각한 주민밀착형 누리집이다.

---

44 Klus Schwab, 『제4차 산업혁명(*The Fourth Industrial Revolution*)』, 송경진 역, 새로운 현재, 2017, 152~153쪽.

제4장 문화민주주의에 입각한 정책 특성화 방안

1. 단행본 및 연구서

곽정연 · 최미세 · 조수진, 『문화민주주의 독일어권 문화정책과 예술경영』, 글로
벌콘텐츠, 2017.

구광모, 『문화정책과 예술진흥』, 중앙대학교 출판부, 2003.

김경욱, 『문화재단─아름다운 거버넌스를 위하여』, 논형, 2007.

김문환, 『문화민주주의』, 조선일보사, 1988.

김민주 · 윤성식, 『문화정책과 경영』, 박영사, 2016.

김석준 외, 『뉴거버넌스 연구』, 대영문화사, 2000.

김정수, 『문화행정론 이론적 기반과 정책적 과제』, 집문당, 2010.

김정희, 『문명화, 문화주의, 기업문화: 영국정부와 예술 정책』, 서울대학교출판문
화원, 2010.

김화임, 『독일의 문화정책과 문화경영』, 성균관대학교 출판부, 2016.

류정아, 『문화예술 지원정책의 진단과 방향정립: '팔길이 원칙'의 개념을 중심으
로』, 한국문화관광연구원, 2015.

문화발전연구소, 『한국의 문화정책』, 한국문화예술진흥원, 1992.

문화사회연구소, 『성북문화재단 중장기 문화정책 연구』, 성북문화재단, 2013.

문화체육관광부, 『문화예술교육 종합계획(2018~2022)』, 문화체육관광부, 2018.

박광무, 『한국문화정책론』, 김영사, 2010.

박광무 · 김창규 · 심장섭 · 오양열 · 오형일, 『문화정책의 역사적 변동과 전망』,
문우사, 2015.

박신의 외, 『문화예술경영 이론과 실제』, 생각의 나무, 2002.

박혜자, 『문화정책과 행정』, 대영문화사, 2011.

백선혜 · 라도삼 · 조윤정, 『서울시 생활문화예술동아리 활성화 방안』, 서울연구원, 2016.

부천문화재단, 『지역문화정책과 도시마케팅』, 디프넷, 2005.

성북문화재단, 『성북문화재단 2015~2016 연차보고서』, 2017.

──────, 『성북문화재단 10대 정책 사례』, 2017.

송도영 외, 『프랑스의 문화산업체계』, 지식마당, 2003.

송호근, 『촛불의 시간 – 군주 · 국가의 시간에서 시민의 시간으로』, 북극성, 2017.

심광현, 『문화사회와 문화정치』, 문화과학사, 2003.

안남일 외, 『문화콘텐츠 연구의 현장』, 푸른사상, 2014.

양건열 · 김규원 · 임상훈 · 장영호, 『주요 국가 문화예술지원 프로그램 연구』, 한국문화관광정책연구원, 2003.

임은모, 『유비쿼터스 세상』, Jinhan M&B, 2005.

임학순, 『창의적 문화사회와 문화정책』, 도서출판 진한도서, 2003.

이흥재, 『현대사회와 문화예술 – 그 아름다운 공진화』, 푸른길, 2012.

──, 『문화정책론』, 박영사, 2014.

정갑영, 『문화복지정책의 의미와 형성과정』, 생각의나무, 2006.

정철현, 『문화연구와 문화정책』, 서울경제경영, 2005.

──, 『문화정책과 예술경영』, 서울경제경영, 2008.

주성수, 『시민참여와 민주주의』, 아르케, 2006.

최현묵, 『문화예술교육과 지역문화 정책』, 해조음, 2011.

콘텐츠산업과 문화정책연구소, 『문화예술교육과 문화정책 디지털콘텐츠와 문화정책 6』, 북코리아, 2012.

한국문화경제학회, 『문화경제학 만나기』, 김영사, 2001.

한국문화예술위원회, 『지역문화재단의 운영성과 분석 및 역할 재정립 방안 연구』, 한국문화예술위원회, 2011.

──────, 『예술로 아름다운 세상 – 한국문화예술위원회 40년사』, 한국문화

예술위원회, 2013.

「2016 문예회관 운영현황 조사 결과 보고서」, 한국문화예술회관연합회, 2017.

「2018 전국문화기반시설 총람」, 문화체육관광부, 2018.

고토 카즈코(後藤和子) 편저, 『문화정책학: 법 경제 매니지먼트』, 임상오 역, 시유시, 2005.

데이비드 트렌드(David Trend), 『문화민주주의(*Cultural Democracy Polities, Media, New Technology*)』, 고동현·양지영 역, 한울, 2001.

베르너 하인리히스(Werner Heinrichs), 『컬처 매니지먼트(*Culture Management*)』, 김화임 역, 인디북, 2003].

보니타 M. 콜브(Bonita M. Kolb), 『새로운 문화소비자를 위한 문화예술기관의 마케팅(*Marketing Cultural Organizations*)』, 이보아·안성아 역, 김영사, 2004.

사이토 준이치(齋藤純一), 『민주적 공공성』, 윤대석 외 옮김, 도서출판 이음, 2009.

이토오 야스오(伊藤裕夫) 외, 『예술경영과 문화정책』, 이흥재 옮김, 역사넷, 2002. 제임스 헤일브런(James Heilbrun), 『문화예술경제학』, 이흥재 역, 살림, 2000

존 소렐(John Sorrell)·폴 로버츠(Paul Roberts)·대런 헨리(Darren Henley), 『문화예술교육은 왜 중요한가(*The Virtuous Circle: Why Creativity and Cultural Education Count*)』, 오수원 역, 열린책들, 2015.

클라우스 슈밥(Klus Schwab), 『제4차 산업혁명(*The Fourth Industrial Revolution*)』, 송경진 역, 새로운 현재, 2017.

2. 학술지 논문

곽정연 외, 「독일 예술경영과 문화민주주의—그립스 극장을 중심으로」, 『독일언어문학』70, 2015.

김경욱, 「문화민주주의와 문화정책에 대한 새로운 시각」, 『문화경제연구』 6(2), 2003.

김선미 · 최준식, 「프랑스 문화정책 준거의 발전과 문화의 민주화」, 『인문학연구』 21, 2012.

김세준, 「예술교육정책을 위한 미국연방예술기금 운영에 대한 연구」, 『미술교육논총』 19(3), 2005.

─────, 「문화재단 현황조사 및 특성화 전략방안」, 『한국문화정책학회 학술대회논문집』, 2013.

김정수, 「행정학적 관점에서 본 예술과 공공성의 관계」, 『문화예술경영학연구』 2(2), 2009.

김지선 · 김정수, 「우리나라 문화행정의 분권화 양상에 관한 연구─정부 간 관계모형을 활용한 광역문화재단의 지역협력형 사업운영추세 분석」, 『문화정책논총』 27(1), 2013.

김태운, 「문화정책의제로서 문화민주주의 실천에 관한 고찰」, 『컬처 컨버전스』 2(2), 2011.

김해보, 「가치 중심의 혁신을 위한 공공 문화서비스의 거치와 거래 방식에 대한 새로운 인식틀 제안─지역문화재단의 공공혁신을 중심으로」, 『문화정책논총』 19, 2008.

라미경, 「민관협치를 바탕으로 한 시민정치─서울시 사례를 중심으로」, 『NGO연구』 12(1), 2017.

류춘호, 「지방정부의 문화정책 실태와 정책방향─부산문화재단을 중심으로」, 『한국지방정부학회 하계학술대회논문집』, 2011.

박신의, 「문화예술시설에서의 공공성과 경영효율성, 어떻게 접근할 것인가?」, 『문화예술경영학연구』 2(2), 2009.

박치성 · 정창호 · 백두산, 「문화예술지원체계 네트워크 거버넌스에 대한 탐색적 연구」, 『한국정책학회보』 26(3), 2017.

박현숙 · 김태영, 「문화예술기관의 재정력에 미치는 영향요인연구: 지역문화재단을 중심으로」, 『한국정책학회 동계학술발표논문집』, 2015.

백옥선, 「지방자치단체와 지역문화재단 간 거버넌스 실태 분석」, 『문화정책논총』 31(1), 2017.

배준구, 「프랑스의 지방분권 이후 문화정책」, 『프랑스문화연구』 20, 2010.

서순복, 「문화의 민주화와 문화민주주의의 정책적 함의」, 『한국지방자치연구』 8(3), 2007.

서휘석·류지원, 「문화예술회관 운영주체에 따른 성과 분석」, 『한국자치행정학보』 26(3), 2012.

안정오, 「독일의 문화정책 – 베를린의 문화정책을 중심으로」, 『한국학연구』 37, 2011.

양현미, 「지역문화 거버넌스와 지역문화재단의 역할」, 『한국문화예술경영학회 학술대회 논문집』, 2015.

오수길, 「민관협치의 쟁점과 과제」, 『민관협치와 시민민주주의의 성장』, 2016 한국NGO학회 시민정치포럼, 2016.

오양렬, 「문화예술 환경의 변화와 문예정책의 새로운 방향」, 『문화정책논총』 19, 2008.

오창룡, 「프랑스 문화정책의 분권화와 시장화 – 리옹의 창조도시정책 사례를 중심으로」, 『문화와 정치』 4(1), 2017

이가야, 「프랑스의 문화예술교육정책과 문화 민주화」, 『프랑스어문교육』 43, 2013.

이서화·장영호, 「뉴거버넌스적 관점에서 지역활성화를 위한 주민 대상 마을만들기 교육사업 연구」, 『한국디자인문화학회지』 21(2), 2015.

이수철·강윤주, 「생활문화와 문화 민주주의 – 성남 사랑방문화클럽 네트워크 사업 전개를 중심으로」, 『지역사회학』 18(1), 2017.

이윤희, 「문화민주주의에 대한 다각적 논구」, 『한국사상과 문화』 40, 2006.

이은미·정영기, 「지역 공연장 운영주체에 따른 문제점 및 개선방안」, 『예술경영연구』 17, 2010.

이혜경, 「공공 예술지원과 예술의 공공성 : 영국의 경험」, 『문화정책논총』 13, 2001.

임학순, 「우리나라 문화정책 연구 경향 분석(1998-2007)」, 『문화정책논총』 21, 2009.

——, 「지역문화재단의 네트워크체계 구축 요인에 관한 연구-지역문화예술교육지원센터를 중심으로」, 『예술경영연구』 27, 2013.

임학순·정종은, 「예술위원회 역할체계 비교분석:영국, 캐나다, 미국, 호주, 한국의 사례」, 한국문화정책학회 학술대회논문집, 2013.4.

장세길, 「문화민주주의를 넘어-전라북도 사례로 살펴본 새로운 문화전략 모색」, 『지역사회연구』 23(2), 2015

전 훈, 「지역문화진흥과 문화분권」, 『공법학연구』 17(1), 2016.

정종은, 「예술위원회의 역할 및 기능에 대한 비교분석」, 『문화정책』, 1, 2014.

진인혜, 「프랑스 문화정책의 역사」, 『한국프랑스학논집』 59, 2007.

최미세, 「문화예술의 공적 가치와 문화민주주의」, 『독일어문학』 64, 2014.

——, 「문화민주주의에 대한 논의와 현황-미국, 유럽, 독일을 중심으로」, 『독일어문학』 72, 2016.

홍윤기, 「시민민주주의론-민주주의적 이성과 천민민주주의의 거부」, 『시민과 세계』 1, 2002.

3. 학위 논문

김대종, 「자발적 시민예술공동체 활성화 방안」, 중앙대학교 예술대학원 석사학위논문, 2010.

김창수, 「문화공공성 개념에 입각한 정권별 문화산업정책 비교 연구-영화와 문화콘텐츠 정책을 중심으로」, 한양대학교 대학원 박사학위 논문, 2009.

박경섭, 「시장과 예술: 공공성과 공동체의 사회문화적 구성」, 전남대학교 대학원 박사학위 논문, 2013.

박상언, 「지역문화재단 리더십의 구성요인과 모형 연구」, 고려대학교 대학원 박사학위 논문, 2016.

박승현, 「시민의 자발적 문화활동과 문화공론장의 구조변동에 관한 연구」, 고려대학교 일반대학원 박사학위 논문, 2012.

송경희, 「한국지역문화발전을 위한 지역문화재단의 운영역할 인식차이에 대한 연구」, 추계예술대학교 대학원 박사학위 논문, 2010.

신해일, 「공공 문화재단 현황 및 문화예술 활동 지원 활성화 방안연구」, 동국대학교 문화예술대학원 석사학위 논문, 2010.

윤금선, 「경기지역문화재단의 활성화 방안에 관한 연구－시민주체 문화예술정책의 성공사례를 중심으로」, 단국대학교 경영대학원 석사학위 논문, 2011.

윤재은, 「복합문화예술공간의 사례분석 및 활성화방안 연구－지역문화예술 촉매기능 활성화를 중심으로」, 고려대학교 교육대학원 석사학위 논문, 2014.

이영일, 「복합 네트워킹을 통한 서울시 소규모 문예회관 활성화 방안」, 한국예술종합학교 예술전문사학위 논문, 2011.

이형복, 「지역문화재단의 운영방안 연구－성남문화재단을 중심으로」, 중앙대학교 예술대학원 석사학위 논문, 2007.

임　환, 「문화예술공동체 활동이 지역의 사회적 자본에 미치는 영향 연구」, 추계예술대학교 대학원 박사학위 논문, 2014.

조윤정, 「복합문화공간의 공간구성 및 공공공간 프로그램 연구－공연장 중심 아트센터형 복합문화공간 중심으로」, 추계예술대학교 문화예술경영대학원 석사학위 논문, 2014.

최갑영, 「문화예술회관 운영의 활성화 방안 연구－서울시 구립 문화예술회관을 중심으로」, 서울시립대학교 도시과학대학원 석사학위 논문, 2005.

4. 국외 단행본 및 논문

Barker, Chris, *The SAGE Dictionary of Cultural Studies*, Newbury Pak, CA: SAGE Publications. 2004.

Baumol, William J. & Bowen, William G., *The Performing Arts- The Economic Dilemma*, Boston: The MIT Press, 1966.

Bawden, Allison Brugg, *Access and the Cultural Infrastructure*, Center for Arts and Culture, 2002.

Bianchini, Franco. & Parkinson, Michael, *Cultural Policy and Urban Regeneration: The West European Experience*, Manchester: Manchester University Press, 1993.

Campass Partnership, *The Art of Flexibility: Art Centers in the 1990s*, 1996.

Cavendish, Elizabeth A., "Public Provision of the Performing Arts: A Case Study of the Federal Theatre Project in Connecticut in DiMaggio", Paul J., *Nonprofit Enterprise in the Arts: Studies in Mission and Constraint*, New York: Oxford Univ. Press, 1986.

Commission of the European Communities, *The Yindmanns Report*, Bulletin of the European Communities, Supplement, 1976.

Council of Europe, *The European Task Force on Culture and Development*, Margins, 1997.

Frey, Bruno S. & Pommerehne, Werner. W., *Muses and Markets: Explorations in the Economics of the Arts*, Basil Blackwell, 1989.

Garnham, Nicholas, "Concepts of Culture : Public Policy and the cultural Industries", *Cultural Studies*, 1(1), 1987.

Girard, Augustin, *Cultural Development: Experiences and Policies*, 2nd edition, UNESCO, Paris 1983.

Grodach, Carl & Loukaitou-sideris, Anastasia, "Cultural Development Strategies and Urban Revitalization: A Survey of US Cities", *International Journal of Cultural Policy*, 2007.

지역문화재단, 문화민주주의가 답이다

Heilbrun, James & Gray, Charles M., *The Economics of Arts and Culture*, Cambridge University Press, 1993.

Langsted, Jorn, "Strategies in Cultural Policy", in Langsted, Jorn(ed), *Strategies, Studies in Modem Cultural Policy*, Aarhus University Press, 1990.

Lewis, Justin, "Design a Cultural Policy", in Gigi Bradford, Gary, Michael & Wallach, Gienn(eds,), *The Politics of Culture*, New York: The New Press, 2000.

Mulcahy, Kevin V., "Cultural Policy: Definitions and Theoretical Approaches", *The Journal of Arts Management, Law and Society*, 35(4), 2006.

O'Hagan, John W., T*he State and the Arts: An Analysis of Key Economic Policy Issues in Europe and the United States*, Cheltenham: Adward Elgar Publishing, 1998.

Pick, John, *The Arts in a State: A study of Government Arts Policies from Ancient Greece to the Present*, Bristol Classical Press, 1988.

Quinn, Ruth-Blandina M., *Public Policy and the Arts: A Comparative Study of Great Britain and Ireland*, Ashgate: Aldershot, 1988.

─────────────────., "Distance or Intimacy? - The Arm's Length Principle, the British Government and the Arts Council of Great Britain", *International Journal of Cultural Policy*, 4(1), 1997.

Rockefeller Panel Report, *The Performing Arts: Problems and Prospects*, New York, 1965.

Scullion, Adrienne & Garcia, Beatriz, "What is cultural policy research?", *International Journal of Cultural Policy*, 11(2), 2005.

UNESCO, *Cultural Rights as Human Right*, 1970.

Williams, Raymond, "The Arts Council", *Political Quarterly*, Spring 1979.

─────────────, *Keywords: a Vocabulary of Culture and Society*, revised edition, New York: Oxford University Press, 1983.

5. 매체 자료 및 기타

강주희 · 전수환, 「문화예술 활성화를 위한 지식 공유 네트워크 운영 방안」, 『예술경영연구』, 14, 2009.

양효석, 「지원정책 변화의 중심에 선 문화재단」, 『Weekly@예술경영』 35, 2009.07.

이현식, 「문화재단 설립 봇물, 왜 그리고 어떻게」, 『Weekly@예술경영』 35, 2009.07.

「고양시 SNS 소통 미래! 우리가 이끈다」, 『아주경제』, 2016.09.06.

「김해문화의전당, 안산-김해 미술교류전 개최…10일부터 이달 31일까지」, 『쿠키뉴스』, 2018.05.09.

「동덕여대, 성북문화재단과 지역협력사업 공동 추진」, 『매일경제』, 2017.09.29.

「문화예술공간 행화탕, '예술로 목욕합니다' 'SPACE×PEOPLE×ART'…젊은 창작자들의 다양한 예술목욕 영업 개시」, 『KNS뉴스통신』, 2017.12.21.

「문화예술 싣고 전국 달린다… 움직이는 예술정거장」, 『연합뉴스』, 2017.07.14.

「미술관으로 공연장으로 … 목욕탕의 즐거운 변신」, 『중앙일보』, 2017.07.17.

「미스테리한 섭외의 신이 있다고 소문난 충북 음성군 예술회관의 놀라운 근황」, 『중앙일보』, 2017.11.29.

「서울시향, 성수동 대림창고 콘서트 클래식 팩토리」, 『뉴시스』, 2015.12.07.

「성남문화재단, 네오트랜스와 지역문화 활성화 위한 공동문화사업 교류 협약」, 『기호일보』, 2018.03.01.

「성남문화재단, '노년층 생애주기별 프로그램' 진행 만 60세 이상 어르신 대상 생활밀착형 문화예술교육 활동」, 『이뉴스투데이』, 2017.09.07.

「수원문화재단, 직원 소통활성화 SNS 활용교육」, 『기호일보』, 2013.08.14.

「수원시, 예술창작 프로그램 아트버스 캔버스 진행」, 『이뉴스투데이』 2016.11.23.

「유키 구라모토 음성 공연… 누리꾼들 실화냐」, 『충북일보』, 2017.11.26.

「음성문화예술회관 공연티켓 판매 방법 개선」, 『중부매일』, 2017.12.20.

「충북도, 충북문화예술 광역클러스터 구축」, 『충북일보』, 2018.05.29.

「충주중원문화재단, '어르신문화프로그램 사업' 공모 선정」, 『충북일보』, 2018.

03.20.

「한국형 아난탈로 꿈꾸는 예술터 본격화 … 경기 성남 · 전북 전주시 선정」, 『파이
낸셜뉴스』, 2018.03.30.

「1만5000원짜리 유키 구라모토 콘서트, 음성군만 가능?」, 『오마이뉴스』, 2017.
12.29.

「34년째 영업 중인 서울 양천구 목2동 영진목욕탕이 남탕과 여탕에 목욕물 대신
미술품을 채웠다」, 『한겨레』, 2015.08.02.

「6월 문화가 있는 날, 아현동 행화탕에서 예술꽃 핀다」, 『문화뉴스』, 2017.06.21.

6. 누리집

강남문화재단(www.gfac.kr)

고래문화재단(www.uwcf.or.kr)

금정문화재단(http://www.gjfac.org/gjfac/main.php)

김해문화재단(www.ghcf.or.kr/index.do?device=)

대구동구문화재단(www.dgdgcf.or.k)

목포문화재단(http://www.mpcf.or.kr/)

부평구문화재단(www.bpcf.or.kr)

성동문화재단(https://www.sdfac.or.kr/)

성북문화재단(www.sbculture.or.kr)

수성문화재단(www.sscf.or.kr)

수원문화재단(www.swcf.or.kr)

성남문화재단(www.sncf.or.kr)

원주문화재단(www.wcf.or.kr)

전주문화재단(www.jjcf.or.kr)

창원문화재단(cwcf.or.kr)

천안문화재단(www.cfac.or.kr)

청주시문화산업진흥재단(www.cjculture.org)

춘천시문화재단(http://www.cccf.or.kr)

포항문화재단(https://phcf.or.kr)

화성시문화재단(www.hcf.or.kr)

캔 파운데이션 누리집(http://www.can-foundation.org/index.php)

행정안전부 누리집(http://www.mois.go.kr/frt/sub/a05/statistics/screen.do)

WWCD(Webster's World of Cultural Democracy) 누리집(http://www.wwcd.org/)

ㄱ

가르시아, 베아트리즈(Beatriz Garcia) 20

가치재 24

간햄, 니콜라스 20

거버넌스 218

고바야시 마리(小林眞理) 27

고토 카즈코(後藤和子) 20

공공재 24, 30

『공연예술:문제점과 전망(*The Performing Arts: Problems and Prospects*)』 65

『공연예술의 경제적 딜레마(*The Performing Arts - The Economic Dilemma*)』 22

공유 101, 104, 107, 113, 121, 220, 236, 237

관리 네트워크 249, 254

교육가치 24

구광모 29

그레이 31

그레이, 찰스(Chars M. Gray) 24

김창수 25

김화임 76

ㄴ

네트워크 101, 107, 113, 121, 221, 249

노동사회 69

뉴거버넌스 220, 223

ㄷ

데스탱, 지스카르(Giscard D'Estaing) 80

『독일의 문화정책과 문화경영』 76

뒤아멜, 자크(Jacques Duhamel) 80

ㄹ

랑스테드, 요른(Jorn Langsted) 70

랑, 자크(Jack Lang) 81

루이스, 저스틴(Justin Lewis) 65

ㅁ

마을만들기 225, 234

말로, 앙드레 79

명성가치 24

모드, 레드클리프(Lord Redcliffe Maud) 84

모든 사람에 의한 문화 71, 78

모든 사람을 위한 문화 70, 76, 77, 78

『모든 사람을 위한 문화(*Kultur für alle*)』 64

문화감수성 28

문화권 18, 22, 26, 28, 98, 222

문화기본법 35, 98

문화다양성 65, 70

문화다원주의 64

문화민주주의 63, 68, 70, 217, 220

『문화발전:경험과 정책(*Cultural Development: Experiences and Policies*)』 63

문화복지 22, 28, 68, 92, 102

문화복지권 222

『문화복지정책의 의미와 형성과정』 28

문화분권화 218, 223

문화 붐(cultural boom) 현상 65

문화사회 69

『문화사회와 문화정치』 69

문화소외 102, 222, 236

문화 시민권 76

『문화연구사전(*The SAGE Dictionary of Cultural Studies*)』 19

『문화연구와 문화정책』 29

문화 연방주의 75

문화예술교육 226

문화예술 생산자 249

문화예술 소비자 249

문화예술위원회 96

문화예술접근권 102

문화예술정책 19

문화예술진흥법 33, 36, 42, 91, 92

문화예술향유권 18, 22, 102

『문화의 개념(*Concepts of Culture*)』 20

문화의 공공성 22, 26

문화의 다양성 82

문화의 다원성 65

문화의 민주화 62, 70

문화의 생활화 77

문화재화 24

문화적 다원주의 82

문화적 예외 82

문화전쟁 88

문화접근권 18, 222

문화정책 20

『문화정책과 예술진흥』 29

『문화정책학』 20

문화참여권 102

문화촉매운동 102

민관협치 225, 233

『민주적인 예술의 여신 뮤즈(*The Democratic Muse*)』 31

ㅂ

바덴, 앨리슨(Allison Brugg Bawden) 28

바커, 크리스(Chris Barker) 19
밴필드, 에드워드(Edward C. Banfield) 30
보몰, 윌리엄(William J. Baumol) 22
보웬, 윌리엄(William G. Bowen) 22

ㅅ

4차 산업혁명 237
『새 예술정책』 96
생활문화공동체 251
생활예술문화 232
선택가치 24
슈투트가르트 원칙 75
스컬린, 아드리엔(Adrienne Scullion) 20
시민민주주의 217, 220
실적재 30
심광현 69

ㅇ

예술경영 65
『예술경영과 문화정책』 107
『예술과 문화의 경제학(*The Economics of Arts and Culture: An American Perspective*)』 24
『예술의 여신 뮤즈와 시장:예술경제학 탐구(*Muses and Markets: Explorations in the Economics of the Arts*)』 23

예술후원자 61
유비쿼터스 237
유증가치 24
이토오 야스오 107
이흥재 105
임학순 24

ㅈ

전략적 맞춤 250
전상진 72
정갑영 28
정보접근권 105
정철현 29
존재가치 24
지라르, 오귀스탱(Augustin Girard) 63, 102, 105
지방분권주의 65
지역문화진흥법 36, 43

ㅊ

참여 101, 102, 107, 113, 121, 222
참여 네트워크 249, 251
『창의적 문화사회와 문화정책』 24
『창의한국』 96

ㅋ

『컬처 매니지먼트(*Culture Management*)』
75
케인스, 존(John M. Keynes) 84
크라머, 디터(Dieter Kramer) 64

ㅌ

투봉, 자크(Jacques Toubon) 82
트로트만, 카트린(Catherine Trautmann)
82

ㅍ

팔길이 원칙 84, 85
폼메레네, 베르너(Werner Pommerehne)
23
프레이, 브루노(Bruno Frey) 23

ㅎ

하그, 어니스트(Ernest Haag) 30
하위문화 64
하인리히스, 베르너(Werner Heinrichs)
75
하일브런, 제임스(James Heilbrun) 24,
31
『현대사회와 문화예술−그 아름다운 공
진화』 105
호프만, 힐마(Hilmar Hoffmann) 64
홍보 113, 135, 236

지역문화재단, 문화민주주의가 답이다

이동형